中国崛起的世界意义

The Global Implications of China's Rise

王绍光◎著

中信出版集团 | 北京

图书在版编目（CIP）数据

中国崛起的世界意义 / 王绍光著. -- 北京：中信出版社, 2020.5（2021.12重印）
（中国道路）
ISBN 978-7-5217-1351-0

Ⅰ. ①中… Ⅱ. ①王… Ⅲ. ①中国经济－经济发展－研究 ②社会发展－研究－中国 Ⅳ. ①F124

中国版本图书馆CIP数据核字(2019)第288674号

中国崛起的世界意义

著　　者：王绍光
出版发行：中信出版集团股份有限公司
（北京市朝阳区惠新东街甲4号富盛大厦2座　邮编　100029）
承 印 者：北京诚信伟业印刷有限公司

开　　本：880mm × 1230mm　1/32　　印　　张：11.25　　字　　数：242千字
版　　次：2020年5月第1版　　印　　次：2021年12月第5次印刷

书　　号：ISBN 978-7-5217-1351-0
定　　价：58.00元

“中国道路”丛书总序言

中华人民共和国成立60多年以来，中国一直在探索自己的发展道路，特别是在改革开放30多年的实践中，努力寻求既发挥市场活力，又充分发挥社会主义优势的发展道路。

改革开放推动了中国的崛起。怎样将中国的发展经验进行系统梳理，构建中国特色的社会主义发展理论体系，让世界理解中国的发展模式？怎样正确总结改革与转型中的经验和教训？怎样正确判断和应对当代世界的诸多问题和未来的挑战，实现中华民族的伟大复兴？这都是对中国理论界的重大挑战。

为此，我们关注并支持有关中国发展道路的学术中一些有价值的前瞻性研究，并邀集各领域的专家学者，深入研究中国发展与改革中的重大问题。我们将组织编辑和出版反映与中国道路研究有关的成果，用中国理论阐释中国实践的系列丛书。

“中国道路”丛书的定位是：致力于推动中国特色社会主义道路、制度、模式的研究和理论创新，以此凝聚社会共识，弘扬社会主义核心价值观，促进立足中国实践、通达历史与现实、具有全球视野的中国学派的形成；鼓励和支持跨学科的研究和交流，加大对中国学者原创性理论的推动和传播。

“中国道路”丛书的宗旨是：坚持实事求是，践行中国道路，发展中国学派。

始终如一地坚持实事求是的认识论和方法论。总结中国经验、探讨中国模式，应注重从中国现实而不是从教条出发。正确认识中国的国情，正确认识中国的发展方向，都离不开实事求是的认识论和方法论。一切从实际出发，以实践作为检验真理的标准，通过实践推动认识的发展，这是中国共产党的世纪奋斗历程中反复证明了的正确认识路线。违背它就会受挫失败，遵循它就能攻坚克难。毛泽东、邓小平是中国道路的探索者和中国学派的开创者，他们的理论创新始终立足于中国的实际，同时因应世界的变化。理论是行动的指南，他们从来不生搬硬套经典理论，而是在中国建设和改革的实践中丰富和发展社会主义理论。我们要继承和发扬这种精神，摒弃无所作为的思想，拒绝照抄照搬的教条主义，只有实践才是真知的源头。“中国道路”丛书将更加注重理论的实践性品格，体现理论与实际紧密结合的鲜明特点。

坚定不移地践行中国道路，也就是在中国共产党领导下的中国特色社会主义道路。我们在经济高速增长的同时，也遇到了来自各方面的理论挑战，例如将改革开放前后两个历史时期彼此割裂和截然对立的评价；例如极力推行西方所谓“普世价值”和新自由主义经济理论等错误思潮。道路问题是大是大非问题，我们的改革目标和道路是高度一致的，因而，要始终坚持正确的改革方向。历史和现实都告诉我们，只有社会主义才能救中国，只有社会主义才能发展中国。在百年兴衰、大国博弈的历史背景下，中国从积贫积弱的状态中奋然崛起，成为世界上举足轻重的大国，成就斐然，道路独特。既不走封闭僵化的老路，也不走改旗易帜的邪路，一定要走中国特色的社会主义正路，这是我们唯一正确的选择。

推动社会科学各领域中国学派的建立，应该成为致力于中国道路探讨的有识之士的宏大追求。正确认识历史，正确认识现实，积极促进中国学者原创性理论的研究，那些对西方理论和价值观原教旨式的顶礼膜拜的学风，应当受到鄙夷。古今中外的所有优秀文明成果，我们都应该兼收并蓄，但绝不可泥古不化、泥洋不化，而要在中国道路的实践中融会贯通。以实践创新推动理论创新，以理论创新引导实践创新，从内容到形式，从理论架构到话语体系，一以贯之地奉行这种学术新风。我们相信，通过艰苦探索、努力创新得来的丰硕成果，将会在世界话语体系的竞争中造就立足本土的中国学派。

“中国道路”丛书具有跨学科及综合性强的特点，内容覆盖面较宽，开放性、系统性、包容性较强。其分为学术、智库、纪实专访、实务、译丛等类型，每种类型又涵盖不同类别，例如在学术类中就涵盖文学、历史学、哲学、经济学、政治学、社会学、法学、战略学、传播学等领域。

这是一项需要进行长期努力的理论基础建设工作，这又是一项极其艰巨的系统工程。基础理论建设严重滞后，学术界理论创新观念不足等现状是制约因素之一。然而，当下中国的舆论场，存在思想乱象、理论乱象、舆论乱象，流行着种种不利于社会主义现代化事业和安定团结的错误思潮，迫切需要正面发声。

经过60多年的社会主义道路奠基和30多年的改革开放，我们积累了丰富的实践经验，迫切需要形成中国本土的理论创新和中国话语体系创新，这是树立道路自信、理论自信、制度自信、文化自信，在国际上争取话语权所必须面对的挑战。我们将与了解中国国情，认同中国改革开放发展道路，有担当精神的中国学派，共同推动这项富有战略意义的出版工程。

中信集团在中国改革开放和现代化建设中曾经发挥了独特的作用，它不仅勇于承担大型国有企业经济责任和社会责任，同时也勇于承担政治责任。它不仅是改革开放的先行者，同时也是中国道路的践行者。中信将以历史担当的使命感，来持续推动中国道路出版工程。

2014年8月，中信集团成立了中信改革发展研究基金会，构建平台，凝聚力量，致力于推动中国改革发展问题的研究，并携手中信出版社共同进行“中国道路”丛书的顶层设计。

“中国道路”丛书的学术委员会和编辑委员会，由多学科多领域的专家组成。我们将进行长期的、系统性的工作，努力使“中国道路”丛书成为中国理论创新的孵化器，中国学派的探讨与交流平台，研究问题、建言献策的智库，传播思想、凝聚人心的讲坛。

孔丹

2015年10月25日

目　录

导　言

1949 年 9 月 21 日，中华人民共和国成立前十天，中国人民政治协商会议第一届全体会议在中南海怀仁堂隆重开幕。这次大会的历史使命是筹备建立新中国。大会一致通过以下决议：（1）中华人民共和国的国都定于北平（1949 年 9 月 27 日改名为北京）。（2）中华人民共和国的纪年采用公元。（3）国歌未制定前以《义勇军进行曲》为国歌。（4）中华人民共和国的国旗为五星红旗。会议还通过了具有临时宪法性质的《中国人民政治协商会议共同纲领》，制定了《中华人民共和国中央人民政府组织法》《中国人民政治协商会议组织法》。会议选出毛泽东为中央人民政府主席，同时还选举了中央人民政府副主席及委员。在这次大会的开幕式上，中国共产党中央委员会主席毛泽东致开幕词，热烈庆贺人民解放战争和人民革命的胜利！庆贺中华人民共和国的成立！他庄重宣告：“占人类总数四分之一的中国人从此站立起来了。”

在这伟大的开国致辞结尾处，毛泽东讲了一段非常大气的话：“让那些内外反动派在我们面前发抖罢，让他们去说我们这也不行那也不行罢，中国人民的不屈不挠的努力必将稳步地达到自己的目的。”（《人民日报》1949 年 9 月 22 日第 1 版）毛泽东说这话时，他心中是有气的，因为一直到 1948 年，不仅是美国，包括当时的苏联，都认为中国会统一在国民党政府之下，而不是共产党之下。那时候说中国不行的，不仅有仇视社会主义阵营的美国，就连社会主义阵营的“老大哥”苏联也有疑虑，所以才会有“这也不行那也不行”的说法。

荒唐的预测

事实上，自从 1949 年中华人民共和国成立，就不断有人说中国“这也不行那也不行”，不断有人在预测新中国何时垮掉、倒台、崩溃甚至解体。当时世界上很多人不相信中国已经走上了一条现代化康庄大道，连我们自己也估计今后的道路会是非常曲折、漫长的。当时外面那些人争论的，不是中国垮不垮台的问题，而是何时垮台，以什么样方式垮台，垮台会对周边大国的利益造成什么影响等问题。1991 年，世界上第一个社会主义国家苏联解体了。从那之后，有关中国崩溃的预测更是不绝于耳。例如，1995 年夏，美国《外交政策》刊登了政治学家杰克 · 戈德斯通的一篇长文，标题是《中国崩溃在即》，预测“最可能出现的局面是辛亥革命的重演”。[①]当然，这些东西今天回过头看显然不是科学的预测，反映的是一些人的阴暗心理，是他们的一种恶毒的期待。

20 世纪 50 年代到 70 年代的那些不绝于耳的预测就不用提了。进入 21 世纪后，那些乌鸦嘴预言家依然不厌其烦地重复着无数次被推翻的“预言”。2001 年 8 月，美国出版了一本书，书名很耸人听闻——《中国即将崩溃》（*The Coming Collapse of China*），作者是美籍华人章家敦（Gordon G. Chang）。这本书出版后马上就登上了《纽约时报》的畅销书排行榜，章家敦成了美国各地争相邀请的名人，美国国会还专门邀请他参加听证会。在英文表述中，“coming”表示马上就会到来。但他强调的“马上”是多久？几天？几个星期？几个月？一两年？章家敦没说。

这么不靠谱的预测，相信的人却不少。2002 年 3 月，这本书的繁体中文版在台湾出版，李登辉亲自为它写了推荐语，说“本书具体描写大陆实况，很值得推荐”。这位“台独分子”根本不了解大陆实况，他又怎么能知道章家敦这本书是在“具体描写大陆实况”呢？

更可笑的是，这本书在台湾的另一个版本把我的名字放在了封面上，说“连中国官方机构的学者王绍光、胡鞍钢、丁元竹都要对中国政府提出‘最严重的警告’”。不错，2002 年夏，我

---

① Jack A. Goldstone, The Coming Chinese Collapse, *Foreign Policy*, No. 99 (Summer, 1995), pp. 35 – 53.

们三人的确在《战略与管理》杂志上发表过一篇文章，题为《最严重的警告：经济繁荣背后的社会不稳定》，但讨论的是中国当时面临的一些挑战，从未预测过中国政治体制会崩溃。

章家敦本来的预测是“即将”崩溃，即将应该是很快的意思，结果10年过去了中国没有崩溃。于是很多人说：“你预测的事情怎么到现在还没有到来呢?”2011年底，章家敦又写了一篇文章叫“The Coming Collapse of China：2012 Edition”［《中国即将崩溃（2012年版)》］。他在文中承认，上次预测确实有点问题，但是这一次是铁板钉钉了。为了显得慎重，他装模作样地说：“我承认，上次预测中国共产党将于2011年崩溃没有兑现，但我的预测其实只有一年误差，到2012年，中国肯定会垮掉。”

2012年过去了，中国没有垮掉。章家敦还不死心，2015年9月，他又做了一个新版的预测：“2015：The Year China Goes Broke?”（2015年，中国崩溃之年?）这种人真是榆木疙瘩脑袋，顽固不化，死鸭子嘴硬。他此后没有再进行预测，不知道将来还会不会又做一个新的预测。

其实，何止一个章家敦。同样在2015年，研究中国问题的美国专家沈大伟（David Shambaugh）在《华尔街日报》发表了一篇引起广泛关注的文章，题为“The Coming Chinese Crackup”（《中国崩塌即将到来》)，声称“共产党在中国的统治已经开始进入残局（endgame)”。他后来辩解说，他不是这个意思。但标题那么醒目，文章那么言之凿凿，不是几句辩解就可以开脱掉的。

2017 年，从中国大陆出去的一对夫妻，写了一本书叫《中国溃而不崩》。男的叫程晓农，在国内时在体改部门工作过；女的叫何清涟，在国内时是记者。我一直读不懂这个书名，溃了怎么会不崩呢？他们似乎想说中国要崩溃，但又没有把握，为了显得不那么离谱，所以弄出这么一个溃而不崩的论调。

2018 年，美国著名杂志《国家利益》发表了一篇文章，煞有介事地问道："Are We Ready if China Suddenly Collapsed?"（如果中国突然崩溃了，我们准备好了吗？）2018 年稍晚一点，美国《纽约时报》发表一篇很长的文章，标题是"The Land Failed to Fail"（《该垮不垮的国家》），意思是说，按道理中国必然失败，结果它却没有失败。这个标题透露出一种极度的失望。它表明西方对中国的认知，对中国社会制度的不认同，认为中国的这种体制、这种发展方式肯定不会成功，早晚要失败。可是等了 70 年，他们期待中的崩溃还没有到来，到现在他们仍不死心。

荒唐的理论

从 1949 年至今，不断有人说，中国的制度是不好的，中国的道路是行不通的，中国人一定会碰得头破血流。70 年过去了，现在回过头看，所有有关中国崩溃的预测都被证明是错误的。本书将以大量的数据证明，中国已经翻山越岭，走上了一条越来越宽广的大路。问题是，为什么那么多人在那么长的时间里，对中国前途一直做出错误的预测，且面对不可辩驳的事实，还要一条道走到黑呢？这就涉及这类预测的理论基础。虽然有些做出错误预测的人未必清楚自己的理论基础是什么，但他们的头脑中恐怕都存在着一些教条，他们以为只要有按照这些教条行事的体制，国家就会成功，否则国家必定失败。更具体地说，西方国家遵循的是这些教条，所以西方可以成功，他们认为西方已经成功；并且认为世界上只有西方国家走过的道路才是正确的，那也必将是各国走向成功的必经之路，而且成为一种范式，别无选择；其他的道路都不可能行得通，包括中国道路。但是，依据这些教条做出的预判一次次失败了，连续失败了 70 年，表明这些教条或此类预测的理论基础是完全错误的。

这里说的“教条”和“理论基础”其实就写在西方大量的教科书里，并日复一日在各种媒体上流传。这些理论层出不穷、五花八门。这方面的书实在多之又多。在此，我简单地列举一点点，看看它们是怎么说的，然后对照一下它们的经验和所作所为，来考察中国的崛起之路到底有什么不同。

1963 年，任教芝加哥大学的著名历史学者威廉·麦克尼尔出版的一本书，叫作《西方的兴起：人类共同体史》，①目的是与斯宾格勒的《西方的没落》唱反调。这本书一问世，便好评如潮，获得若干个图书奖。该书的重点是第三部分——西方统治的

① William Hardy McNeill, *The Rise of the West*: *A History of the Human Community* (Chicago: University of Chicago Press, 1963).

时代，公元1500年至今。作者提出，在1500年时，大西洋沿岸地区的欧洲人具有三项天赋特性。第一，根深蒂固的鲁莽好斗的性格；第二，善于运用复杂的军事技术，尤其在航海方面；第三，能抵抗长期以来在整个旧大陆广为传播的各种瘟疫。这些特性使他们能在约半个世纪内控制了全世界的海洋，并只用了一代人的时间就征服了美洲最发达的地区。20多年后，作者自己承认，这本书实际上是“战后美国帝国心态的表现”，是“一种知识帝国主义”。[①]

与这本书观点相似的是埃里克·琼斯1981年出版的《欧洲奇迹：欧亚史中的环境、经济和地缘政治》。[②] 20世纪80年代以后，我们经常听说“日本奇迹”“东亚奇迹”“中国奇迹”，但在此之前，欧美早已有人大谈“欧洲奇迹”。光看这本书的书名，其主要观点已不言自明，用不着详细介绍了。后来有其他学者评论这本书时说，它充满了欧洲中心主义的色彩，甚至带有“文化种族主义”的色彩。[③]

过去20多年，这类书也大行其道。1997年，美国学者贾雷

---

① William Hardy McNeill, “The Rise of the West after Twenty-Five Years,” *Journal of World History*, Vol. 1, No. 1 (Spring 1990), pp. 1 – 21.

② Eric Jones, *The European Miracle: Environments, Economies and Geopolitics in the History of Europe and Asia* (Cambridge: Cambridge University Press, 1981).

③ James Morris Blaut, “The Theory of Cultural Racism,” *Antipode: A Radical Journal of Geography*, Vol. 23, No. 4 (1992), pp. 289 – 299; James Morris Blaut, *The Colonizer's Model of the World: Geographical Diffusionism and Eurocentric History* (New York, NY: The Guilford Press, 1993), p. 64.

德·戴蒙德出版了《枪炮、病菌与钢铁：人类社会的命运》① 一书，有中译本。作者承认欧洲人屠杀或征服其他民族的事实，但试图把焦点放在回答这样一个问题：为什么是欧洲社会（在美洲和澳大利亚殖民的那些社会），而不是中国、印度或其他社会，在技术上领先，并在现代世界占据政治和经济的支配地位。他给出的答案是地理因素十分关键，因为欧洲在地理上的分割形成了几十个或几百个独立又相互竞争的小国和发明创造中心。如果某个国家没有去追求某种改革创新，另一个国家会去那样做，从而迫使邻国也这样做，否则就会被征服或在经济上处于落后地位。也就是说，欧洲国家天然具有更强的竞争能力，是生存的需要迫使它们不断进行竞争，不断创新和发展。而中国恰恰太大了，太统一了，缺乏竞争，难以发展。②

戴蒙德的说法其实没有多少新意。早在 1898 年出版的张之洞的《劝学篇》中，就有下面一段话：

> 欧洲之为国也多，群虎相伺，各思吞噬，非势钧力敌不能自存，故教养富强之政，步天测地、格物利民之技能，日出新法，互相仿效，争胜争长。且其壤地相接，自轮船、铁路畅通以后，来往尤数，见闻尤广，故百年以来焕然大变，

① Jared Mason Diamond, *Guns*, *Germs*, *and Steel*: *The Fates of Human Societies* (New York: W. W. Norton, 1997).

② Jared Diamond, "How to get rich," https://www.edge.org/conversation/how-to-get-rich.

三十年内进境尤速。如家处通衢，不问而多知；学有畏友，不劳而多益。中华春秋，战国、三国之际，人才最多。累朝混一以后，儽然独处于东方，所与邻者类皆陬澨蛮夷、沙漠蕃部，其治术、学术无有胜于中国者。惟是循其旧法随时修饬，守其旧学不逾范围，已足以治安而无患。迨去古益远，旧弊日滋，而旧法、旧学之精意渐失，今日五洲大通，于是相形而见绌矣。①

作为一种理论假设，戴蒙德与张之洞的说法很有意思。问题是，地理几万年也不会有多大变化，而各国的发展态势却可能在几十年、几百年中就发生逆转。以常量来解释变量，似乎说不通。中国今天依然很大、很统一，不是照样发展起来了吗？戴蒙德与张之洞的理论假设解释得通吗？

1998 年，美国出版了一部影响很大的书——哈佛大学退休教授戴维·兰德斯写的《国富国穷》，② 有中译本。这本书列举了解释国富国穷的几个主要变量。第一个是地理，更准确地说是气候，“富国位于温带，特别是北半球的温带；穷国则位于热带和亚热带”。在解释社会、政治变迁的西方理论中，气候一直是一个重要因素，孟德斯鸠的《论法的精神》就是一个例子。除

① 张之洞．劝学篇［M］．郑州：中州古籍出版社，1998：111.

② David Landes, *The Wealth and Poverty of Nations: Why Some Are So Rich and Some So Poor* (New York: W. W. Norton, 1998).

了气候，其他变量包括竞争性政治、经济自由、对待科学和宗教的态度。也就是说，西方国家之所以成功，是因为它们是西方国家，做了符合西方价值观的事。有人批评兰德斯是西方中心主义者，他自己并不否认。按照《国富国穷》中的理论，中国共产党领导的社会主义中国似乎不可能成功，因为中国的地理位置不对，气候条件不对，政治、经济、文化方面缺乏他所强调的成功要素。

10 年以后，美国政治学家杰克·戈德斯通于 2008 年出版了《为什么是欧洲？世界史视角下的西方崛起（1500—1850）》。①作者认为，"不是殖民主义和征服使得西方的崛起成为可能；恰恰相反，正是西方的崛起（在技术方面）和其他地区的衰落使得欧洲力量完全扩展到整个地球"。洗白殖民主义后，该书作者称，使欧洲成功的因素不是一个而是很多个。作者列举了六项因素：(1) 新发现导致思想解放；(2) 数学和科学思维方式；(3) 实证的研究方法；(4) 工具驱动的实验和观察；(5) 宽容与多元；(6) 企业家、科学家、工程师、工匠之间的互动。他认为这些是欧美发展起来的最重要的解释变量。如果套用这六项因素来解释中国，可以说这六项要素都似有又无。如果中国一直拥有这些要素，为什么近代中国会那么衰落？如果中国一直缺乏这些要

① Jack A. Goldstone, *Why Europe? The Rise of the West in World History* 1500 - 1850 (New York: McGraw-Hill Education, 2008). 就是这位学者在 1995 年预测中国崩溃在劫难逃。

素，那么如何解释新中国成立后这70年的经济快速发展现象呢？

2010年，斯坦福大学考古学家、历史学家伊恩·莫里斯出版了《西方将主宰多久——从历史的发展模式看世界的未来》。[①] 这本书的主要解释变量也是地理条件。据作者说，生物学和社会学能解释全球范围内的相似之处，而地理学则能解释区域之间的差异。从这个意义上讲，地理学可以用来解释西方为何主宰世界：欧洲有地中海，而中国没有一个自己的地中海。沿着地中海，欧洲各国可以通过发展航海技术，进行海上贸易，贸易范围比较大。不仅如此，航海技术也使得欧洲各国可以比较早地发现新大陆，然后开拓更大的市场、更大的原料来源地。而由于没有自己的地中海，中国恰恰缺少这些东西。问题依然是，地理因素是恒久不变的，而经济发展水平却时有高低。中国的地理与几百年前、几千年前比，并没有什么变化，新中国成立前后更没有什么太大变化，为什么新中国行，旧中国却不行呢？这如何解释？

2011年，英国历史学家尼尔·弗格森出版了《文明》。[②] 这位作者对中国很感兴趣，经常到中国的各个大学交流。他断定，西方之所以能在1500年后崛起并领先于世界其他地区（包括中国），就在于它们的体制具备其他地区国家缺乏的六个“撒手锏”（killer apps）：第一是竞争，第二是科学，第三是法治，第

---

① Ian Morris, *Why the West Rules—For Now: The Patterns of History, and What They Reveal About the Future* (New York: Farrar, Straus and Giroux, 2010).

② Niall Ferguson, *Civilization: The West and the Rest* (New York: Penguin, 2011).

四是医学，第五是消费主义，第六是工作伦理。这套说法的内在逻辑不清，很像一个大杂烩，无非想说，它们领先是因为有传家宝，而其他的地方没有。按这个逻辑，其他国家哪有机会翻身，除非全盘照搬西方的这六个撒手锏。问题是，即使想照搬，照搬得了吗？如果是撒手锏，人家会拱手相让吗？①

最后再提2012年出版的一本书，书名是《国家为什么会失败》，作者是麻省理工学院的经济学家德隆·阿西莫格鲁和哈佛大学的政治学家詹姆斯·罗宾逊。②他们的论点很简单、很有力，认为一些国家失败是因为它们的制度是榨取性的，另一些国家成功是因为它们的制度是包容性的。西方国家有包容性的制度，所以成功了。共产党领导的国家当然是“榨取性”的制度，这类国家不可能成功；哪怕短期内看起来成功，也不是真正的成功，必然是短期的，是昙花一现的，今后必定会失败。且不说他们这套理论能不能解释西方国家的崛起（18世纪—20世纪初的欧美国家在什么意义上是“包容性”的?），它能解释中国最近几十年的表现吗？作者摆出一副先知的架势，不容置疑地说：“共产党领导下的中国是社会在‘榨取性’制度下经历增长的一个例子；除非彻底进行政治变革，转化为包容性政治制度，否则中国

① 弗格森甚至认为，中国在1978年后（而不是1949年后）崛起，也是得益于对外开放借鉴了西方的经验。尼尔·弗格森．文明［M］．曾贤明，唐颖华译．北京：中信出版社，2012：VI－VII.

② Daron Acemoglu and James A. Robinson, *Why Nations Fail: The Origins of Power, Prosperity and Poverty* (New York: Crown Publishers, 2012).

的增长是不可持续的。”也许无知可以神奇地让人产生目空一切的勇气。

中国崛起的世界意义

以上所引的那些书论点不同，对中国取得的成就态度不同，但它们未加言明的基本假设是相同的，即西方的经验是用以理解所有国家成败的钥匙。其他国家的经验似乎不值一提；如果硬要提的话，也只是些惨痛的教训而已。

以上我之所以不厌其烦地引介西方著名学者有关经济崛起的论说，无非是想说明，一些西方学者有个通病，他们往往对自己国家在过去几个世纪中取得的成就扬扬自得，总想从中找出放之四海而皆准的成功秘诀，并按照这些解释西方成功的理论来套其他国家（包括中国）的现实。其实，在我看来，那些皇皇巨著提供的所谓理论，不仅无法解释中国，连西方自身也难以解释。他们中有一些人承认，西方国家之所以能够成功，帝国主义、殖民主义、奴隶制、奴隶贸易等起了非常大的作用。但神奇的是，他们马上笔锋一转，不再讨论这些野蛮的、血腥的、丑恶的历史到底起了多大作用，而是希望将人们的目光转移到西方所谓的亮点上去，比如“民主”“市场”“私有制”“竞争”“法治”“科学”，即西方主流意识形态一直倡导的那些东西上去。他们的这套说辞，在西方是主流，在第三世界（包括中国）也有人不加批判地接受并深信不疑。一旦将这类理论内化于心，对中国的预测只会有一个指向，即中国的体制不可能持续有效地运作，哪怕短期里取得一些成就，最后也一定会破产。但令他们遗憾的是，其预测都落空了。现在新中国已经走过了70年，一步步在往上走，越来越富强，很快将跨入高收入国家的行列。70年可不是什么短期了；对于一个人来讲，已经是人到七十古来稀了。所以西方某些人士的预测完全没有科学性，其理论基础是完全错误的，已成为历史笑柄。

综上所述，过去两百年，不少西方学者都试图提出理论，以解释以下问题：为什么西方能够统治世界？为什么有些国家兴盛，有些国家衰败？为什么中国等发展中国家会落后？他们都试图指出，这是因为西方具有某些特殊的东西（制度、文化、人种、地理、气候），而别的国家并不具备。现在，他们做出的有关中国的预测又都被证明是失败的，中国已经走出了一条自己的道路，这说明他们提出的理论并不能回答他们自己提出的问题，也预示着中国崛起具有世界意义。

就现实意义而言，中国崛起的实践告诉世人：

1. 一个世界上最贫穷的国家（1950年，中国是世界上最贫穷的国家之一）也可以翻身。

2. 一个不曾对外侵略、实行殖民主义的国家也可以发展起来。（欧美各国发展初期或原始积累时期，都伴随着对外侵略、殖民主义，包括北欧那些小国家。）

3. 一个东方文明古国（不是盎格鲁－撒克逊文化、新教文化、南欧文化、东欧文化）也可以发展起来。（电视剧《河殇》

曾断言我们的文化基因阻碍了自己的发展。)

4. 一个社会主义国家也可以发展起来，既不像英美等早期资本主义国家（死亡率在工业化初期不降反升），也不像日本与韩国——它们是帝国主义的附庸，得到美国的扶持与优待。

5. 一个人口十亿以上的国家也可以发展起来。小国家在一段时间里快速发展有先例，如前南斯拉夫。但大国家要困难得多，而中国的人口规模大约是经济合作与发展组织36个成员国人口再加上俄罗斯人口的总和。

6. 一个国家的经济走上正确发展路径，可以长期持续增长，并不断调整自己的路径。

以上六条告诉世人，中国可以成功，其他国家也可以成功。

就理论意义而言，西方模式强调，必须具备一些前提条件（文化、政治等）才能走向现代化；而中国道路说明，一国的崛起并不需要采取西方模式。中国道路相当于一场更深刻的“新教革命”：西方告诉世人，要想发展，只能走它们的路；中国告诉世人，坚持走自己的路，所有国家都可以发展。中国道路的“道”可以称为“道可道，非常道”：中国道路不是指任何单一的政策、机制、体制，其精髓是“独立自主、实事求是、因地制宜”。

本书[①]试图解释，作为一个穷国、一个和平之国、一个东方国家、一个社会主义国家、一个人口大国，新中国为什么能崛

① 本书系中宣部全国哲学社会科学工作办公室国家高端智库专项（20155010298）、清华大学文科建设“双高”专项（53120600119）的阶段性成果。

起。作为中国学者，我不会像某些西方学者那么自信爆棚，一张口就是几个“撒手锏”，一提笔就洋洋洒洒，拿出一个能解释所有国家与地区上下几万年历史的理论框架。本书的重点是解释中国的崛起，但会把中国这个案例放在比较与历史的视野中加以考察，力图在讲好中国故事的同时，也能理顺其他国家崛起的脉络。第一章从比较的角度，探寻经济崛起的一个重要先决条件——“国家能力”。第二章则从历史的角度，考察为什么旧中国办不到的事，新中国就可以办得到，其落脚点依然是“国家能力”。第三章归纳了新中国在过去 70 年里进行的持续不断的探索。第四章介绍中国发展的一项秘密武器，即“中长期规划”。第五章讨论了国有企业、国有资本对中国工业化与经济现代化的独特贡献。第六章将聚焦点从经济发展转向社会发展，展示在过去 20 年中，中国在社会保障方面进行了一场史无前例的大跃进。第七章从理论与比较的视角证明，并不存在什么“中等收入陷阱”，即使这种陷阱确实存在，中国也一定能跨越它，迈入高收入阶段。本书“不受虚言，不听浮术”，在进行理论推理的同时，大量运用图表，希望用数据说话，毕竟“千虚不如一实”。

第一章
启示：国家能力与经济发展

新中国成立以来取得了举世公认的伟大成就。无论与其他哪个经济体相比，无论拿什么尺度衡量，这些成就都是辉煌的，都是值得大书特书的。不过，中国的经验是否能证明，只要进行改革开放就一定会取得成功呢？恐怕未必如此。不管是在过去400年里，还是在过去40年中，很多国家、地区都进行过改革或开放，但是失败的多，成功的少。

世界上很多国家（地区）都曾进行改革开放

19世纪末20世纪初，面对西方列强强大的军事与经济挤压，很多国家都曾走上改革开放的道路，希望实现现代化。19世纪中叶，埃及总督萨义德（Mohamed Said Pasha）开始进行土地、税收、法律方面的改革，创办了埃及银行，兴建了第一条准轨铁路。奥斯曼帝国在崩溃之前（1923年），进行了将近一个世纪的改革。在伊朗，巴列维王朝的缔造者礼萨汗（Reza Shah，1878—1944）曾仿效西方进行了一系列改革，包括兴建伊朗纵贯铁路，创办德黑兰大学，进行国会改革，等等。19世纪末20世纪初，清王朝继洋务运动与戊戌变法后，又推出清末新政，改革涵盖政治、经济、军事、司法、文教等各个领域。上述改革开放都没有成功。只有日本，在明治维新后国力日渐强盛，走上现代化的道路。

过去40年也不乏类似的例子。1980年，土耳其宣布开始经济改革。同年，东欧国家也相继进行经济体制改革。在整个20世纪80年代，撒哈拉以南非洲国家（喀麦隆、冈比亚、加纳、几内亚、马拉维、马达加斯加、莫桑比克、尼日尔、坦桑尼亚、扎伊尔）都开始改革，印度也进行改革。1983年，印度尼西亚进行经济自由化的改革。1986年，越南开始革新开放。同年，戈尔巴乔夫开始“新思维”导向的全方位改革。20世纪80年代末，一批拉美与加勒比地区国家进行结构改革。到1989年、1990年，苏联的15个加盟共和国和东欧那些社会主义国家纷纷改旗易帜，彻底按照西方资本主义制度转型。上述改革有的比较成功（如越南）；有的经过多番试错，才慢慢走上正轨（如印度）；大多数是失败的，有些还败得很惨，比如东欧的某些国家。

图1.1对比了中国与苏东国家的经济增长态势。如果以1985年为基点，到2018年，中国的人均GDP（人均国内生产总

值）增长了近 7 倍，对比这些国家，可谓一骑绝尘。苏东国家中，表现最好的土库曼斯坦，是一个油气资源排名全球第四，人口却与深圳宝安区差不多的国家。其余 25 个国家中，只有 6 个国家的人均 GDP 在这 33 年里增长超过了两倍。

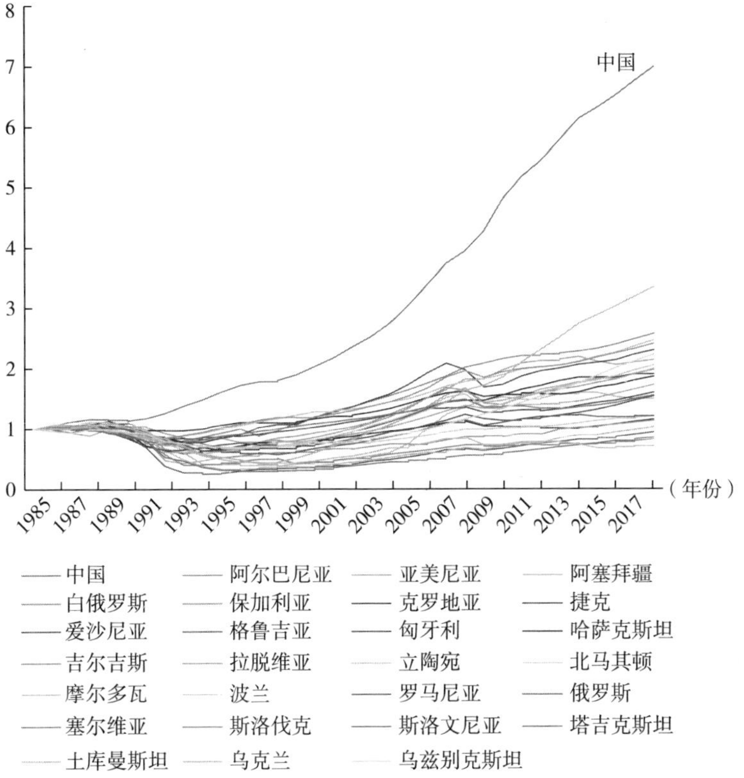

图 1.1　中国与苏东国家的经济发展态势（1985 年 =1）

资料来源：The Conference Board，Total Economy Database：Output，Labor and Labor Productivity，1950 – 2018，March 2018。

在图 1.1 中，除中国外的 26 个国家的增长曲线挤在一起，遮住了一些表现极差的国家。把9个这样的国家摘出来与中国对比，如图1.2所示，与33年前相比，这些国家的人均GDP水平几乎没有提高；其中4个国家的不升反降。最惨的是乌克兰，2018年的人均GDP水平比1985年还低27%。按西方的标准，乌克兰的改革开放恐怕是最激进的，既是市场经济，又是民主政治，但下场却很悲惨。在人类历史上，经济增长缓慢十分常见，但在这么长的时间里，经济倒退这样严重，十分罕见。西方主流媒体从不告诉大家，按照它们的方案进行改革开放会带来这样的后果。

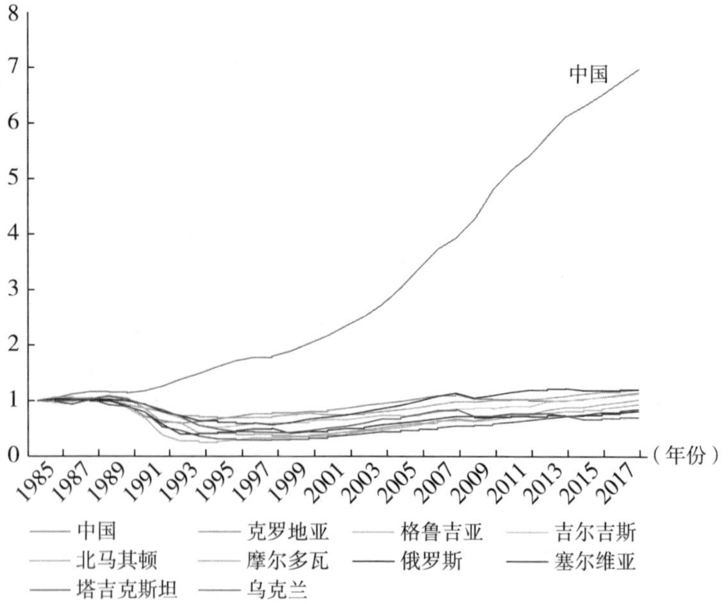

图1.2　中国与九国的经济发展态势（1985年=1）

资料来源：The Conference Board，Total Economy Database：Output，Labor and Labor Productivity，1950－2018，March 2018。

上面的对比揭示的一个简单事实是，进行改革开放的案例很多，但成功的案例并不多。很多人不假思索地以为，只要进行改革开放，就必然会带来繁荣昌盛。这种看法无论从理论上还是在实践中都缺乏依据。仅仅有所谓的改革开放，未必能达到富国富民的目的。

除了实行改革开放的政策以外，还需要具备什么样的条件，才能带来经济的快速发展？

改革开放成功需要具备的条件

在我看来，改革开放要成功，必须具备两类大前提条件。第一大类是要有坚实的基础，包括政治基础（独立自主、国家统一、社会稳定、铲除“分利集团”）、社会基础（社会平等、人民健康、教育普及）、物质基础（水利设施、农田基本建设、初具规模且较齐全的产业体系）。过去 40 年，中国的改革开放之所以能够成功，是因为新中国成立以来的前三十年打下了非常坚实的基础。关于奠基的重要性，不管怎么强调都不过分。

第二类条件就是要有一个有效政府，即具备基础性国家能力的政府。原因其实很简单，每一项改革都必然导致既有利益格局的重组；越是激烈的改革，利益重组的广度、深度和烈度越大，翻船的可能性也就越大。要应付这种局面，就要有一个有效的政府，能够掌控全局，采用各种方式来缓和、减轻相应的冲击，克服各种各样的抵制和阻碍，由此改革开放才能成功。换句话说，本章的论点可以概括为一句话：经济要实现增长，除了改革开放以外还需要一个因素，就是具备基础性国家能力的有效政府。

什么是国家能力？就是国家将自己的意志变为行动、化为现实的能力。每个国家都有自己的意志，即想办成的事，但是要把意志变为行动、化为现实绝非易事；否则，世界上就不会有那么多麻烦。

什么是基础性国家能力？经过多年的研究，我认为七个方面的能力至关重要，包括（1）强制能力：国家要有掌握暴力、垄断使用暴力的权力；（2）汲取能力：国家要能够从社会与经济中收取一部分资源，如财政税收；（3）濡化能力：国家要培植国人有共同的民族国家认同感，有内化于心的一套核心价值。此外，还有认证能力、规管能力、统领能力、再分配能力。关于基础性国家能力，我已经在多本书与多篇论文中详细讨论，这里就不再赘述了。①

改革开放、国家能力与经济增长之间存在什么关系呢？我们可以从历史上发生过的三个大分流分析：东方与西方的大分流，中国与日本的大分流，以及战后发展中国家之间出现的大分流。

① 王绍光，胡鞍钢．中国国家能力报告［M］．沈阳：辽宁人民出版社，1993；胡鞍钢，王绍光．第二次转型：国家制度建设（增订版）［M］．北京：清华大学出版社，2009.

国家能力与东西大分流

“东西大分流”是指，东方与西方在很长时间里没有什么差别，但后来西方逐渐崛起，最后称霸世界（有人称之为“欧洲奇迹”），而东方却一蹶不振，远远落到后面。对于东西方之间出现过一次大分流，历史学家们似乎没有什么争议，有争议的是分流发生的时间与原因。学术界有些人认为，大分流发生在18世纪；而另一些人则认为，大分流发生的时间更早，在1500—1600年就已经发生了。关于分流时间的争议实际上就是关于分流原因的争议。不过，不管持哪种看法，大家也许都会认同，发生在18世纪中叶的工业革命才是东西方真正的分水岭。

为了解释工业革命为什么发生在欧洲，而不是其他地方，我们有必要看一看，在工业革命之前，欧洲是否发生过一些什么事情，而在东方却还没有发生。这些事情也许与工业革命有关联，因为时间上的先后预示着逻辑上的因果。

回头看，在工业革命（18世纪下半叶—19世纪）之前，欧洲已经发生了六件大事：科学革命（16—18世纪）、军事革命（16—17世纪）、财政－军事国家的出现（17—18世纪）、大规模殖民主义（16—19世纪）、大规模奴隶贸易（16—19世纪）、税收增长（17—20世纪）。

不少人认为科学革命对工业革命起到了极大的促进作用。尤其是20世纪八九十年代“新经济学”，即内生增长理论兴起后，很多人相信经济能够不依赖外力推动，仅靠内生技术进步就能实现持续增长。一位美国经济史学家还写了一本书证明这一点，书名为《第一个知识经济：人力资本与欧洲经济，1750—1850》。[①] 这本书用了“知识经济”“人力资本”之类的新流行概念，但其论点并不新颖，与45年前出版的另一本书《工业革命中的科学与技术》[②] 大同小异。然而，对于科学革命与工业革命的关系，学术界已经争论上百年，不过断言科学革命推动了工业革命的人并不多。该领域有共识的是，第二次工业革命（大约1870—1914年）的确得益于科学研究；但存在重大争议的是，科学革命与第一次工业革命（大约1760—1840年）到底有多大关系。学术界的主流看法是：17世纪以前，科学演化是非积累性的，与技术进步没有什么关系；19世纪晚期以后，科学演化才带有积累性，与技术进步的关系才密切起来。而在17世纪—19世纪中期，科学对技术进步的推动并不显著，因而与工业革命关系不大。在此期间，反倒是那些没受过多少正规教

---

① Margaret. C. Jacob, *The First Knowledge Economy: Human Capital and the European Economy*, 1750 - 1850 (Cambridge: Cambridge University Press, 2014).

② Albert Edward Musson and Eric Robinson, *Science and Technology in the Industrial Revolution* (New York: Gordon and Breach, [1989], c1969). 这本书第一版于1969年出版，1989年第二版的引言便是 Margaret. C. Jacob（玛格丽特·C. 雅各布）写的，可见两本书的内在思想脉络。

育、没有科学研究素养的工匠才是技术创新的主力。[①]例如，在第一次工业革命中占主导地位的纺织业和冶炼业就与当时的科学研究没有什么关系。[②]

后五件大事都从不同侧面反映了国家能力的变化，而国家能力的增强很可能与工业革命的出现有关。

我们先看一个简单的事实，在欧洲出现近现代国家（具有一定强制能力与汲取能力的国家）之前，世界各个地区的状况差不太多：经济长期停滞，几乎没有什么增长。欧洲近现代国家出现以后（1500 年以后），情况发生了变化，经济增长开始提速。起初的增长提速并不明显，西欧人均 GDP 年增长速度从 1000—1500 年间的 0.12% 上升到 1500—1820 年间的 0.14%，差别只有区区 0.02%。不过，随着西欧那些国家的基础性能力的提高，它们的经济增速就逐渐变大了，从 1820—1870 年的 0.98%，上升到 1870—1913 年的 1.33%。20 世纪上半叶，西欧经历了两次大战，增速下降到 0.76%；二战以后是欧洲资本主义发展的黄金时期，增速高达 4.05%。而中国在整个 19 世纪与 20 世纪上半叶，人均 GDP 的增速很低，甚至是负数（见表 1.1）。两相对比，大分流的态势十分明显。

---

① Abbott Payson Usher, *A History of Mechanical Inventions* (New York: McGraw-Hill, 1929).

② Herbert Kisch, *From Domestic Manufacture to Industrial Revolution: The Case of the Rhinel and Textile Districts* (Oxford: Oxford University Press, 1989).

表 1.1 现代国家形成前后人均 GDP 增长速度 单位：%

	1—1000	1000—1500	1500—1820	1820—1870	1870—1913	1913—1950	1950—1973
西欧	-0.03	0.12	0.14	0.98	1.33	0.76	4.05
东欧	0.00	0.04	0.10	0.63	1.39	0.60	3.81
美国	0.00	0.00	0.36	1.34	1.82	1.61	2.45
拉美	0.00	0.01	0.16	-0.04	1.86	1.41	2.60
日本	0.01	0.03	0.09	0.19	1.48	0.88	8.06
中国	0.00	0.06	0.00	-0.25	0.10	-0.56	2.76
印度	0.00	0.04	-0.01	0.00	0.54	-0.22	1.40
非洲	-0.01	-0.01	0.00	0.35	0.57	0.91	2.02
世界	0.00	0.05	0.05	0.54	1.31	0.88	2.91

资料来源：Angus Maddison-Contours of the World Economy-1-2030 AD-Essays in Macro-Economic History（2007）。

大分流也体现在人均 GDP 水平的变化上。按 1990 年国际美元估算，公元元年时，西欧的人均 GDP 是 576，中国是 450；到公元 1000 年的时候，中国还是 450，但是西欧下跌到 427。也就是说，公元 1000 年的时候，中国比西欧整体上要稍微发达一点，因为罗马帝国崩溃后，欧洲四分五裂，没有什么像样的国家。到 16 世纪初，西欧的人均 GDP 达到 771，中国也上升到 600。此后 100 年，中国与欧洲的差距进一步拉大，中国还是 600，西欧却达到了 889。再往后 300 年，东西之间的人均 GDP 差距形成巨大的鸿沟（见表 1.2）。这里的关键是，在近现代国家没有出现之前，欧洲与其他地区一样，经济几乎不增长；16—17 世纪欧洲近现代国家开始出现雏形，欧洲的经济增长才开始提速，领先于全球其他地区。这绝非偶然。

表 1.2　现代国家形成前后世界人均 GDP　　　单位：1990 年国际美元

	1	1000	1500	1600	1700	1820	1870	1913
西欧	576	427	711	889	997	1 202	1 960	3 457
东欧	412	400	496	548	606	683	937	1 695
美国	400	400	400	400	527	1 257	2 445	5 301
拉美	400	400	416	438	527	691	676	1 493
日本	400	425	500	520	570	669	737	1 387
中国	450	450	600	600	600	600	530	552
印度	450	450	550	550	550	533	533	673
非洲	472	425	414	422	421	420	500	637
世界	467	450	566	596	616	667	873	1 526

资料来源：Angus Maddison-Contours of the World Economy-1-2030 AD-Essays in Macro-Economic History（2007）。

关于这一点，生活在那个时代的思想家霍布斯（1588—1679）看得很透彻。在没有一个公共权力使大家慑服的时候，人们便处在所谓的战争状态之下，这种战争是每一个人对每一个人的战争。[①]“在这种状况下，产业是无法存在的，因为其成果不稳定。这样一来，举凡土地的栽培、航海、外洋进口商品的运用、舒适的建筑、移动与卸除须费巨大力量的物体的工具、地貌的知识、时间的记载、文艺、文学、社会等等都将不存在。最糟糕的是人们不断处于暴力死亡的恐惧和危险中，人的生活孤独、

① 霍布斯．利维坦[M]．黎思复，黎廷弼译．北京：商务印书馆，1985：99.

贫困、卑污、残忍而短寿。”①这表明：一个有效国家是经济发展与社会进步的必要先决条件。

亚当·斯密（1723—1790）生活的时代比霍布斯晚了一个多世纪。流行理论说，亚当·斯密只强调市场这只“看不见的手”，而强烈反对国家干预，但这是对他的极大误读。如果认真阅读斯密著作（如《国富论》第三篇与《关于法律、警察、岁入及军备的演讲》），就会发现，暴力始终是其关注的一个重点。在他看来，罗马帝国崩溃后，欧洲之所以经济停滞，是因为暴力盛行。一方面，在一个国家内，“政府总是软弱无力。在人们感觉财产没有安全保障，随时有被人掠夺的危险时，人们自然不想勤劳地工作。在这时候，不可能有大量财产的积聚，因为这时候懒惰人占绝大多数，他们依靠勤劳者为生，把后者所生产的东西消耗掉”。另一方面，“在国与国之间，战争总是不断发生，一个国家总是不断侵略和掠夺另一个国家。私人财产现在虽然得以免于附近居民的侵夺，却又时常处在被外国敌人侵袭的危险中。在这种情况下，积贮资财的可能性也很小”。暴力在斯密眼中是如此关键，以至于他概括：“就富裕的增进来说，再没有比这更大的阻碍了。”② 据此，斯密得出结论，“任何国家，如果司法体系不能正常运作，人们对其财产的拥有缺乏安全感，契约的履行

---

① 霍布斯．利维坦[M]．黎思复，黎廷弼译．北京：商务印书馆，1985：99－100.

② 亚当·斯密．关于法律、警察、岁入及军备的演讲[M]．陈福生，陈振骅译．北京：商务印书馆，1962：232－233.

缺乏法律的支持，国家的权威不能被用来强制有支付能力者偿还债务，那么，那里的商业与制造业很少能够长久繁荣”。[①]换句话说，有效国家是斯密政治经济学的基本前提；没有一个有效国家的保障，市场主体根本无法正常运作。

到亚当·斯密生活的年代，经过与封建诸侯长达几个世纪的博弈之后，欧洲不少地方的绝对王权已经占上风。一位著名的斯密研究者伊斯特凡·洪特（Istvan Hont，1947—2013）这样概括此后发生的事：“对封建贵族权力的压制带来了强势的中央政府，或者叫作绝对王权。这个变化几乎与军事革命同时发生，且带来两个后果。第一个后果是，欧洲崛起、称霸全球。这也正是地理发现、扩张的时代，是欧洲殖民冒险的开端……由于地理发现与船坚炮利的技术优势，欧洲获取了巨大的外部市场。最终的结果是经济增长急剧加速。”[②]

上段话提到“绝对王权”这个概念。这个概念流行了很长时间，但约翰·布鲁尔在 1989 年出版的《权力之基：战争、金钱与英格兰国家 1688—1783》[③]一书中挑战了这种提法，建议用财政 - 军事国家替代。哈佛大学历史学家尼古拉斯·亨歇尔

---

① Adam Smith, *The Wealth of Nations: An Inquiry Into the Nature and Causes of the Wealth of Nations* (Chicago: University Of Chicago Press, 1977), p. 1227. 中译本《国富论》对这段话的翻译似乎不够准确。

② Istvan Hont, *Politics in Commercial Society: Jean-Jacques Rousseau and Adam Smith* (Cambridge, MA: Harvard University Press, 2015, p. 113.

③ John Brewer, *The Sinews of Power: War, Money and the English State, 1688 - 1783* (Cambridge, MA: Harvard University Press, 1989).

(Nicholas Henshall) 在 1992 年出版的《绝对主义的神话：现代早期欧洲王权的变与不变》[①]一书中也指出，“绝对主义”的提法相当误导人，同样建议用财政 - 军事国家替代。因此，最近 20 年里，越来越多的历史学家开始使用“财政 - 军事国家”来称呼 17—19 世纪在欧洲出现的新型国家。

既然被叫作“财政 - 军事国家”，那么这种国家至少具备两种基础性国家能力：强制能力（军事国家）与汲取能力（财政国家）。用历史学家李伯重的话说，“火枪加账簿”就是早期经济全球化的时代特征。[②]正是“财政 - 军事国家”这种政治创新引领了西方的技术创新与经济发展。

其实，“财政 - 军事国家”更应该被叫作“军事 - 财政国家”，因为从历史发展的视角看，军事革命在先，财政创新在后，且财政创新最初是服务于军事与战争的。“军事革命”这个概念最初是由英国历史学家迈克 · 罗伯茨于 1956 年提出的。[③]经过长达几十年的辩论，大部分相关学者现在都同意罗伯斯的看法：在 16—17 世纪，西方发生了一场军事革命，即在武器、军队组织与规模等方面发生了革命性的变化。

---

① Nicholas Henshall, *The Myth of Absolutism: Change & Continuity in Early Modern European Monarchy* (London, Longman, 1992).

② 李伯重. 火枪与账簿：早期经济全球化时代的中国与东亚世界[M]. 北京：三联书店，2017：392.

③ Michael Roberts, *The Military Revolution, 1560 - 1660: An Inaugural Lecture Delivered Before the Queen's University of Belfast* (Belfast: M. Boyd, 1956).

这当然不是人类历史上第一次军事革命。英国著名军事史学家杰弗里·帕克指出，上一次军事革命是由中国的秦始皇造就的，那场革命为一个持久的皇权体系奠定了基础，使得它绵延两千余年，没有太大变化。西方发生的算得上是第二次军事革命。在帕克看来，正如“秦国的优越军事组织使它得以征服整个中国；西方国家的优越军事组织则让它们得以统治整个世界，因为在很大程度上，‘西方崛起’取决于使用武力”。[①] 其他不少西方学者对暴力在“西方崛起”中的作用也直言不讳。例如，美国著名的国家构建学者查尔斯·蒂利在其著作中会提出下面这个等式：

军事化（Militarization） = 文明（Civilization）[②]

美国著名历史学者伊恩·莫里斯撰写了一本书——《文明的度量》，在他看来，衡量文明的一个重要尺度就是开战的能力（War-making capacity）。而他讨论开战能力那一章的第一句话是：“西方成为世界霸主最明显的标志是 1840 年到 1842 年的第一次鸦片战争：一支小型英国舰队开进中国，威胁要切断用于向北京运送粮食的大运河，迫使清政府不得不忍辱负重地做出巨大让步。”[③]

---

① Geoffrey Parker, *The Military Revolution: Military Innovation and the Rise of the West, 1500 – 1800* (Cambridge: Cambridge University Press, 1996), pp. 3 – 4.

② Charles Tilly, *Coercion, Capital and European States, AD 990 – 1990* (Cambridge, MA: Wiley-Blackwell, 1992), p. 122.

③ Ian Morris, *The Measure of Civilization: How Social Development Decides the Fate of Nations* (Princeton, NJ: Princeton University Press, 2013), p. 173.

莫里斯对过去6 000年东西方的开战能力进行了估算。从表1.3可以看到，从公元500年到公元1400年，东方的开战能力高于西方；但是16世纪以后，西方出现了军事革命，其开战能力开始超越东方；到18世纪以后，东西方的开战能力差距已经十分巨大；进入20世纪时，西方的开战能力是东方的5倍，占据压倒性优势，那个时候，东方被西方打败几乎是没有任何疑问的。

表1.3　公元前4000年以来的东西方开战能力对比

	西方	东方		西方	东方
公元前4000	0.00	0.00	公元1	0.12	0.08
公元前3000	0.01	0.00	公元100	0.12	0.08
公元前2500	0.01	0.00	公元200	0.11	0.07
公元前2250	0.01	0.00	公元300	0.10	0.07
公元前2000	0.01	0.00	公元400	0.09	0.07
公元前1750	0.02	0.00	公元500	0.07	0.08
公元前1500	0.02	0.01	公元600	0.04	0.09
公元前1400	0.03	0.01	公元700	0.04	0.11
公元前1300	0.03	0.01	公元800	0.04	0.07
公元前1200	0.04	0.02	公元900	0.05	0.07
公元前1100	0.03	0.02	公元1000	0.06	0.08
公元前1000	0.03	0.03	公元1100	0.07	0.09
公元前900	0.04	0.03	公元1200	0.08	0.09
公元前800	0.05	0.02	公元1300	0.09	0.11
公元前700	0.07	0.02	公元1400	0.11	0.12
公元前600	0.07	0.03	公元1500	0.13	0.10

（续表）

	西方	东方		西方	东方
公元前 500	0.08	0.04	公元 1600	0.18	0.12
公元前 400	0.09	0.05	公元 1700	0.35	0.15
公元前 300	0.09	0.06	公元 1800	0.50	0.12
公元前 200	0.10	0.07	公元 1900	5.00	1.00
公元前 100	0.11	0.08	公元 2000	250.00	12.50

资料来源：Ian Morris, *The Measure of Civilization: How Social Development Decides the Fate of Nations*, pp. 180－181。

莫里斯的估算并非凭空而来。在有数据可查的欧洲国家，军事革命的一个表征就是军队规模的急剧膨胀。表 1.4 列举了 5 个欧洲国家的军队人数及占比的变化，从中可以看到，从 16 世纪初到 18 世纪初，无论是这些国家的军队绝对规模，还是士兵占人口比重，都在快速上升。16—17 世纪，西班牙是欧洲的霸主；18 世纪，主角换为法国与英国。换句话说，在这几个世纪，欧洲国家的强制能力都大幅提升了。

表 1.4　欧洲国家军队的规模，1500—1980 年

国家	军队人数（万人）					军队人数占人口比重（%）				
	1500	1600	1700	1850	1980	1500	1600	1700	1850	1980
西班牙	2	20	5	15.4	34.2	0.3	2.5	0.7	1.0	0.9
法国	1.8	8	40	43.9	49.5	0.1	0.4	2.1	1.2	0.9
英格兰/威尔士	2.5	3	29.2	20.1	32.9	1.0	0.7	5.4	1.1	0.6
荷兰	0	2	10	3	11.5		1.3	5.3	1.0	0.8
瑞典	0	1.5	10	6.3	6.6		1.5	7.1	1.8	0.8
俄国	0	3.5	17	85	366.3		0.3	1.2	1.5	1.4

资料来源：Charles Tilly, *Coercion, Capital and European States, AD 990－1990*, p. 79。

发明火药的是中国，最早的炸弹、火枪、火炮也出现在中国，比欧洲早几百年，为什么军事革命在欧洲率先出现，而不是在中国呢？也许起作用的因素有很多，但一个很关键的因素可能是战争的频率。各国的历史都是战争的历史，但欧洲的历史尤其血腥，几乎是一场战争接着另一场战争。频繁战事就会促使当事国在武器创新、组织创新、军队规模扩大上下大功夫，从而带来军事革命。

有人根据史料绘制了图 1.3，其中深色线条代表中国，浅色线条代表欧洲。据分析，在 1450—1550 年间，中国战事不多，因而军事创新停滞；而同时期的西方战事频繁，大战不止，由此激发了军事创新加速；到 15 世纪末，欧洲的火炮已优于中国。这一止一进，导致出现了第一次小型的军事分流。1550 年以后的两百年间，东亚地区烽烟四起，迫使中国反过来向欧洲学习制作先进枪炮的技术，与欧洲国家形成军事均势；其间，郑成功还打败了不可一世的荷兰殖民者，收复了台湾。[①]但 1760—1839 年间，中国战事较少，因而军事创新停滞，而欧洲战火不断，军事创新突飞猛进，形成了第二次更大规模的军事分流。[②]军事大分流的结果就是莫里斯提到的第一次鸦片战争，它已成为中国永久的耻辱。

这里需要注意的是，经济大分流的时点，或更具体地说，英

---

① 欧阳泰（Andrade Tonio）. 1661，决战热兰遮：中国对西方的第一次胜利[M]. 陈信宏译. 北京：九州出版社，2014.

② Andrade Tonio, *The Gunpowder Age: China, Military Innovation, and the Rise of the West in World History* (Princeton, NJ: Princeton University Press, 2016), pp. 5 – 7.

国工业革命的时点恰好在1760年到1820—1840年之间，与中西军事大分流的时点几乎完全吻合。这绝不是巧合，而是因为军事革命造就了强制能力更为强大的现代国家，而具备强制能力的现代国家为经济发展奠定了基础。

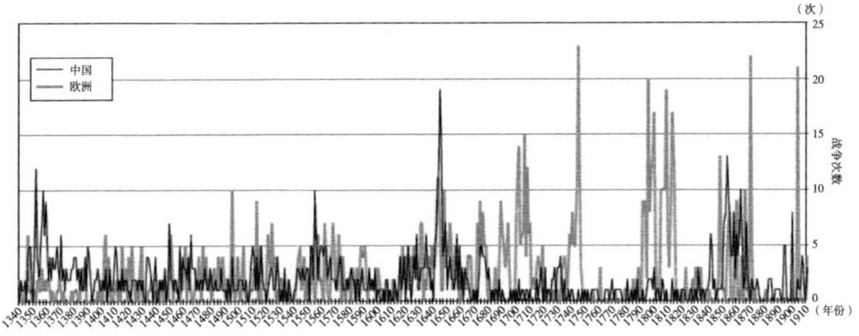

图1.3　欧洲与中国的战争频率，1340—1910年

资料来源：Andrade Tonio，*The Gunpowder Age：China，Military Innovation，and the Rise of the West in World History*，p.6。

那么，强制能力具体如何影响经济发展呢？从欧洲的历史看，其作用表现在对内、对外两方面。

对内，强制能力可以为当时的“改革开放”保驾护航，创造一个霍布斯、斯密期盼的和平内部环境。世界上最早的常备军出现在16世纪的西班牙，它是当时的世界霸主。如果细读亚当·斯密的《国富论》就会知道，虽然其第五篇第一章题为“论君主或国家的费用”，实际上它论证的无非是：常备军是现代社会的标志，因为“有了好纪律的常备军，一个文明国才能抵御外侮”。[①]斯密在世时，世界上还没有专业的警察。第一支专

① 亚当·斯密．国富论[M]．唐日松译．北京：华夏出版社，2005：第五篇第一章．

职警察队伍于1829年诞生于伦敦，并很快在英美与许多欧洲国家普及，其根本使命是保护私有产权不受侵犯。[①]

对外，强制能力可以用来做三件事情：第一是掠夺海外资源，包括劳动力资源；第二是打开海外市场；第三是培养管理人才。

掠夺海外资源的方式是殖民主义与奴隶贸易。欧洲推行殖民主义历时约500年，从15世纪初到19世纪末。最早推行殖民主义的是葡萄牙和西班牙，15—16世纪它们把魔爪伸向非洲、亚洲与新“发现”的美洲。17世纪的最初一两年，英国与荷兰分别建立了自己的“东印度公司”；此后100多年，它们与法国相继建立海外殖民地，争夺的重点是美洲。从19世纪中叶起，更多的欧洲国家参与对非洲与亚洲的争夺，非洲几乎被彻底瓜分，很多亚洲国家沦为殖民地。

欧洲崛起时，几乎所有的欧洲大小国家都参与了殖民主义掠夺，包括北欧国家（瑞典、丹麦、芬兰、挪威）。以比利时为例，其非洲殖民地的面积是比利时本土面积的80倍；其殖民过程造成刚果1 000万—1 300万人死亡，占当地人口一半左右，即使活下来，很多人都受到殖民者的砍手惩罚，因此断手之人随处可见，比纳粹德国时期的统治还残酷，今天却很少有人提起。1897年，比利时开始利用在刚果攫取的钱投资中国，计划让刚果士兵进驻中国，把中国劳工运往刚果，还在中国买了几个小

① Sam Mitrani, *The Rise of the Chicago Police Department: Class and Conflict, 1850–1894* (Champaign: University of Illinois Press, 2013).

岛，命名为“刚果自由邦”（État Indépendant du Congo）。在中国签订的不平等条约中，有人惊奇地发现，其中一个居然是1898年与刚果签订的中刚《天津专章》，它规定刚果在华也享有治外法权。[①]当然，那时的刚果只不过是比利时的“黑手套”。据说，李鸿章会见刚果谈判代表团时吃惊地说，“我还以为非洲人都是黑皮肤的”，因为其团员全是比利时人。在1901年参与镇压义和团运动后，比利时在中国天津建立租界，面积740亩，一直维持到1929年。[②]

在《资本论》第一卷第七篇《资本的积累过程》中，马克思曾引用威廉·豪伊特的话说：“所谓的基督教人种在世界各地对他们所能奴役的一切民族所采取的野蛮和残酷的暴行，是世界历史上任何时期，任何野蛮愚昧和残暴无耻的人种都无法比拟的。”[③]依据19世纪的大量材料，在列举殖民主义的斑斑劣迹后，马克思一针见血地点明了殖民主义与资本原始积累的关系：“殖民制度大大地促进了贸易和航运的发展。‘垄断公司’（路德语）是资本积聚的强有力的手段。殖民地为迅速产生的工场手工业保证了销售市场，保证了通过对市场的垄断而加速的积累。在欧洲以外直接靠掠夺、奴役和杀人越货而夺得的财宝，源源流入宗主

① 高放．近现代中国不平等条约的来龙去脉[J]．南京社会科学，1999（2）．

② Adam Hochschild，*King Leopold's Ghost*：*A Story of Greed*，*Terror*，*and Heroism in Colonial Africa*（New York：Houghton Mifflin，1999）．

③ William Howitt，*Colonization and Christianity*：*A Popular History of the Treatment of the Natives by the Europeans in All Their Colonies*（London：Longman，1838），P. 9.

国，在这里转化为资本。”①

伴随殖民主义而来的是大规模的跨大西洋奴隶贸易。最早进行奴隶贸易的正是最早推行殖民主义的国家：西班牙与葡萄牙从16世纪初就开始长途贩卖奴隶；荷兰、英国、法国紧随其后，并使奴隶贸易的规模越做越大；后来，其他欧洲国家也卷入奴隶贸易，包括丹麦、挪威等国。那时，在西方语言中，“factory”这个词通常是指在非洲沿海设立的奴隶贸易据点，还没有工业生产场所的意思。②

在长达300多年的时间里，估计约有1 200万人从非洲被运到美洲当奴隶，部分学者估算的数值更高；加上在航运与贩卖过程中死亡的奴隶（约1 000万人），非洲人口损失高达3 000万。有学者估计，17世纪初，撒哈拉以南非洲人口占全球人口的比重是18%，但300年后，这个比重跌至6%；而在此期间，欧美的人口翻了好几番。③

在《资本论》第一卷第七篇《资本的积累过程》中，马克思也谈到奴隶贸易与原始积累的关系：“美洲金银产地的发现，土著居民的被剿灭、被奴役和被埋葬于矿井，对东印度开始进行

① 马克思．资本论：第一卷[M]//马克思恩格斯全集：第二十三卷．北京：人民出版社，1972：822.

② Sven Beckert and Seth Rockman, eds., *Slavery's Capitalism: A New History of American Economic Development* (Philadelphia: University of Pennsylvania Press, 2016), p. 11.

③ Paul Adams, Erick Langer, Lily Hwa, Peter Stearns, and Merry Wiesner-Hanks, *Experiencing World History* (New York: NYU Press, 2000), p. 334.

的征服和掠夺，非洲变成商业性地猎获黑人的场所：这一切标志着资本主义生产时代的曙光。这些田园诗式的过程是原始积累的主要因素。”他特别以英国商业重镇利物浦为例，指出“利物浦是靠奴隶贸易发展起来的。奴隶贸易是它进行原始积累的方法”。①

不仅是奴隶贸易，奴隶制也是工业革命率先在欧美爆发的重要成因。早在1944年，加勒比黑人历史学家艾里克·威廉斯就在《资本主义与奴隶制度》中提出一个著名论点：从英属加勒比殖民地由奴隶种植的蔗糖与跨大西洋奴隶贸易中获得的利润，为工业革命提供了原始资本，使英国成为世界上第一个现代经济体。直到制造业站稳脚跟，来自奴隶制的利润与之相比不再那么确定之后，英国才开始倡导废除奴隶制。②威廉斯的观点引发了长达几十年的辩论。虽然从今天的角度看，他的研究方法看似不怎么先进，但迄今为止没有什么像样的历史与经济研究能够推翻他的基本判断。③

英国历史学家罗宾·布莱克本1997年出版了《新世界奴隶制度的形成》一书，对奴隶制与英国经济增长的关系进行了详

---

① 马克思．资本论：第一卷［M］//马克思恩格斯全集：第二十三卷．北京：人民出版社，1972：828.

② 也就是说，英国废除奴隶制的主要原因不是出于人道主义，而是因为英属加勒比地区制糖业的衰落。Eric Eustace Williams，*Capitalism & Slavery*（Chapel Hill：The University of North Carolina Press，1994）.

③ Selwyn H. H. Carrington，“Capitalism & Slavery and Caribbean Historiography：An E-valuation，” *Journal of African American History*，Vol. 88，No. 3（Summer，2003），pp. 304 –312.

尽的讨论。他指出，在18世纪末19世纪初（英国工业革命的关键时期），与实行奴隶制的加勒比种植庄园进行贸易往来，对英国本土经济发展起到的促进作用大于其他任何因素，无论是国内因素，还是国际因素。在此意义上，这个因素“助力英国资本主义率先进入工业化，并在争夺全球霸权方面超越其对手”。[①]

在大西洋的另一侧，美国资本主义的发展与奴隶制的关系更加直接。长期以来，在美国研究中有一个挥之不去的神话——奴隶制及其作用仅限于美国南方，而事实上，整个美国的工业起飞都与奴隶制有着千丝万缕的联系。最近一二十年的研究揭示了一些以前鲜为人知的事实：奴隶种植的棉花是美国最有价值的出口产品（由于纺织业是当时欧美各国的新兴支柱产业，棉花对当时美国的重要性与石油对今天沙特阿拉伯的重要性不相上下）；奴隶的总市值超过美国铁路与工厂价值的总和；美国蒸汽动力最集中的地方是遍布奴隶种植园的密西西比河两岸，而不是新英格兰的梅里马克河两岸（人们通常认为梅里马克河沿线的纺织业在美国工业革命中发挥了重要的作用）；南方种植园对奴隶的管理广泛采取类似工厂的分组模式，且其规模普遍比北方企业大；美国早期的管理创新多源自分组与暴力相结合的种植园，而不是像艾尔弗雷德·钱德勒（Alfred Chandler）所说的那样源自铁路；与贩奴相关的海事保险和奴隶人身保险对美国保险业的早期发展

① Robin Blackburn, *The Making of New World Slavery: From the Baroque to the Modern, 1492－1800* (London: Verso, 1997), p. 572.

起到了巨大的推动作用；以奴隶与他们的子女为抵押品的贷款与再贷款对美国银行业的早期发展起到了巨大的推动作用。这一切都意味着，空间距离并未将奴隶制的受惠者限制在南方的庄园主；恰恰相反，奴隶制为罗德岛的纺织厂提供了棉花，为纽约的银行带来了巨大的财富，为麻省的制造商创造了市场，为康涅狄格州的城市（如布里奇波特）建设提供了资金，为运输、销售南方农产品和北方工业品的商人带来了源源不断的生意。

总而言之，奴隶制对当时美国经济发展的贡献无论怎么估计都不过分。这就可以理解：为什么美国内战打响前几年，南方杂志《狄波评论》（*De Bow's Review*）刊载的一篇题为《北方与南方》的文章，会把奴隶制称为"北方繁荣的奶娘"；[①]为什么《棉花帝国》的作者、美国资本主义史研究者斯文·贝克特，会将自己编辑的一本有关美国经济发展史的新书命名为《奴隶制的资本主义》，并得出结论，美国的奴隶制深深镶嵌在美国资本主义的 DNA 上。[②]

如果将时空视野进一步放宽，就会看到，奴隶贸易与奴隶制把非洲、加勒比、拉丁美洲、北美、英国以及整个欧洲都连成一体，进而与中国也发生了关系。"奴隶在美洲开采的白银首先为欧洲各帝国提供了进入中国市场，并换取来自中国消费品的机

---

① Sven Beckert and Seth Rockman, eds., *Slavery's Capitalism: A New History of American Economic Development* (Philadelphia: University of Pennsylvania Press, 2016), p. 2.

② Sven Beckert and Seth Rockman, eds., *Slavery's Capitalism*, p. 3.

会；奴隶种植的农产品使英国有可能逃避其人口增长的环境限制，从而取代中国，成为世界经济的领头羊。正如彭穆兰所说，英国之所以能够打破‘马尔萨斯陷阱’，是因为美洲种植园生产的蔗糖与棉花为其人口提供了卡路里和纤维。”①这也就解释了为什么改变人类历史的工业革命会首先发生在英国，为什么欧洲的军事革命、殖民主义、奴隶贸易、奴隶制会导致东西方之间出现所谓的大分流。

欧美国家当时为什么会如此下作、不择手段地发展经济呢？一位英国议员斯特普尔顿（Mr. Stapleton）在1873年向其选民说的一段话充分表达了欧洲人的紧迫感：“如果中国成为一个大的制造国，那么欧洲的劳动人口除非把生活水平降低到他们竞争者的水平，否则，我真不知道他们怎样才能赢得竞争。”② 听起来，这与美国现任总统特朗普的说法几乎一模一样。东西大分流就是在这样的背景下发生的，也遂了西方人的愿。

除了掠夺资源外，西方殖民主义者还依仗船坚炮利在全球四处横行，抢占市场。曾在北美与南美参与殖民扩张的英国冒险家沃尔特·雷利爵士（Sir Walter Raleigh，1554—1618）根据自己的亲身经验，告诫伊丽莎白一世：“谁控制了海洋，谁就控制了贸易；谁控制了世界贸易，谁就控制了世界的财富，最后也就控

---

① Sven Beckert and Seth Rockman，eds.，*Slavery's Capitalism*，p. 8.

② 转引自马克思．资本论：第一卷[M]//马克思恩格斯全集：第二十三卷．北京：人民出版社，1972：659.

制了世界本身。”[①]据说，这句话对女王产生了巨大的触动，使其海外殖民的野心急剧膨胀，于是英国女王开始注重海军舰队的建设，并特许更多更大规模的私人公司在海外进行殖民掠夺。为此，英国在1600年底建立东印度公司，作为其在印度、中国及其他亚洲国家推行殖民主义掠夺政策的工具。从18世纪中叶起，该公司拥有了军队和舰队，形成巨大的军事力量，靠武力完成了对印度的占领，获得了对印度实行殖民统治的权力，操纵了这个国家最重要的管理职能，更不用提对印度贸易的垄断了。

由荷兰政府建立的东印度公司比英国的东印度公司晚两年成立，也是一家拥有自己的军队与舰队，可以发行货币，可以与相关国家订立正式条约，对占领地区（如印度尼西亚、马六甲、中国台湾）实行殖民统治的暴力集团。曾在荷兰东印度公司成立之初两度出任印度尼西亚总督的简·皮特斯佐恩·科恩（Jan Pieterszoon Coen）以冷酷无情著称，其基本信条是：暴力乃获取利润之必要条件。他在1614年给十七人委员会（荷兰东印度公司的决策中枢机构）的信中直言不讳地说：“阁下们，根据经验，各位应该知道，只有诸位掌控的武器才能为驱动和维持与亚洲的贸易提供保护，而这些武器则必须由贸易的利润来支付。也就是说，没有战争就无法进行贸易，反过来，没有贸易也无法进

---

① George Modelski and William R. Thompson, *Seapower in Global Politics*, 1494－1993 (London: Palgrave Macmillan UK, 1988), p. 7. 在17世纪中期，雷利这种说法后来被约翰·伊夫林（John Evelyn，1620－1706）抄袭、改造，流传得更广。

行战争。”[1]

有了武力做后盾，这两家公司的触角伸向哪里，它们就把市场拓展到那里；如果当地人不愿与之往来，它们就用枪炮轰开市场的大门，并把不公平的贸易“规则”强加给对方。鸦片战争就是它们开拓市场方式的范例。强买强卖为这两家公司以及英国和荷兰带来了巨大的商业利益，让它们挣得盆满钵满。于 17 世纪下半叶活跃于伦敦金融城的商人兼政客、英国东印度公司董事托马斯·帕皮伦在 1696 年出版过一本著名的小册子，题为《东印度的贸易是对王国最有利的贸易》：这个标题足以说明英国东印度公司对英国的重要性。[2]而荷兰东印度公司在其巅峰时期曾拥有 7 万名雇员（其中五分之一是雇佣兵），据估算，其市值相当于今天的 7.4 万亿美元，是苹果公司市值的近 8 倍，被人称为有史以来市值最高的公司。[3]

马克思在《资本论》中将荷兰称作“第一个充分发展了殖民制度”的国家，“十七世纪标准的资本主义国家”。在相当长一段时期里，它“几乎独占了东印度的贸易及欧洲西南部和东北部之间的商业往来。它的渔业、海运业和工场手工业，都胜过

---

① Stephen R. Bown, *Merchant Kings: When Companies Ruled the World, 1600 - 1900* (New York: Thomas Dunne Books, 2010), pp. 7 - 56.

② Thomas Papillon, *The East-India-Trade A Most Profitable Trade to the Kingdom* (London, 1696).

③ Jeff Desjardins, “The Most Valuable Companies of All-Time,” http://www.visualcapitalist.com/most-valuable-companies-all-time/, December 8, 2017.

任何别的国家。这个共和国的资本也许比欧洲所有其他国家的资本总和还要多”。[①]马克思对英国东印度公司的描述也同样让人瞠目结舌：“英国东印度公司除了在东印度拥有政治统治权外，还拥有茶叶贸易、同中国的贸易和对欧洲往来的货运的垄断。而印度的沿海航运和各岛之间的航运以及印度内地的贸易，却为公司的高级职员所垄断。对盐、鸦片、槟榔和其他商品的垄断权成了财富的取之不尽的矿藏。这些职员自定价格，任意勒索不幸的印度人。总督也参与这种私人买卖。他的宠信们是在使他们这些比炼金术士聪明的人们能从无中生出金来的条件下接受契约的。巨额财产像雨后春笋般地增长起来，原始积累在不预付一个先令的情况下进行。”[②]

除了英国与荷兰外，设立东印度公司的还有丹麦（1616—1772）、葡萄牙（1628—1633）、法国（1664—1794）、瑞典（1731—1813）、奥地利（1775—1785）。除了各国的东印度公司以外，欧洲列强还按地域设立了其他很多形形色色的特许公司，它们都是推行殖民主义、为母国开拓海外市场的工具，而不是纯粹的商业实体。

简而言之，欧洲发生军事革命后，各国列强便在掠夺海外资源的同时，不择手段地拓展海外市场。“由于远洋贸易巨大的成

---

① 马克思．资本论：第一卷[M]//马克思恩格斯全集：第二十三卷．北京：人民出版社，1972：822.

② 马克思．资本论：第一卷[M]//马克思恩格斯全集：第二十三卷．北京：人民出版社，1972：820.

本和安全风险，欧洲商人集团的远洋探索和全球贸易都是‘武装贸易’。"[①]这个时期在欧洲被人称作“英雄商业时期”（Age of Heroic Commerce）。到 18 世纪末，欧洲列强已开辟了大片的海外市场，“从而为引爆工业革命奠定了决定性的基础。没有世界市场，就不可能有工业革命”。[②]

除了需要资本、其他资源、市场之外，发展经济还需要相关人才，如企业家和工程技术人员。在这方面，军事组织（国家的常备军与私人雇佣军）与国防工程也发挥了相当大的作用。军事组织与经济组织都是较为大型的人类组织，两者运作方式具有不少的共性。其实，“company”这个词最初是指“一群士兵”，后来才被用来指称商业公司。同样，“entrepreneur”这个词出现于 14 世纪，但在 16—17 世纪，它主要用来指称政府工程承包人，尤其是军事要塞或公共工程的承包人。[③]在 16—18 世纪，欧洲各个政治体之间战争不断，那时规模较大的社会组织不是经济实体，而是军事实体。组织战事的人往往具有冒险精神、敢于承担风险，知道如何进行远距离运作，这些都与所谓的企业家精神暗合。一直到今天，各国还有人说，军队是培养企业家最好的学堂。更何况，当时很多组织的性质是混杂的，既是商业组

① 文一．伟大的中国工业革命：“发展政治经济学”一般原理批判纲要［M］．北京：清华大学出版社，2016：第七章第一节．

② 同上。

③ Robert F. Hébert and Albert N. Link, *A History of Entrepreneurship* (Routledge, 2009), p. 5.

织，又是军事组织，如各种军事化的海外垄断性贸易公司。此外，战争本身也创造了各式各样的商务机会，例如大小规模的军品生产，陆军与海军的补给，建造战舰与堡垒的承包商与分包商，跨国银行服务，以及尾随军队提供服务的商贩，等等。这些生意的经营者往往与军队有着千丝万缕的联系，很多现职或退役的士兵与军官可以利用自己在军队获取的组织能力，游走于军队与公司之间，变为叱咤商海的企业家。在这个意义上，军事革命创造一种环境，使得军人中走出一批又一批企业家与公司经营者、管理者。历史研究也发现，那时“企业家通常出现在商人或军队之中。军事领导人特别积极，因为战争经常是出于经济原因而发动的。在战斗中设计战略并执行成功的指挥官们往往承担了相当大的风险，但也可以从中获得可观的经济利益”。①

资本、资源、市场、人才、技术在英国与欧洲其他国家的崛起过程中都扮演了不可或缺的角色。关于英国与欧洲其他国家从农业社会向工业社会转型，一般的教科书会抽象地谈到这些所谓生产要素的作用，完全回避了这些因素与暴力的内在关系。然而，上面的分析告诉我们，这些毫无色彩的抽象名词实际上都是以暴力或国家强制能力为基础的。斯坦福大学的印度裔英国史教授普里亚·萨提亚在 2018 年出版了一本书，其书名就清楚点明

① Robert F. Hébert and Albert N. Link, *A History of Entrepreneurship* (Routledge, 2009), p. 5.

了暴力与工业革命的关系——《枪炮帝国：暴力造就工业革命》。[1] 这当然不是新观点，布莱克本在《新世界奴隶制度的形成》一书最后一段话中也总结道："英国工业化的道路之所以平顺，是因为它会毫不犹豫地、无情地使用暴力开路。"[2] 这让我们不得不感叹马克思早在150多年前就已经提出的精辟见解：英国与欧洲其他国家发展经济的一些做法"是以最残酷的暴力为基础……所有这些方法都利用国家权力，也就是利用集中的、有组织的社会暴力，来大力促进从封建生产方式向资本主义生产方式的转变过程，缩短过渡时间。暴力是每一个孕育着新社会的旧社会的助产婆。暴力本身就是一种经济力"。[3] 不管做不做道德上的判断，马克思这段话点明一个简单的事实：强制能力较强的国家在经济起飞的关键时刻可以领先一步。

不过，强制能力或对暴力的垄断必须有财力支撑，强制能力的增强也需要国家的汲取能力相应得到增强。伴随着16—17世纪展开的军事革命，各国军队的规模变得越来越大，组织的方式变得越来越复杂，战场涉及的空间范围也扩张到全球，这一切都使得战争的费用急剧攀升。为了支撑战争（因为战争是

---

① Priya Satia, *Empire of Guns*: *The Violent Making of the Industrial Revolution* (New York: Penguin Press, 2018).

② Robin Blackburn, *The Making of New World Slavery*: *From the Baroque to the Modern*, *1492 - 1800* (London: Verso, 1997), p. 573.

③ 马克思．资本论：第一卷[M]//马克思恩格斯全集：第二十三卷．北京：人民出版社，1972：819.

有利可图的），就需要国家增强其汲取能力，或更直白地说，政府必须用财政金融工具来为军队的运作筹钱。当然，反过来，军事竞争也可以倒逼财政、金融手段进步，让政府学会如何筹钱。关于汲取能力的重要性，早在16世纪，现代国家刚刚萌芽之时，被视为现代政治学之父的法国思想家让·博丹（Jean Bodin，1530—1596）就已经认识到了，他在几本著作中谈及税收与战争问题，[①] 其代表作《共和六书》中有句名言："财源即国家之神经。"[②]这句话此后不断被人引用，尤其是在17—18世纪，当时军事革命突飞猛进，殖民主义开始席卷全球。

霍布斯对战争与税收也非常关注，他在英国内战前后出版的多部著作都涉及税收，[③]而且只要谈起税收的必要性，他几乎无一例外都要提及战争："主权者针对人们资产征收的税款只不过是主权者维护和平、提供防务的代价。"[④] "关税与贡赋只不过是对那些武装起来、守护我们的人进行的奖赏，因为分散的个人无

① Martin Wolfe, "Jean Bodin on Taxes: The Sovereignty-Taxes Paradox," *Political Science Quarterly*, Vol. 83, No. 2 (Jun., 1968), pp. 268 – 284.

② Rudolf Braun, "Taxation, Sociopolitical Structure, and State-building: Great Britain and Brandenburg-Prussia," in Charles Tilly (ed.), *The Formation of National States in Western Europe* (Princeton, NJ: Princeton University Press, 1975), p. 243.

③ Dudley Jackson, "Thomas Hobbes' Theory of Taxation," *Political Studies*, Vol. 21, No. 2 (June 1973), pp. 175 – 182.

④ Sir William Molesworth, ed., *The English Works of Thomas Hobbes of Malmesbury* (London, John Bohn, 1839 – 45), Vol. IV, p. 164.

论付出多少精力、做出多大努力，都无法抵御敌人的入侵。”①“主权者强加在人们头上的税收只不过是一种工资，付给那些手持公共之剑为各行各业保驾护航的人。”②

回顾17—19世纪的历史，可以清晰地看到，军事需求强有力地推动了欧洲各国逐步建立起更为发达的财政体制。蒂利对此的评论十分到位：“在公元990—1992年间，战争是欧洲国家最重要的活动。国家预算、税收、债务反映了这个事实……战争把欧洲的民族国家交织在一起，战争准备创造了各国国家机器的内部结构……随着国家武装起来，它的汲取能力大幅攀升。”③

当国家同时在强制能力与汲取能力两方面发力时，演变的结果就是所谓财政－军事国家，亦即那些能够通过税收和其他财政创新手段保障大规模战事进行的国家。财政－军事国家在17世纪至19世纪之间征服了世界各地的大片土地，成为全球霸主，可见汲取能力有多么重要。

谈到汲取能力，往往有人会认为，它是经济增长的副产品，只有经济先增长，汲取能力才能加强，前者是后者的必要条件。不错，经济强，汲取能力很可能也强。例如，在19世纪以前，

---

① Sir William Molesworth, ed., *The English Works of Thomas Hobbes of Malmesbury* (London, John Bohn, 1839－45), Vol. II, p. 159.

② Sir William Molesworth, ed., *The English Works of Thomas Hobbes of Malmesbury* (London, John Bohn, 1839－45), Vol. III, pp. 333－334.

③ Charles Tilly, *Coercion, Capital and European States, AD 990－1990* (Cambridge: Wiley-Blackwell, 1992), pp. 74, 76, 82－83.

荷兰曾是经济的火车头，被人称作“第一个现代经济体”。[①]它的人均税收在整个17世纪比其他任何国家都高，比英国高出一倍至数倍；这种情况延续到18世纪，它的人均税收仍然比英国高30%—70%。[②] 但这并不意味着，只有经济先行增长，汲取能力才有可能加强，前者未必是后者的必要条件。事实上，汲取能力本身完全可能先行于增长，再带动经济增长。以英国为例，在“光荣革命”以后，它的财政税收（以人均上缴白银的重量克计算）明显上升，从1650—1659年的38.7克上升到1700—1709年的91.94克，到第一次工业革命的高峰期（1820—1829年）达到315.05克。而同期，经济增长并没有这么快，税收增长速度大大高于经济增长速度。据估算，1688—1815年，英国的GDP增长了3倍，但实际税收增长了15倍。法国也不遑多让，1650—1899年，人均GDP增长了2倍，但人均税收增长了33倍。[③]欧洲其他国家的情况也差不太多，人均税收都翻了很多番，只是有些国家（英国、法国、普鲁士、奥地利）的汲取能力比别的国家（奥斯曼帝国、俄国、西班牙、荷兰）增强得更快（见表1.5）。可见，国家汲取能力并不是经济增长的简单副产品。人

---

① Jan de Vries and Ad van der Woude, *The First Modern Economy Success, Failure, and Perseverance of the Dutch Economy, 1500 - 1815* (Cambridge: Cambridge University, 1997).

② 欧洲各国税收历史数据库，https://ata.boun.edu.tr/sites/ata.boun.edu.tr/files/faculty/sevket.pamuk/database/a-_web_sitesi.xls。

③ Mark Dincecco, “The Rise of Effective States in Europe,” *The Journal of Economic History*, Vol. 75, No. 3 (September 2015). pp. 907 - 908.

均税收水平提高，这些国家的税收总水平当然也相应大幅提高。

表 1.5　人均年税收，1500—1909 年　　单位：克白银

年份	英国	荷兰	法国	西班牙	奥地利	俄国	普鲁士	奥斯曼帝国
1500—1509	5.50		7.16	12.86				
1550—1559	8.93		10.88	19.11				5.58
1600—1609	15.22	76.19	18.13	62.56			2.40	5.76
1650—1659	38.70	113.96	56.55	57.26	10.55		8.96	7.43
1700—1709	91.94	210.58	43.52	28.61	15.57	6.25	24.63	7.99
1750—1759	109.14	189.41	48.75	46.21	23.04	14.92	53.19	9.06
1780—1789	172.35	228.16	77.61	59.00	42.95	26.75	35.00	7.10
1820—1829	315.05	151.71	137.12	49.70	49.48	39.61	72.81	18.56
1850—1859	257.59	173.84	185.00	120.61	70.78	55.67	96.47	39.06
1880—1889	361.52	303.91	464.75	271.06	287.81	128.07	247.57	98.16
1900—1909	927.28	525.21	1 026.13	436.36	731.38	266.26	807.60	199.82

资料来源：The European State Finance Database，"Nine-year moving averages of total revenue per capita in England，1490 - 1815（in constant prices of 1451 - 75），" http：//www. esfdb. org/Table. aspx？ resourceid = 11287。

当时中国的情况却完全不同。与英国和欧洲其他国家相比，清朝的汲取能力很低且没有提高。据估计，清朝中央政府的年度财政收入，在康熙时期（1662—1722）约为 3 500 万两，在雍正时期（1723—1735）约为 4 000 万两，在乾隆时期（1736—1795）为 4 300 万—4 800 万两，这种状况一直延续到鸦片战争之前。各级政府的财政总收入在 6 000 万—8 000 万两之间摆动。考虑到这是人口快速增长时期，清朝人均财政收入不仅没有增长，

反倒是持续下滑的。[①]傅瑞斯（Peer Vries）估计鸦片战争以前清政府的税收不会超过3亿两白银，这是非常高的估计，远高于其他学者的估计，如张仲礼、李中清、王国斌、魏丕信、欧立德等。与当时的英国相比，这个数值却实在太低：3亿两约为110亿克白银，而中国当时的人口已达3.5亿—3.6亿，即人均税收约为30克白银，相当于英国的一个零头，比其他欧洲列强也低得多。[②]

现在已有一批研究表明，国家能力与经济的早期发展有着密切的关系。[③] 伦敦政治经济学院的经济史学家帕特里克·奥布莱恩2011年的研究发现：在1815年以前，因为英国具有对外维护自身安全、对内维持秩序与产权的国家能力，它得以促进投资与国际贸易，成为第一个工业国家。[④] 作为反面的例证，毛里西奥·瑞尼茨门与汉斯-约阿希姆·沃斯2014年出版的专著发现，由于有意外之财（来自美洲的白银收入），西班牙没有在加强汲

① Peer Vries, "Public Finance in China and Britain in the Long Eighteenth Century," LSE Working Papers No. 167/12, 2012, pp. 18-19.

② Peer Vries, *State, Economy and the Great Divergence: Great Britain and China, 1680s-1850s* (London: Bloomsbury Academic, 2015), pp. 94-98; S. A. M. Adshead, *China in World History* (London: Palgrave Macmillan UK, 2000), pp. 245-247.

③ Mark Dincecco, "The Rise of Effective States in Europe," *The Journal of Economic History*, Vol. 75, No. 3 (September 2015), pp. 901-918.

④ Patrick O'Brien, "The Nature and Historical Evolution of an Exceptional Fiscal State and Its Possible Significance for the Precocious Commercialization and Industrialization of the British Economy from Cromwell to Nelson," *The Economic History Review*, Vol. 64, No. 2 (2011), pp. 408-446.

取能力方面做出努力，导致这个曾经的霸主于 17 世纪逐步衰落。[①] 两位荷兰学者的研究也发现，荷兰不平衡的汲取（过于依赖一个省的财政收入）造成汲取能力不足，导致荷兰共和国防卫能力下降，最终导致它于 1795 年被法国消灭。[②] 图 1.4 显示，在东西方之间出现大分流的时代，国家汲取能力与经济发展水平之间存在着明显的相关关系。

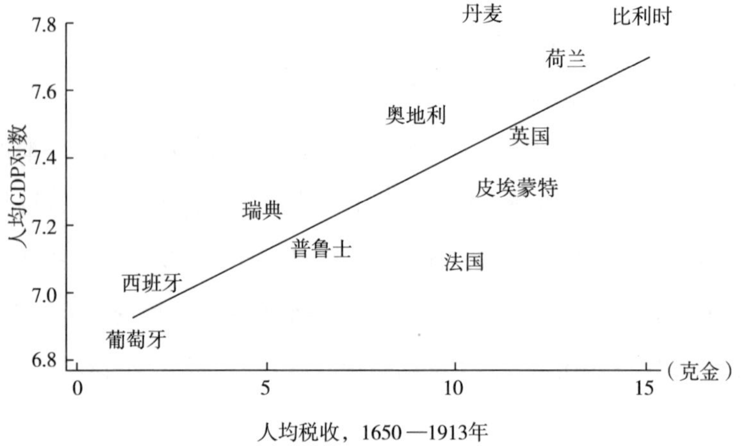

图 1.4　国家汲取能力与经济发展水平，1650—1913 年

资料来源：Mark Dincecco, "The Rise of Effective States in Europe," *The Journal of Economic History*, Vol. 75, No. 3 (September 2015), p. 910。

这类观察使得越来越多的学者相信，造成东西方大分流的一

① Mauricio Drelichman, Hans-Joachim Voth, *Lending to the Borrower from Hell: Debt, Taxes, and Default in the Age of Philip II* (Princeton: NJ: Princeton University Press, 2014).

② Jan Luiten van Zanden and Arthur van Riel, *The Strictures of Inheritance: The Dutch Economy in the Nineteenth Century* (Princeton, NJ: Princeton University Press, 2004).

个重要原因是国家能力的强弱。荷兰学者傅瑞斯认为，近代早期之所以会出现“东方的衰败”和“西方的繁荣”，其根本原因“就在于国家的重要性、作用和功能上”。[①] 华裔学者孙隆基也认为：“中国未能成为近代世界经济的带头羊，乃因为它没能变成一个战争财政国家（财政 - 军事国家）。”[②]

剑桥大学的韩裔政治经济学教授张夏淮有一本书的书名是《富国陷阱：发达国家为何踢开梯子?》（*Kicking Away the Ladder: Development Strategy in Historical Perspective*），说的是发达国家昔日借助某些梯子爬到了今天的高度，现在却一脚把梯子踢开，转而向发展中国家兜售“好制度”“好政策”。[③] 在欧美各国的经济发展初期，战争刺激它们强化了自己的国家能力，较强的国家能力转而帮助这些国家攫取了“第一桶金”。国家能力就是发达国家用过的梯子，现在它们却把这把梯子隐藏起来，让发展中国家按它们说的做，而不是按它们做过的做，这是彻头彻尾的伪善。[④] 今天的发展中国家（包括中国）切不可上当。

① Peer Vries, *State, Economy and the Great Divergence: Great Britain and China, 1680s-1850s* (London: Bloomsbury Academic, 2015), pp. 94 - 98.

② 孙隆基. 中国在近代全球经济中的角色［EB/OL］.（2015 - 12 - 21）. http://www2.scut.edu.cn/economy/2015/1221/c1805a31351/page.htm.

③ Ha-Joon Chang, *Kicking Away the Ladder: Development Strategy in Historical Perspective* (Anthem Press, 2002). 这本书的中译本书名为《富国陷阱：发达国家为何踢开梯子?》（北京：社会科学文献出版社，2009 年）。

④ 张夏淮另一本书的中译本书名为《富国的伪善：自由贸易的迷思与资本主义秘史》（北京：社会科学文献出版社，2008 年）。

国家能力与中日大分流

19 世纪下半叶，日本的发展速度比中国快得多，日本在甲午战争中打败了中国，后来蚕食中国东北，最后又试图侵占整个中国。到今天为止，从技术、经济发展指标来看，日本也比中国要先进得多。对于中日之间的大分流，应该如何解释呢？

关于这个问题，有两种流行的看法：一是明治维新之前，中国与日本差不多，都是经济停滞的落后国家，且统治者都不思进取；二是中日之间的差距是 1868 年日本明治维新之后拉开的，因为日本进行了彻底的改革，而中国的改革不够彻底。[①] 2018 年出版的一本书依然持这样的看法，并得到多位名家的重磅推荐。该书的作者认为，“日本进入明治维新时代，对外开放，对内改革，走上了富国强兵的近代化道路”，“日本做得更为彻底，引导着明治维新走向了成功”，“假如日本不锐意改革，发愤图强，就会像中国一样衰败腐朽！”。[②] 实际上，现在已有不少研究挑战上述流行看法。

关于第一种流行看法，最近一二十年的研究表明，与西欧一样，中国与日本也曾经历了广泛的商业化和早期的工业化（非

---

① John Fairbank, Edwin Reischauer, and Albert Craig, *East Asia: Tradition and Transformation*, Revised Edition (Boston: Houghton Mifflin, 1989).

② 马国川．国家的启蒙：日本帝国崛起之源［M］．北京：中信出版社，2018.

机械性的工业化）。借用美国学者彭慕兰（Kenneth Pomeranz）的说法，“1750 年前后中国和日本的核心区看来与西欧地区相同”，都有“精密复杂的农业、商业和非机械化的工业”。[①] 经济学家安格斯·麦迪逊（Angus Maddison）的估算显示，1700—1820 年，中国在世界 GDP 中所占比重从 22.3% 增至 32.9%，而欧洲从 24.9% 增至 26.6%；中国的年均增长率为 0.85%，欧洲为 0.58%，虽然都高于世界的平均数（0.52%），但中国比欧洲更高。[②] 据此，中国学者李伯重也相信：“在欧洲工业革命之前的几个世纪中，中国在经济发展的许多方面并不逊于欧洲。”[③] 不过，在批驳第一种流行看法时，彭慕兰有点过于强调中日之间的共性，而忽略了它们之间的差异。

第二种流行看法，注意到中日之间的差异，但强调差异出现在明治维新之后，仿佛产生差异的原因只是两国改革开放的力度不同。最近有研究表明，中日之间的分流并不是明治维新之后才出现的，而是在明治维新之前就已经存在，只不过是明治维新以后两国的差别进一步扩大了。明治维新之前，中日之间的差别表现在两方面：一是人均 GDP 的差别，二是国家能力的差别，后

---

① 彭慕兰. 大分流：欧洲、中国及现代世界经济的发展[M]. 南京：江苏人民出版社，2003：15，226－227.

② Angus Maddison, *Chinese Economic Performance in the Long Run, 960－2030 AD*, Second Edition (OECD Publication, 2007), p. 44.

③ 李伯重. 江南的早期工业化（1550—1850）：修订版 [M]. 北京：中国人民大学出版社，2010.

者很可能与前者有密切关系。

基于新版麦迪逊数据库，图 1.5 显示，在康熙登基那一年（1661 年），中国的人均 GDP 高于日本；但到乾隆三十一年（1766 年），日本的人均 GDP 已超越中国。2017 年发表的一份研究报告发现，在 1720 年以后的 130 余年里，日本的人均 GDP 年均增速明显加快，达到 0.25%，而中国的人均 GDP 几乎没有增加。这使得两国之间的差距持续扩大，到 19 世纪的最后 10 余年，两国差距已是天壤之别。很明显，中日两国之间在人均 GDP 方面的分流出现在明治维新之前，而不是之后："这些早期的增长突破为 1868 年明治维新后转向现代经济增长奠定了坚实的基础。"①

在人均 GDP 方面出现分流的同时，中日之间在国家汲取能力方面也出现了分流。图 1.6 是来自一项对日本德川幕府和中国清朝的比较研究，其作者明确指出，这张图中的数据大大低估了日本的汲取能力，因为中日之间在汲取能力方面的差距远比这张图所显示的大。尽管如此，从图 1.6 可看出，从 1650 年到 1850 年，日本的汲取水平基本稳定，而中国的汲取水平急剧下降，致使中日在汲取能力方面的差距日益扩大。据该项研究的作者估计，到第一次鸦片战争前后（1839—1842 年），中国的税收收入只相当于国民收入的 2%，而日本则高达 15%。这项研究的意义

① Jean-Pascal Bassino, Stephen Broadberry, Kyoji Fukao, Bishnupriya Gupta, and Masanori Takashima, "Japan and the Great Divergence, 730 – 1874," *Discussion Papers in Economic and Social History*, University of Oxford, Number 156, April 2017, p. 3.

在于，它以翔实的数据证明，中日在国家汲取能力方面的巨大差距出现在明治维新之前，而不是明治维新之后。

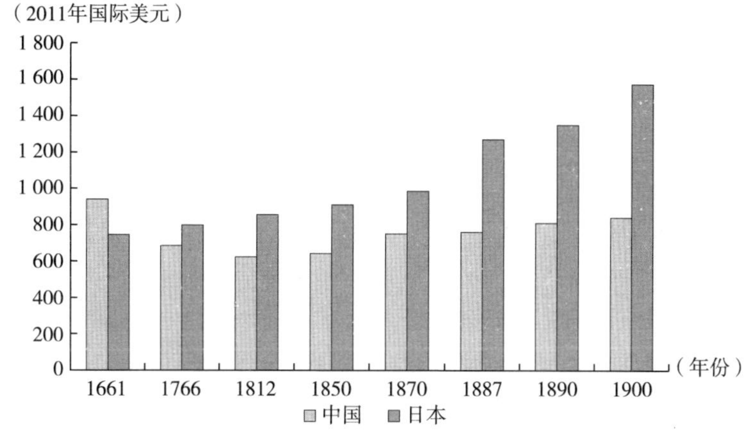

图 1.5　中日人均 GDP 情况，1661—1900 年

资料来源：Maddison Project Database（Version 2018）by Jutta Bolt，Robert Inklaar，Herman de Jong and Jan Luiten van Zanden，https：//www. rug. nl/ggdc/historicaldevelopment/maddison/data/mpd2018. xlsx。

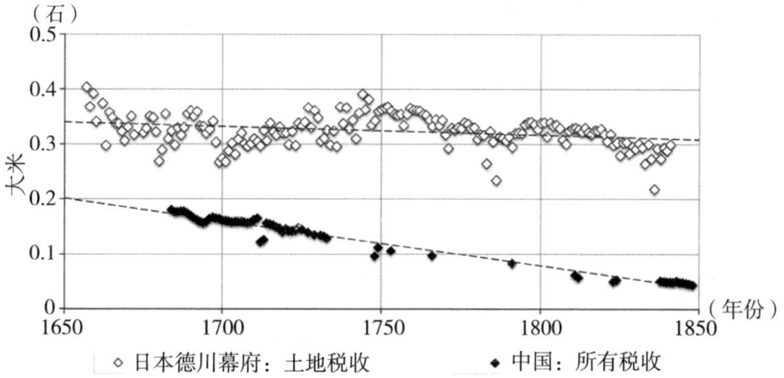

图 1.6　中国与日本的人均税收，1650—1850 年

资料来源：Sng Tuan-Hwee and Chiaki Moriguchi，“Asia's Little Divergence：State Capacity in China and Japan before 1850，” *Journal of Economic Growth*，Vol. 19，No. 4（December 2014），p. 441。

比较强的国家汲取能力或许可以解释为什么日本在现代化道路上走得比中国早一些、顺一些、快一些。因为日本有比较强的国家能力，德川幕府时期和明治维新时期的日本可以提供更多更好的基础设施和公共物品，比如道路、桥梁、港口、灯塔、消防、赈灾等方面。表 1.6 仅展示了四个方面的对比数据。在明治维新前，中国的城市化率只相当于日本的三分之一，之后还需近一百年，中国的城市化率才达到日本那时的水平。在生态保护方面，日本也比中国做得好得多，对森林的损毁程度可以看作一个指标。

表 1.6　晚清中国与德川幕府统治下的日本基础设施建设对比

	中国	日本
城市人口（城市化率）	2 050 万人（5.8%）	510 万人（16.5%）
道路长度（千米）	11 370	1 440
道路密度（每平方千米）	0.26	0.51 或 3.37
森林覆盖率（百万公顷）	18.5（1700 年） 降至 9.6（1850 年）	27（1600 年） 降至 25.5（1850 年）

资料来源：Sng Tuan-Hwee and Chiaki Moriguchi, "Asia's Little Divergence: State Capacity in China and Japan before 1850," *Journal of Economic Growth*, Vol. 19, No. 4 (December 2014), p. 461。

不错，中国的道路比日本长得多，但中国的面积大得多，换算成每平方千米的道路密度，中国远远落在日本后面。中国的第一条铁路建于 1876 年，且因遭到抵制于次年拆除；而德川幕府在明治维新前已计划建设铁路。[①] 这使得日本在明治维新开始不

① Dan Free, *Early Japanese Railways 1853 – 1914: Engineering Triumphs That Transformed Meiji-era Japan* (Tokyo: Tuttle Publishing, 2012).

久就得以用政府投资主导全国铁路网的快速建设，通车里程不断增加，而中国远远落在后面（见图 1.7）。

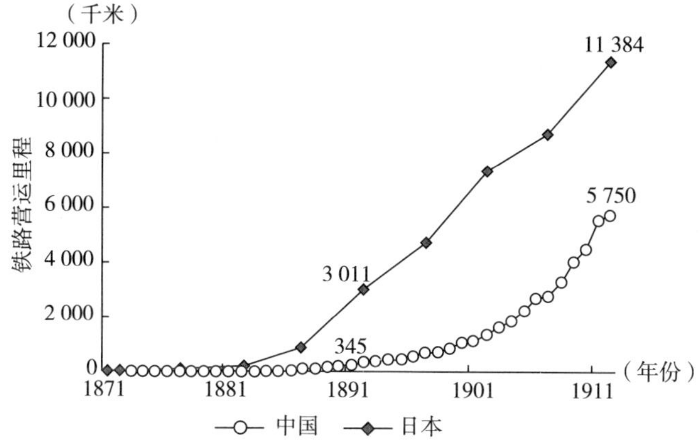

图 1.7　中日铁路营运里程，1871—1911 年

资料来源：Mark Koyama，Chiaki Moriguchi，and Sng Tuan-Hwee，“Geopolitics and Asia's Little Divergence：State Building in China and Japan After 1850，” HIAS Discussion Paper，No. E51（July 2017），p. 8。

更重要的是，日本是个狭长的岛国，而中国的面积是日本的 25 倍。在 1887 年之前，铁路已连通日本的核心区域；到 1907 年，铁路已延伸至几乎整个日本列岛。反观中国，在甲午战争之前，铁路总长度不过 400 来千米，放在中国地图上，只是一截短线。即使在辛亥革命之前，中国通铁路的省份还是很少，其中不少线路还是外国列强控制的（见图 1.7）。

提供公共物品需要财政收入支撑，只有政府的汲取能力比较强，才可能做更多的事，而像交通网络之类的公共物品是经济进一步发展的基础设施。无疑，日本明治维新之前打下的基础会为之后的发展铺平道路。在研究日本史的著名史学家威廉·比斯利看来，就连明治维新之前已出台的相关改革规划也可算作一种公共物品，它“为明治维新提供了一幅‘富强’的蓝图”。[①]

在现代经济增长的起步阶段，与汲取能力同样重要的是强制能力，即中央权威对暴力合法使用的垄断。

从1185年到1867年，在长达682年的幕府时代，日本没有真正意义上的统一中央政府，各地皆由武士统治。[②] 在16世纪后半叶，日本经历了一场军事革命：几乎全面采用枪炮，制定有效部署火力的战术，改变军队的构成和组织，从而实现了战争的专业化。这与欧洲的军事革命非常相似，却是在没有中央权威的情形下发生的。尽管如此，这场革命改变了军队的组织方式和战争的打法，让人们意识到集中权威的必要性与重要性，为日后追求一个统一的现代国家做了铺垫。[③]

1850年前后，中日同时面临内忧外患，但两国的回应方式迥然不同，对各自强制能力的影响至深。

为了镇压太平天国，清政府起初调动常备军“八旗兵”和“绿营兵”与太平军作战，但他们不堪一击，连连受挫。不得已，咸丰皇帝只好鼓励全国各地豪绅兴办团练（最著名的为湘军与淮军）；不仅军队由地方势力指挥，连军队的开支也放任地

---

① W. G. Beasley, *The Rise of Modern Japan* (New York: St. Martin's Press, 1990), p. 50.

② Marius Jansen, *Warrior Rule in Japan* (Cambridge: Cambridge University Press, 1995).

③ Matthew Stavros, "Military Revolution in Early Modern Japan," *Japanese Studies*, Vol. 33, No. 3 (2013), 243-261.

方势力以各种名目的厘金筹措。从此，有长期集权传统的中国走向分权；尽管后来清王朝几次试图收权，但覆水难收，大势已去。

同样是应对内外危机，原本军权相当分散的日本却走向了集权。作为一个面积不大的岛国，来自海上的西方威胁让日本人认识到，明治维新之前那种分散的封建政治架构已经过时。与列强有过交涉甚至短暂交战经验的幕府与各藩，都曾采取过增强自己军事实力的措施，但限于财力分散，各自为战显然已不足以抵御西方的入侵。实际上，在短暂的内战（1868—1869 年展开的"戊辰战争"）之前，德川派与倒幕派都认识到只有统一的中央集权体制才能挽救日本，并寻求改变幕藩体制。他们争夺的是由谁、用什么方式来主导这个集权过程。内战结束了长达 600 多年的武士封建制度，促成了天皇制度和新型行政体系的确立。

明治维新最关键的改革是 1871 年废藩置县，彻底终结了幕府体制，其意义不下于秦始皇的废封建、行郡县。常常被人忽略的是，与废藩置县同时出台的改革是命令大名（封建诸侯）解散私人军队，将武器上缴政府。虽然受到部分武士的抵制，但到 1872 年初，日本陆军与海军已正式建立。1873 年初，日本又正式推出征兵制，用平民出身的士兵替代武士阶级。① 至此，日本已建立了集中统一的常备军。在创设全国统一军事体制的同时，

---

① Edward J. Drea, *Japan's Imperial Army: Its Rise and Fall*, 1853 - 1945 (Lawrence, Kansas: University Press of Kansas, 2009).

日本建立了地方与全国警察体制。基于对暴力的垄断，日本政府得以在短期内大刀阔斧地推出一系列改革，包括实行新币制（1871 年）、地租改正（1873 年），将财权集中到中央。到 1877 年，日本已建立起统一的财政制度，进一步加强了其汲取能力。

反观中国，直到甲午战争爆发后，清政府才开始效仿德国和日本组建常备军，即袁世凯统率的“新军”，比日本晚了近四分之一个世纪。更令大清帝国尴尬的是，这支“只知袁宫保，不知大清朝”的北洋新军最终成了辛亥革命的主力；而令中国遗憾的是，直到中国共产党掌握政权后，才在全国范围内形成垄断暴力合法使用的军事体制，比日本晚了近 80 年。

与中国一样，日本的改革也曾遭到各方的强烈抵制。鲜为人知的是，明治初期起义的频率大大高于德川幕府时代（见图 1.8）。例如，在 1873—1874 年间，反对新税制、新学制、征兵制的农民起义此起彼伏；又如，在 1874—1878 年间，武士动乱频频爆发。

与中国不同的是，有集中统一的军队、警察做后盾，日本基本上可以做到以断然手段在短期内平息骚乱。近代日本“军国主义之父”山县有朋是日本陆军的缔造者，在建立第一支常备军的过程中，他已预估到，国家军队的第一项任务就是镇压内乱。① 事后的情形也证明了这一点。当时，日本的警察实际上是

① Stephen Vlastos, “Opposition Movements in Early Meiji Japan,” in *Cambridge History of Japan*: Vol. V: The Nineteenth Century (Cambridge: Cambridge University Press, 1989), p. 386.

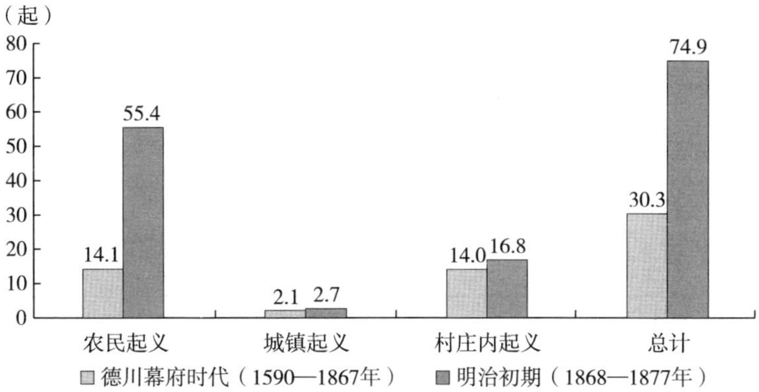

图 1.8　日本德川幕府时代和明治初期起义数量对比

资料来源：Roger W. Bowen, *Rebellion and Democracy in Meiji Japan*: *A Study of Commoners in the Popular Rights Movement* (Berkeley, CA: University of California Press, 1984), p. 73。

军队的一个分支；而军队本身不过是一支军事化的警察，其主要任务不是抗击外敌，而是消除内患。[①] 明治维新时期农民暴动频发，1868 至 1878 年的 10 年中，共有 185 起之多，有些暴动中参与的农民达数万人。但这些暴动都迅速被军队与警察平息了。[②] 也许对当局挑战更大的是武士动乱，在 1874—1877 年间，这样的动乱发生了 30 多起。[③] 然而，地方性的武士动乱完全不是新

① Hyman Kublin, "The 'Modern' Army of Early Meiji Japan," *The Far Eastern Quarterly*, Vol. 9, No. 1 (Nov., 1949), p. 39, note 53.

② 周一良．日本"明治维新"前后的农民运动[J]．北京大学学报（哲学社会科学版），1956，1（3）：52－78.

③ Patricia Ebrey and Anne Walthall, *Modern East Asia from 1600*: *A Cultural*, *Social*, *and Political History*, Third Edition (Boston, MA: Wadsworth, 2014), p. 351.

组建常备军的对手。[①] 表1.7列举了1874—1878年间几次规模与影响比较大的武士动乱：这些动乱短的只持续了一两天，最长的也不过8个月。西南战争是迄今日本历史上的最后一场内战，新组建的常备军大获全胜，彻底结束了武士时代。

表1.7　武士动乱的持续时间

叛乱	持续时间
佐贺叛乱	1874年2月16日至4月9日
神风连之乱	1876年10月24日至10月25日
秋月之乱	1876年10月27日至11月14日
萩之乱	1876年10月28日至12月8日
西南战争	1877年1月29日至9月24日
竹桥事件	1878年8月23日至24日

国内政局稳定后，日本国力快速提升。在1870—1900年间，日本的人均GDP从985美元上升到1 575美元（以2011年国际美元计算），增加了近60%；而同期中国的人均GDP从751美元上升到840美元，只增加了约12%。[②] 以日益增强的国力为基础，日本在1877年后的20余年逐步废除了与西方列强签订的不平等条约；到1899年，日本已经完全废除了治外法权。因此，有学者认为日本“迅速实现了主权”（Rapid Rise to Sovereign-

① D. Colin Jaundrill, *Samurai to Soldier*: *Remaking Military Service in Nineteenth-Century Japan* (Ithaca, NY: Cornell University Press, 2016).

② Maddison Project Database (Version 2018).

ty)，而中国“为争取主权苦苦挣扎”（*Struggle for Sovereignty*）。[①] 在与西方列强博弈的过程中，日本人从对手那里学到一样东西：强权即真理（Might Is Right）。一旦自身强大起来，它便开始效仿西方列强，向外进行殖民扩张，走上了“武力扩张，以战争促发展”的道路。后来，山县有朋在总结日本发展经验时不无自得地说：“维新大业成就以来已有40余年，细想起来，国运的发达主要依靠武备的力量。”[②] 几乎就在说这番话的同时，他提出了日本应该追求的战略目标：霸占中国东北，进而在整个中国谋求“优势地位”。[③]

小结

以上讨论显示，东方与西方之间、中国与日本之间之所以会出现大分流，与国家能力有密切的关系。历史上类似的大分流还有一些，同样，国家能力的强弱是重要的解释变量。例如，第二次世界大战后，又出现了一次大分流，即东亚经济体在第三世界长期一枝独秀，出现了几个“小龙”，形成所谓东亚奇迹。

---

① Kayaoglu Turan, *Legal Imperialism: Sovereignty and Extraterritoriality in Japan, the Ottoman Empire, and China* (Cambridge: Cambridge University Press, 2010).

② 武寅．从历史的深层看日本：试析日本军国主义的社会基础与历史根源[J]．炎黄春秋，2001（10）：42－45.

③ 孙耀珠．山县有朋与日本对中国的侵略[C]//日本研究论集2002．天津：天津人民出版社，2002：248－259.

20世纪70年代，当这个奇迹刚刚引起人们注意时，经济学家对此的解释是，日本、韩国、新加坡，以及中国台湾和中国香港的成功，应归功于不受干扰的自由市场。这些经济学家中，好几位是华人。如香港大学教授陈坤耀断言，在这些经济体中，“国家干预几乎不存在”；① 耶鲁大学教授费景汉与台湾大学教授郭婉容没有完全否认政府干预的存在，但确信这些经济体中的政府干预比别的地方“少得多”。② 尽管对东亚完全不了解，米尔顿·弗里德曼也信心满满地声称：“马来西亚、新加坡、韩国、中国台湾、日本靠私人市场而蓬勃兴旺。”③

然而20世纪80年代一大批实证研究证明，在日本、④ 中国台湾、⑤ 韩国的发展中，⑥ 政府扮演了十分关键、不可或缺的角

---

① Edward Chen Kwan-yiu, *Hyper-growth in Asian Economies: A Comparative Study of Hong Kong, Japan, Korea, Singapore and Taiwan* (London: Macmillan, 1979), p. 41.

② John C. H. Fei, Gustav Ranis, Shirley W. Y. Kuo, *Growth with Equity: The Taiwan Case* (Washington, D. C.: The World Bank, 1979), p. 34.

③ Milton Friedman and Rose Friedman, *Free to Choose: A Personal Statement* (New York: Harcourt Brace Jovanovich, 1980), p. 57.

④ Chalmers Johnson, *MITI and the Japanese Miracle: The Growth of Industrial Policy, 1925 – 1975* (Stanford: Stanford University Press, 1982).

⑤ Alice H. Amsden, "The State and Taiwan's Economic Development," in Peter B. Evans, Dietrich Rueschemeyer, Theda Skocpol, eds., *Bringing the State Back In* (Cambridge: Cambridge University Press, 1985), pp. 78 – 106.

⑥ Alice H. Amsden, *Asia's Next Giant: South Korea and Late Industrialization* (New York: Oxford University Press, 1989).

色。[1] 到20世纪90年代，连世界银行也校正了自己以前的判断，[2] 承认为促进经济发展，这些经济体的政府都“以各种方式进行了系统性的干预”。[3] 很明显，能发挥如此巨大作用的政府不可能是一个缺乏基础性国家能力的政府。正如麻省理工学院教授爱丽丝·安士敦所说，韩国的成功“在很大程度上靠的是一个强有力的国家，一个能够将自己政策落实的国家”。不仅韩国是这样，安士敦的推论是：“没有一个强有力的中央权威，‘落后’国家不太可能实现工业化。”在经济转型过程中，哪怕政府不干预市场，它也必须具备很强的能力，在面对来自转型中利益受损群体的压力时，能够从容应付，避免打断经济增长的进程。而“落后”国家最缺的，恰恰是强有力的政府。[4]

拿东亚经济体与别的国家进行比较时，国家能力的重要性就更加凸显了。在2004年出版的《国家主导的发展》一书中，普林斯顿大学印度裔教授阿图尔·科利比较了4个国家在20世纪下半叶的发展轨迹（见图1.9）：“这四个案例显示，在追求经济转型方面，各国的国家能力不尽相同：韩国有一个有效的促进增

① Robert Wade, *Governing the Market: Economic Theory and the Role of Government in East Asian Industrialization* (Princeton, NJ: Princeton University Press, 1990).

② The World Bank, *World Development Report 1991: The Challenge of Development* (New York: Oxford University Press, 1991), pp. 31, 70, 145.

③ The World Bank, *The East Asian Miracle: Economic Growth and Public Policy* (New York: Oxford University Press, 1993), p. 5.

④ Alice H. Amsden, *Asia's Next Giant: South Korea and Late Industrialization* (New York: Oxford University Press, 1989), pp. 18, 147 – 148.

长的政府，尼日利亚的政府腐败而无效，巴西与印度的政府处于两个极端之间。”科利教授的结论是：“在发展中世界，创造一个有效的国家一般会先于一个生机勃勃经济的出现。”① 几年后，他将研究拓展到31个经济体，包括非洲与拉丁美洲很多国家，国家能力的关键作用再次得到佐证：以政府机构与工作人员的质量作为衡量国家能力的指标，国家能力越强，长期经济增长速度越高（见图1.10）。

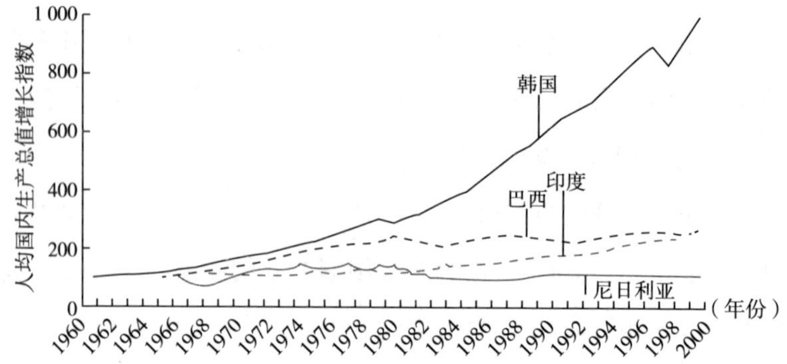

图1.9　人均国内生产总值增长指数：四国比较

资料来源：Atul Kohli, *State-Directed Development: Political Power and Industrialization in the Global Periphery* (Cambridge: Cambridge University Press, 2004), p. 24。

美国布鲁金斯研究所两位学者使用了更大的数据库，对141个发展中国家或转型国家的国家能力进行了测度。他们同样发现，国家能力越强，经济发展水平越高（见图1.11）。

① Atul Kohli, *State-Directed Development: Political Power and Industrialization in the Global Periphery* (Cambridge: Cambridge University Press, 2004), p. 2.

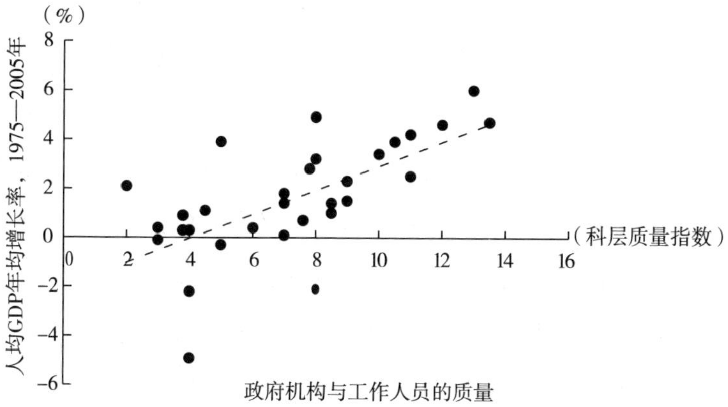

图 1.10　国家能力与经济增长的关系

资料来源：Atul Kohli，“States and Economic Development，”2010，www. princeton. edu/ ~ kohli/docs/SED. pdf。

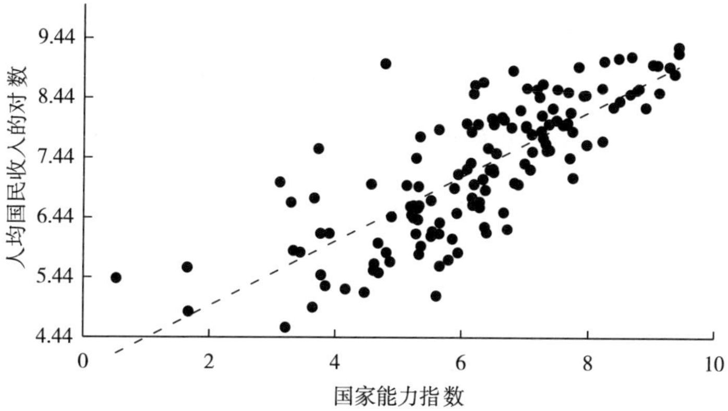

图 1.11　国家能力与经济发展水平的关系

资料来源：Susan E. Rice and Stewart Patrick，*Index of State Weakness in Developing World*（Washington，DC：The Brookings Institution，2008）。

我们之所以在这里不厌其烦地引用多项研究和数据，是为了证明，不管国家能力用什么指标衡量；不管是历史案例，还是现实案例；不管是相同案例的比较，还是差异案例的比较；不管是小样本，还是大样本；不管是定性分析，还是定量分析，其结论指向完全是一致的：在多数国家中改革开放成功的少、失败的多；经济增长持续的少，短命的多。很多人不假思索地认为：只要下决心进行市场导向的改革开放，它必定成功；只要坚持改革开放，经济必定持续增长；改革开放的结果就是经济繁荣。当然，不进行改革开放，也许不会出现经济繁荣。但我们通过上述跨国比较证明，并不是所有的改革开放都能够成功。

改革开放的成功有赖于一个有效政府的存在。历史的、跨国的和当代的研究都表明，政治经济体制转型（改革开放）比较顺利、现代经济增长出现比较早的一些国家，都是国家能力增强在先，经济发展随后。这种时间上的先后揭示了逻辑上的关联，也就是说，经济发展很可能不仅仅是改革开放的结果；除了改革开放的方向与举措正确以外，还需要一个有效政府作为前提条件。换句话说，仅有改革开放，没有国家能力铺垫是不行的。

当然，我们也不能反过来说，只要国家能力足够强，不进行改革开放也可以带来经济繁荣。有效政府只是经济繁荣的一个必要条件，改革开放是经济繁荣的另一个必要条件，改革开放和国家能力的建设与维护是相辅相成的，缺一不可，但两者都不是充分条件。在纪念改革开放 40 周年的时候，对中国为什么会成功，我们应该有清晰的认识。

最后，对改革开放与经济增长而言，为什么具备基础性国家能力的有效政府是必要和重要的呢？第一，国家能力比较强，可以为改革开放奠定比较坚实的基础，包括制度保障、人力资本、基础设施等。第二，国家能力比较强，可以为改革开放创造比较有利的内外环境。比如，只有具备一定国力，才能独立自主地制定自己的经济政策。第三，国家能力比较强，可以比较好地把握改革开放的方向和节奏。改革开放并不是线性运动，不是要按照一个速度、朝着一个方向不拐弯地直行，有时必须要绕道走、要调整步伐。第四，国家能力比较强，才有能力调节改革开放带来的损益分配，对利益受损群体进行必要的适度的补偿，避免社会矛盾激化，防范政治上的风波。

国家能力如此重要，在未来改革开放的道路上，我们一定要且行且珍惜。

第二章
奠基：从旧中国到新中国

当今，崛起的中国好比一幢高耸入云的摩天大厦。观察这样一幢大厦，人们一般会把目光集中在其地面以上部分，即大厦亮丽、壮观的外形。然而建造这样一幢大厦，最艰难的其实并不是修建其地面以上部分，最费时费力的恐怕是进行那些繁琐复杂的前期准备工作，包括搬迁该处原有住户、拆除原有建筑、进行七通一平（道路通、给水通、电通、排水通、热力通、电信通、燃气通及土地平整）、地基开挖、地基打桩、地基浇灌、地库建造等等。

一个国家事业的奠基跟建筑业上的奠基有相似之处。盖楼前期的奠基有三个特点。第一，占用的时间恐怕是整个工期的很大部分，仿佛永远难以完工；而一旦完成奠基，地面以上部分的建造就很快，建筑物每天都在长高，成效显而易见。第二，奠基过程看似很凌乱、很污浊、很麻烦，会带来粉尘、噪音，令人厌烦，要付出极大的努力才能把基础打好；而地面以上工程的建造却让人觉得按部就班、有条不紊。第三，奠基时期，该建筑今后能带来的种种收益都还看不见，也享受不到；不过，不经过奠基或基础打得不牢，永远也不可能得到那些收益。因此，做一个房地产项目也罢，进行一项伟大的建国事业也罢，奠基都是无比重要的。

1954 年，在中华人民共和国第一届全国人民代表大会第一次会议的开幕式上，毛泽东主席豪迈地宣布："我们有充分的信心，克服一切艰难困苦，将我国建设成为一个伟大的社会主义共和国。我们正在前进。我们正在做我们的前人从来没有做过的极其光荣伟大的事业。我们的目的一定要达到。我们的目的一定能够达到。"而他说这段话时，新中国正处于艰难的奠基时期。本章的聚焦点就是 1949—1979 这三十年的奠基时期。

关于新中国成立以来的前三十年和后四十年的关系，不管是在中国还是在国际上都有两种看法：一种看法是前三十年和后四十年走的方向正好是相反的，另一种看法是前三十年为后四十年及以后更长远的发展奠定了坚实的基础。

先看看最近几年出版的两本英文书。一本是 2015 年出版的颇有影响力的书——《大浪潮：崛起的发展中世界》。作者是曾在美国政府多个部门担任要职的经济学家斯蒂芬·C. 拉德勒，该书获得索罗斯、弗朗西斯·福山（Francis Fukuyama）、拉里·戴蒙德（人称"民主先生"）等人的强烈推荐。书中有这么一句奇怪的话，“1976 年，毛泽东以一人之力大幅度改变了全球贫困的方向：他去世了”,[①] 好像毛泽东是人类解决贫困问题的最大障碍。另一本是 2018 年出版的《当下的启蒙：为理性、科学、人文和进步辩护》，国内媒体对它有不少报道，据说已有人计划将它译成中文，因为其作者是大名鼎鼎的实验心理学家、认知科学家、哈佛大学教授史蒂芬・平克。在这本书中，平克谈道：“虽然中国的崛起并非大合流（指发展中国家和发达国家慢慢融合的趋势）的唯一原因，但该国的庞大规模势必带动总的变化趋势，而且对其进展的解释也适用于其他地区。毛泽东之死是大合流三个主要原因的象征。”[②] 与前面那位作者的说法完全相同，平克认为毛泽东在世的时候，中国是贫穷的、弱势的，什么事也干不了；他一离去，中国和世界就开始开放了，发展了。这两本书的作者都不是孤陋寡闻的无名之辈，也不是中国问题专家，为什么他们会对毛泽东时代产生如此荒谬的看法？很显然，是因为它反映了西方主流的看法。国内持这种看法的人，恐怕也为数不少。

另一种看法是以习近平同志为核心的党中央的看法，在十九大报告中，习近平对前三十年的评价是：“我们党团结带领人民完成社会主义革命，确立社会主义基本制度，推进社会主义建

---

① Steven Radelet，*The Great Surge*：*The Ascent of the Developing World*（New York：Simon & Schuster，2015）.

② Steven Pinker，*Enlightenment Now*：*The Case for Reason*，*Science*，*Humanism*，*and Progress*（New York：Viking，2018）.

设，完成了中华民族有史以来最为广泛而深刻的社会变革，为当代中国一切发展进步奠定了根本政治前提和制度基础，实现了中华民族由近代不断衰落到根本扭转命运、持续走向繁荣富强的伟大飞跃。”中央领导集体对新中国成立以来的前三十年和后四十年的看法，跟前面两位外国学者的看法是截然不同的，认为前三十年为后四十年的发展奠定了基础。

这两种看法，前一种可称为“断裂论”，后一种可叫作“连续论”。断裂论认为不需要任何基础，仅靠改革开放就足以产生伟大的成果。1978 年也好，1949 年也罢，只要没有毛泽东，事情就好办了。连续论的看法恰恰相反，认为只有奠定了坚实的政治、社会、物质基础，改革开放才能取得辉煌成就。

先举个简单的例子。不久前，微信上曾有人转发黑龙江农垦八五〇农场的一个帖子。今天的八五〇农场已是非常现代的农场（见图 2.1 右）。按照断裂论的看法就是，八五〇农场能有今天，是改革开放以后的成果，此前的创业发展都是不必要的瞎折腾。哪怕稍微了解一点历史，懂一点历史唯物论，就会知道这是无稽之谈。看看图 2.1 左，是 1958 年农垦部部长王震在八五〇农场的水库和复转官兵一起劳动的情形。据当年参加开荒的人回忆，那时真是非常艰苦，住的都是窝棚。如果没有当年的奠基，哪里会有八五〇农场美丽的今天。

苏辙在《新论》中有言：“欲筑室者先治其基，基完以平，而后加石木焉，故其为室也坚。”这话讲的道理我们都懂，就是要盖一所坚实的房子，最开始要先筑其基，把基础打牢固、平

1958年王震同志在八五〇农场云山水库和复转官兵抬土上坝

今日八五〇农场场区掠影

图 2.1　黑龙江农垦八五〇农场今昔对比

稳，再添砖加瓦把房子建起来，这样房子才是结实的。

同理，一个国家的繁荣富强必须有三类基础，分别为政治基础、社会基础和物质基础。

政治基础有四点：独立自主、国家统一、社会稳定、铲除“分利集团”。社会基础强调三点：社会平等、人民健康、教育普及。物质基础则包括三个方面：以农业为基础、以工业为主导，以及建立完整的产业体系。这些听起来都是一些常识性的简单朴实的话语，但要在前三十年打下这三类基础却是十分艰难的，何况是在自力更生基础上，而在旧中国、在新中国成立之前的一百多年里根本不可能做到。

新中国成立前的国情

新中国成立之前，外部屡受侵犯，内部四分五裂，政治上“分利集团”强大，社会一盘散沙，经济落后贫穷，民不聊生，文盲遍地，健康水平低下，被西方人称为“东亚病夫”。

（一）外部：屡受侵犯

很多人都熟悉图 2.2 所示的时局图，它被称为“不言而喻，一目了然”，揭示当时中国被各国列强试图瓜分的局势。

图 2.2　时局图

资料来源：作者谢缵泰（1872—1937），最早刊于 1898 年 7 月香港《辅仁文社社刊》。

从 1840 年到 1949 年，在中国的土地上发生了一系列战争，有些是外国列强直接入侵中国，有些是两个外国列强在中国的土地上打仗，后来是长达十几年的抗日战争，中国遭到了日本的全面侵犯和占领。中国几乎在每一场战争中都败了，每场仗中国都损失惨重，抗日战争是惨胜——最后虽然胜利了，但是中国付出了沉重的代价。

《中国对外条约辞典（1689—1949）》，一共收录了从 1689

年到 1949 年中国与外国签订的 1 356 个条约，其中绝大部分是 1840 年以后签订的。[①] 据中国人民大学高放教授解读，所有条约不一定全是不平等的，有的是主权国家之间的条约，但其中包括与 22 个国家签订的 745 个不平等条约，几乎都是与当时的强国签的。但是其中居然有非洲的刚果，我们当时跟非洲刚果签的条约也是不平等条约，可以想象中国已经积贫积弱到了什么样的程度。

在 745 个不平等条约中，清政府从 1841 年到 1912 年签订了 411 个，北洋军阀政府在位 15 年签订了 243 个条约，年均计算，北洋军阀政府签的比清政府签的还多。即使到了国民政府时期，1928 年以后的 22 年间，也有 91 个条约可以被认定为不平等条约。1949 年之前的中国就是如此任人宰割，彻底摆脱这种境地还得靠中国共产党。

（二）内部：四分五裂

表 2. 1 列举 1912 年到 1930 年之间，中国每年受战争影响的省份有多少，参与战争的士兵有多少，这都是内部的战争。不管从中学历史课还是从大学党史课中，我们都会学到这些内容，1912 年以后国内一直处于某种战争状态，内部四分五裂。先是 1913 年的“二次革命”（又被称为“讨袁之役”“癸丑之役”

---

① 朱寰，王恒伟. 中国对外条约辞典：1689—1949［M］. 长春：吉林教育出版社，1994.

“赣宁之役”），然后是1915—1916年的“护国战争”。袁世凯去世后，各路军阀之间更是战争不断。北伐后，南京国民政府一度宣布全国统一，但它真正能控制的地方只有上海周边的几个省，其他地方仍然被各地军阀把持。实际上，1949年以前，中国从未实现过真正的统一。实现全国统一，还得靠中国共产党。

表2.1　1912—1930年中国战争分布状况

年份	受战争影响的省份	士兵人数（万）	年份	受战争影响的省份	士兵人数（万）
1912	1	64.9	1921	7	105.0
1913	6	57.2	1922	10	106.0
1914	—	45.7	1923	6	119.0
1915	—	52.0	1924	8	133.0
1916	9	70.0	1925	13	147.0
1917	5	69.0	1926	15	158.0
1918	9	85.0	1927	14	170.0
1919	2	91.4	1928	16	183.0
1920	7	90.0	1929	14	—
			1930	10	—

资料来源：贝思飞．民国时期的土匪[M]．徐有威，李俊杰译．上海：上海人民出版社，1992：表2-1。

（三）政治："分利集团"强大

“分利集团”是美国著名经济学家曼库尔·奥尔森在1982年出版的《国家兴衰探源》一书中提出的概念。他认为，过于稳定的政体容易滋生出势力强大的“分利集团”。“分利集团”主要的目标不是努力扩大社会总收益，把蛋糕做大，而是千方百计“寻租”，想方设法要从现有社会总收益中多分几杯羹，将现有的蛋糕切出一大块归自己，哪怕阻碍社会进步也在所不惜。“分利集团”的存在与壮大会阻碍社会进步，使国家一步步走向衰退。①

新中国成立前，中国最大最顽固的“分利集团”就是压迫广大贫苦农民的地主阶级。这个政治“分利集团”的能量有多大呢？国民党元老级人物张静江（1877—1950），曾任国民党中央执行委员会常务委员会主席、浙江省政治分会主席、中央特别委员会委员等要职，被蒋介石尊为“革命导师”。他是“四一二”反革命事变的主要策划者。1928 年至 1929 年，张静江统治下的浙江乡村曾推行过温和的土改（二五减租）。这时间距国民党北伐以后建立南京政府也就一年左右。国民党缔造者孙中山讲要平均地权、进行土改，这道理国民党是很清楚的。当时主持浙江二五减租的是国民党浙江省党部常务委员萧铮，正是他 1927 年主持浙江的清党。土改是必须的，但浙江如此温和的土改却遭到国民党党内乡绅集团的激烈反对、阻挠与破坏。“他们或诬指减租农民为共产党报警逮捕，或借口收回自种以撤佃相威胁，或贿使地痞流氓及暴徒以武力抗拒减租。天台、遂安、武义等县都

① 曼库尔·奥尔森. 国家兴衰探源——经济增长、滞胀与社会僵化[M]. 吕应中，等译. 北京：商务印书馆，1999.

发生了县党部指导员因推进减租而被殴打或杀害事件。”[1] 在地主阶级施加的压力下，张静江很快放弃了二五减租，并给萧铮贴上“共党分子”的标签，命令逮捕他，欲置他于死地。经陈立夫解脱，萧铮才免于一死。[2]

有感于此，有位国民党党内的明白人在1929年写过一篇题为《吾之败，吾党之败》的文章，文中写道：“吾之败，非败于时，实败于本党同僚也。土地之改革，并非激进党独有之政，亦应为吾等革命者共有之政。”作者清楚土地改革非常重要，他说：“非改土地的归属权，不能激发农民支持革命的战力；非改土地的归属权，不能聚拢发展大工业的劳力；非改土地的归属权，不能破除乡村族权、父权的统治地位；非改土地的归属权，不能打破党内的乡土集团；非改土地的归属权，迟早有一天，我们要败亡在这个上边！”

作者不曾想到，如此和风细雨的土改政策却因国民党党内同僚的颠覆而搞得无疾而终，对此他痛心疾首，表示：“今日吾败了，吾被党内乡绅们的代言者击败了。吾痛心，吾恐若干年后，吾党因此而败，败于激进派的土地革命之手！”[3] 这里的激进派不光指国民党党内的激进派，更是指共产党要搞激进的土改。作者在1929年担心“若干年后”，而20年后，他的担心就成了

---

① 高璐．论国民党大陆时期土地改革未能成功的根本原因[J]．安徽史学，1998(3)：81—82.

② 萧铮．中华地政史[M]．台北：台湾商务印书馆，1984：271—273.

③ 来自网上，作者不详。网上传这篇短文是张静江写的，应该不是事实。

现实。

1948 年，国民政府在中国大陆的最后一年，蒋介石下令，凡是共产党给农民分了地的地方，国民党收回以后，承认中共的土改成果，并在江苏北部找了四个县作试验区。他明白土改很重要，希望进行下去，但试验区刚成立，地主们就不干了，地主们一闹，试验区就又办不下去了。①

可见，蒋介石跟国民党党内一些人一样，明明知道在中国这块土地上，要想推进社会进步，必须进行土改。但他们就是改不下去，哪怕下了决心，拿出了方法，但一到推行阶段，“分利集团”就冲出来了，拼命抵抗。这个“分利集团”就在国民党党内，国民党党内上上下下的人物都属于这个“分利集团”，一旦要动真格，就会出问题。

1949 年 2 月，蒋介石下野，说什么官也不要了，回到故乡奉化后，发现当地跟他离开的时候相比并没有什么变化。他在日记中反省：“甚感乡村一切与四十余年前毫无改革，甚感当政廿年党政守旧与腐化自私，对于社会与民众福利毫未着手，此乃党政、军事、教育只重作官，而未注意三民主义实行也。今后对于一切教育皆应以民生主义为基础，亡羊补牢，未始为晚也。”②听起来，他好像比谁都明白，农村的土地分配不平等是中国的顽

---

① 朱宗震．战后国民党对中共土改政策的回应［C］//划时代的历史转折——“1949 年的中国”国际学术讨论会论文集．成都：四川人民出版社，1999：208—234.

② 杨天石．蒋介石与陈诚在台湾的土地改革［J］．文史哲，2018（6）：80.

疾，必须要解决，但他离开了40年，故乡什么也没变，他谁也抱怨不了，因为那40年里至少后22年是他领导的中华民国国民政府在执政。他在日记中提到，三民主义没有被执行。我们知道三民主义中有一条是民生主义，翻成英文就是社会主义。即便他有这个心，也没这个力，因为国民党党内的“分利集团”太强大了。要摧毁这个腐朽的“分利集团”，还得靠中国共产党。

（四）社会：一盘散沙

新中国成立之前，中国社会是一盘散沙。“一盘散沙”这个说法出自孙中山，意思是中国这么大一个国家，说起来人口很多，国土面积很大，但在很多地方人们都局限于狭隘的家族、地域认同，只知道有家、有家乡，不知道有中国，或者知道了也不觉得这种认同有多重要。

孙中山对此痛心疾首，有人做过统计，他一生中至少25次公开提到“一片散沙”，2次提到“一盘散沙”，8次提到“散沙”。最早是1912年4月10日提到，晚至1924年4月13日提到，也就是他逝世前不久。

1924年1月，孙中山开讲“三民主义”，其第一讲是民族主义。他是这样描述当时的情况的：“用世界上各民族的人数比较起来，我们人数最多，民族最大，文明教化有四千多年，也应该和欧美各国并驾齐驱。但是中国的人，只有家族和宗族的团体，没有民族的精神，所以虽有四万万人结合成一个中国，实在是一片散沙，弄到今日是世界上最贫弱的国家，处国际中最低下的地位。‘人为刀俎，我为鱼肉’。我们的地位在此时最为危险。如果再不留心提倡民族主义，结合四万万人成一个坚固的民族，中国便有亡国灭种之忧。”①

他的担心过了不到10年便噩梦成真，1931年日本人占领东北全境，1937年全面侵略中国。因为当时中国社会一盘散沙，日本的侵略似乎不可抵挡。这就是为什么在孙中山的三民主义中第一个就是民族主义，他希望把分散的中国人聚集成中华民族这样一个群体。然而，当时的社会一盘散沙，要把千千万万的中国人民动员起来、组织起来，还得靠中国共产党。

在一盘散沙的社会里，那时的中国土匪横行。土匪猖獗到什么地步呢？可以看下面几段引文。

第一段出自1924年2月10日的《东方杂志》，那时国民党还没有执政，仍处北洋军阀时期："在兵匪纵横的中国里，最能引起国人注意的事件，当然不出战祸与匪氛；而最能引起国人注意的人物，也当然是军阀领袖与土匪头目了。但是最近三年中，若完全不管一切而仅以轰动一时为标准，则所发生的事件，奉直大战还不如豫匪的猖獗与临城的劫车两者来得声势雄壮，而其间所点缀的有势力的人物……与其以某某将军、某某大帅等军阀领袖充数，倒不如径直选出土匪头目老洋人与孙美瑶为是。”②

① 孙中山．三民主义·民族主义（1924年1月）［M］//孙中山全集：第九卷．北京：中华书局，1986：188—189.

② 南雁．老洋人也死了［J］．东方杂志，1924－02－10.

这里提到的“老洋人”指当时河南西部的一个大土匪张庆。[1] 据记载，1923 年 11 月，老洋人攻陷豫南淅川县的李官桥镇，见人就杀，杀死当地百姓达 4 326 名，焚毁房屋 26 000 间。[2] 而张庆不过是三大卷《近代中国土匪实录》中记载的一个匪首而已，而《近代中国土匪实录》本身又何尝不是仅列举荦荦大者，若至多如牛毛的小股土匪，实在是不可胜道。

第二段出自 1931 年出版的一本小册子——《中国农村经济关系及其特质》，作者是朱其华（署名朱新繁），中国共产党早期党员，书出版时已脱党。该书利用当时的统计资料，详细列举了各省的灾况。引人注目的是，除了旱灾、水灾、蝗灾这类自然灾害外，几乎每个省都遭遇兵灾、匪灾：“1930 年土匪人数的保守估计为 2 000 万左右。动荡的民国基本是无处不匪，无时不匪。”[3] 当时中国的人口是 4 亿 5 000 万或 5 亿左右，成年男人绝对没有 2 亿。若成年男人里有 2 000 万左右是土匪，比重超过十分之一，真可谓土匪遍地。就连当时远东最大的都市上海也不例外。大家知道，英文“Shanghai”是指上海，但以前“Shanghai”还有其他含义：绑架、强制、诱拐、诱骗。说自己被伤害了，可以说“I got shanghaied”。今天的人，大概已完全不知道“Shang-

① 贝思飞．民国时期的土匪［M］．徐有威，李俊杰译．上海：上海人民出版社，1992：第 3 章．

② 苏辽．“老洋人”张庆[M]//河北文史资料编辑部．近代中国土匪实录：下卷．北京：群众出版社，1992：262.

③ 朱新繁．中国农村经济关系及其特质[M]．上海：上海出版局，1931.

hai”还有这层意思了，而当时“Shanghai”之所以有这层含义，与当时的大环境是分不开的。

第三段出自美国人贝思飞（Phil Billingsley）写的一本书——《民国时期的土匪》。作者在此书中提到一个非常有意思的观察："在抗日战争结束的时候，把共产党控制的地区与全国其他地区作一比较，结果会令人大吃一惊。在政府（南京国民政府）控制的地区，掠夺性的土匪活动在战争期间实际上是有增无减。严厉的军队征兵定额使得农业缺乏劳力，苛捐杂税和无情的征粮造成大面积的贫困和频仍的饥荒，大量半饥饿的士兵被遗弃。军事镇压仅仅使问题激化，在 1945 年以后共产党所接收的大部分老‘白区’土匪活动盛行。另一方面，在共产党统治的地区，不论是共产党的报道还是路过的旅行者的报道，从 1944 年开始，已经根本不再提到土匪活动，即使在陕北的‘盗匪老巢’也是如此。"[①] 共产党领导的地方把土匪消灭了，而在国民党统治的地方匪是有增无减，多么鲜明的对比！消灭匪患是中国人几十年、几百年的梦想，实现这个梦想，还得靠中国共产党。新中国成立几年后，就彻底消灭了匪患。

（五）经济：落后贫穷

1928 年到 1937 年被有些人称为国民政府统治下的“黄金十年”。这期间，经济有没有发展呢？当然有。但称为“黄金十

---

① 贝思飞．民国时期的土匪［M］．徐有威，李俊杰译．上海：上海人民出版社，1992：第 9 章．

年”却实在不够格。

那时的经济结构十分落后。如1933年时，由制造业、采矿业和公用事业构成的现代部门仅占GDP净额的约3.4%，绝大部分人在从事农业。5亿人口中，只有约200万人从事工业。1917年，十月革命前的俄国往往被人看作落后的典型，而民国时期的中国更落后。在十月革命前的俄国，53%的工人在拥有500人以上工人的大工厂就业；而一直到1953年的中国，15万家私营企业中只有167家雇用了500人以上的工人。[①] 新中国成立前，中国的大工厂屈指可数，存活下来的工厂绝大多数是小作坊。

根据今天那些把“民国范儿”挂在嘴边的人的描述，民国时期的都市简直美妙得不得了，很多人都住着豪宅，开着豪车。有多少人知道一直到1956年，全中国的私人资本投资总额总计不过22亿元（相当于9亿美元），[②] 其中12亿元集中在上海，其他地方很少。这22亿元投资由114万人拥有，全国投资超过100万元的资本家总共只有69位，投资超过10万元的资本家只有1 439位。跟今天的投资者相比，他们的规模都很小很小。中国当时最大的产业是农业，绝大多数人也住在农村，整个产业结构非常落后。

当时的经济增长很慢，图2.3描绘的是1913年到1936年中国GDP的年增长情况。在这些年中，GDP增长时高时低，平均

① 除特别注明，本小节所引数据来源详见第五章。

② 周恩来总理接见韩丁一家时的谈话记录（1971年11月14日），http://www.crt.com.cn/news2007/News/jryw/2008/930/08930151816782AJ7BECEG96DFCI551.html。

增长率是 2.7%。如果把这 24 年分为北洋政府时期（1913—1927 年）与南京国民政府时期（1928—1936 年），这张图告诉我们，前一时期的 GDP 年均增长率是 2.78%，而后一时期的 GDP 年均增长率是 2.57%。也就是说，就经济增长速度而言，南京国民政府时期还赶不上北洋政府时期。既然如此，国民政府的"黄金十年"真是名不副实。

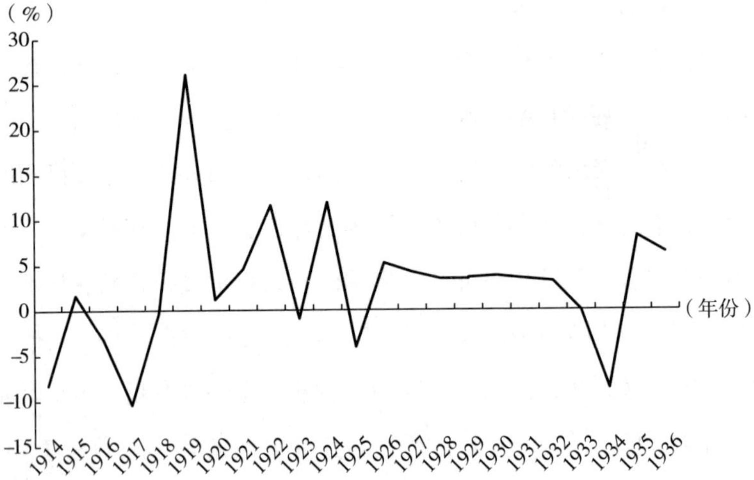

图 2.3 1913—1936 年的经济增长速度

资料来源：刘巍．对中国 1913—1936 年 GDP 的估算[J]．中国社会经济史研究，2008（3）：90－98。

经济上落后的结果是普遍的贫困。如果今天让人们回答，1950 年时，是非洲国家富还是中国富，大多数人恐怕会以为，非洲国家一直都比中国贫穷。但事实上，在新中国刚刚成立时，中国比绝大多数非洲国家都要贫穷（见图 2.4）。中国那时的人均 GDP 仅比四个非洲国家的略高；其他不少非洲国家的人均

GDP是中国的1倍、3倍、5倍、8倍甚至十几倍。当时，印度的人均GDP也比中国高，而且高出40%。我们现在经常认为，撒哈拉以南非洲代表贫穷，但当时我们连大多数撒哈拉以南非洲国家都不如。所以，孙中山说，中国是世界上最贫弱的国家，不是没有根据的。关于这一点，今天很少有人知道，我们自己不知道，非洲人不知道，世界上其他地方的人也不知道。

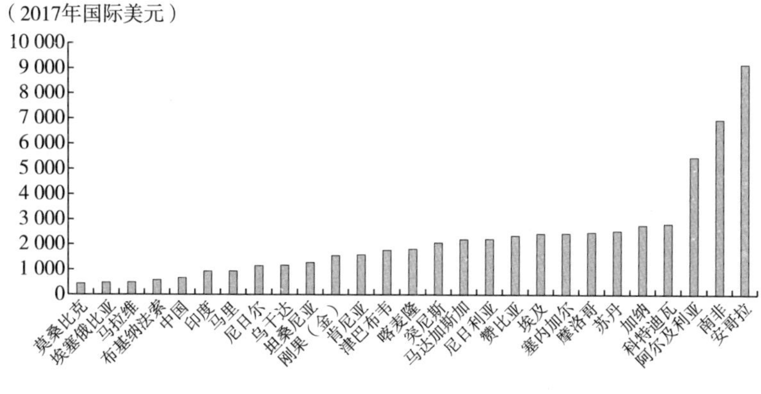

图2.4 中国、印度与非洲国家人均GDP的对比（1950年）

资料来源：The Conference Board，Total Economy Database，April 2019，https：//www. conference-board. org/data/economydatabase/TED1。

70年过去了，中国已是今非昔比。图2.5展现的是2019年中国与非洲国家人均GDP的情况。今天，中国的人均GDP已超过所有非洲国家，并且是印度的两倍。

（六）教育：文盲遍地

今天有的人说到民国的教育便眉飞色舞，形容民国教育如何出色，这里一个学术大师，那里一个学术大师，仿佛当年的大学

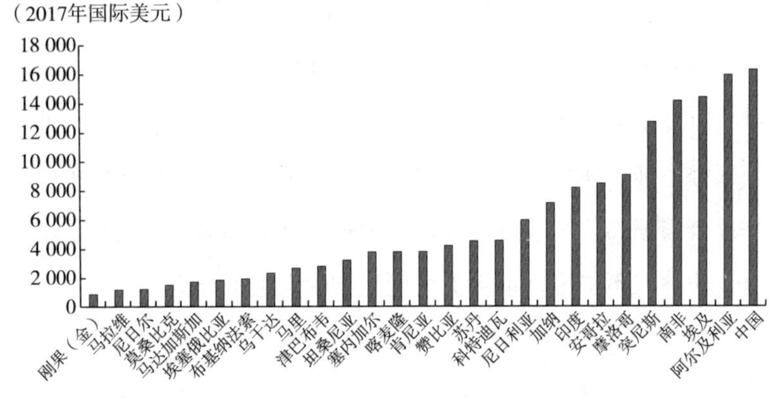

图 2.5　中国、印度与非洲国家人均 GDP 的对比（2019 年）

资料来源：The Conference Board, Total Economy Database, April 2019, https://www.conference-board.org/data/economydatabase/TED1。

教育水平高得不得了。其实，那时大学总体的教育水平完全无法与现在相比，读过钱锺书的《围城》就应该知道。更何况，有大师也罢，没大师也罢，大学办得好也罢，办得糟也罢，跟绝大多数人没什么关系。

1936 年，全国的大学不过百余所。到新中国成立前夕，中国总共只有 89 所大学和 52 所专科学校，在校生 8 万余人；现在，仅郑州大学就有 7.2 万名学生，目前全国在校大学生人数为 2 695.8万。从 1912 年到 1949 年，38 年间一共只有 21.8 万人获得大学文凭，平均一年不到 6 000 人。现在每年多少人拿到大学文凭？过去 10 年，每年都有 500 万以上高等院校毕业生，2018 年达 820 万。因此，哪怕撇开大学的质量，从数量和规模上就不是一个数量级，新中国成立前，大学与绝大多数人毫无关系。

香港科技大学人文与社会科学学院院长李中清与内地学者合

著的一本书——《无声的革命》，分析了 1949—2002 年北京大学、苏州大学这两所大学的学生来源。书中提到，1931 年国民政府的调查显示，当时能上专科学校的学生，绝大多数出身于地主、富农、商人、学界、政界、医生、军、警，来自工农阶层的凤毛麟角。

其实在民国时期，不要说大学教育，就连中等教育甚至小学教育也是奢侈品。小学教育要分为初小（1—4 年级）与高小（5—6 年级），高小毕业就是“小知识分子”了。绝大多数人是文盲，连初小都没上过，相当多的人连自己的名字都不认识、不会写。1949 年全国教育水平见表 2.2。

表 2.2　1949 年全国教育水平

	毕业人数（万人）	占总人口比重（%）
大学毕业生	18.5	0
中学毕业生	400	0.7
小学毕业生	7 000	13
文盲人口	43 200	80
总人口	54 000	100
平均文化程度（年）		1

资料来源：胡鞍钢，《中国三大战略与规划——教育、人才与科技》（2011 年），http://www.50forum.org.cn/home/article/detail/id/450.html。

（七）健康：水平低下

衡量健康水平，现在可以用很多指标。但当健康水平低下时，一个指标就够了，即死亡率。表 2.3 是 1918 年以来有关民国时期死亡率的估算。表中第一列是估算者，其中有中国人、外国人，有官方的、学界的；后几列是估算对象、适用时间、粗死亡率、印度的相应数据，以及与当时有数据国家进行的比较。

表 2.3 关于新中国成立前死亡率的估算

估算者	估算对象	适用时间	粗死亡率（‰）	印度	与有数据国家相比	资料来源
陈长蘅	全国人口	1916	30—40			陈长蘅．中国人口论［M］．上海：商务印书馆，1918：72—73
言心哲	全国人口	1925	约 30	31	几乎最高	言心哲．农村社会学概论［M］．上海：中华书局，1934：95—96
诺特斯坦	农村人口	1929—1931	>30	24.9	最高	Frank W. Notestein, "A Demographic Study of 38 256 Rural Families in China," The Milbank Memorial Fund Quarterly, Vol. 16, No. 1 (Jan., 1938), pp. 57—79
乔治·W. 巴克利、安斯利·J. 科尔、迈克尔·A. 斯托托和 T. 詹姆斯·特鲁塞尔	农村人口	1929—1931	41.9			George W. Barclay, Ansley J. Coale, Michael A. Stoto and T. James Trussell, "A Reassessment of the Demography of Traditional Rural China," Population Index, Vol. 42, No. 4 (Oct., 1976), pp. 606—635
饭田茂三郎	全国人口	1931	40—45	26	最高	饭田茂三郎．支那人口问题研究［M］．东京：橘书店，1934：108—109

（续表）

估算者	估算对象	适用时间	粗死亡率（‰）	印度	与有数据国家相比	资料来源
陈达	全国人口	1934	33	23.6	最高	Ta Chen, "Births, Deaths, and Marriages", American Journal of Sociology, Vol. 52, Supplement (1947), pp. 25—42
乔启明	农村人口	1936	30	23.6	最高	乔启明．中国农村社会经济学[M]．上海：商务印书馆，1945：101—106
国民政府实业部	全国人口	1936	27.6			实业部中国经济年鉴编纂委员会．中国经济年鉴：民国二十五年第三编[M]．上海：商务印书馆，1936：33
国民政府内务部	全国人口	1938	28.2			内政部．战时内务行政应用统计专刊第五种：卫生统计．1938：114—118
米红、蒋正华	全国人口	1945—1949	36			米红、蒋正华．民国人口统计调查和资料的研究与评价[J]．人口研究，1996，20(3)：49
联合国	全国人口	1910—1943	33.4			United Nations, "Future Population Estimates by Sex and Age, Report IV: The Population of Asia and the Far East, 1950 - 1980," Population Studies, No. 31 (New York: United Nations, Dept. of Economic and Social Affairs, 1959), pp. 81—86
侯杨方	全国人口	1912—1949	25—35			侯杨方．中国人口史第六卷 1910—1953年[M]．上海：复旦大学出版社，2001：384—390

从表 2.3 看，当时各个估算之间的差距很大，中国每年的死亡率从 25‰到 45‰不等，即每 1 000 个人里有 25 人到 45 人死亡，比当时印度的死亡率要高，跟有数据的其他国家比，也是最高的。新中国成立前，死亡率高，主要是因为婴儿死亡率高，高达 200‰。婴儿死亡率是指婴儿出生后不满周岁死亡人数同出生人数的比率，200‰意味着每千名活产婴儿在周岁之前会死亡 200 名，即五分之一。婴儿死亡率是影响平均预期寿命的直接因素之一。因为新中国成立前婴儿死亡率那么高，所以那时中国的预期寿命只有大约 35 岁。这是 1949 年以前的情况。

需要指出的是，1959—1961 年，中国遭受严重自然灾害，又出现“大跃进”的错误，当时最高的那年（1960 年）的死亡率是 25‰左右。换句话说，中华人民共和国成立以后，死亡率最高时，也不过相当于民国时期的平均水平。自三年自然灾害之后，困扰中国人几千年的大饥荒再也没有出现过。关于 1959—1961 年的“大饥荒”详见本书的附录。

所以如果把外部、内部、政治、社会、经济、民生、教育、健康都做一分析，可以得到一个大致结论，即 1949 年以前，无论是清政府、北洋政府还是国民政府都缺乏最起码的国家能力，要想在旧中国的基础上实现繁荣富强是不太可能的。打国家建设基础，还得靠中国共产党。

从新中国成立到改革开放前的中国
（1949—1978 年）

现在来看看新中国成立以来的前三十年，还是使用同一个分析框架：政治基础、社会基础和物质基础。

（一）政治基础

1. 独立自主

政治基础中最重要的一条，是中国完全独立自主了，因为它已具备最起码的国家强制能力。

可以说，从晚清七十年开始，中国就难以独立自主，到了北洋政府时期，中国依然难以自主，中华民国即使在“黄金十年”也难以自主，一直到日本入侵、打内战的国难当头，也谈不上自主，在对外战争中中国每次都是输家。新中国成立之后的抗美援朝战争，不是我们选择要打的，而是帝国主义强加给我们，而我们不得不进行的一场战争，这场战争的结局是我们胜了。

在美国，很长很长的时间里，研究别的战争的书非常多，研究朝鲜战争的书却很少，所以这场战争在美国叫作“被人遗忘的战争”（The Forgotten War），或者是“不为人知的战争”（The Unknown War）、“越战之前的战争”（The War Before Vietnam）。他们之所以不想谈论，是因为这场战争对美国人来讲是耻辱，他们会说跟中国人打了平手，打了平手的话为什么还要遮遮掩掩？

这场战争是新中国成立后，中国打胜的第一场战争，也是标志性的战争，从此以后，中国再也没有输掉战争，没有遭受外敌入侵。

据《毛泽东年谱》记载，1950 年 10 月 25 日，中国人民志愿军打响了抗美援朝的第一枪。两天后，毛泽东邀请王季范（湖南第一师范时的老师）和周世钊（湖南第一师范时的同窗好友）到中南海谈政治和宗教的关系问题。周世钊问：主席今天为什么有这种闲情来谈宗教与哲学的问题，朝鲜局势不是很紧张吗？毛泽东说，朝鲜局势日趋紧张，这段时间我们为了讨论这个问题，有很多天是睡不着觉的。但是，今天我们可以高枕而卧了，因为我们的志愿军已经出国了。周世钊又不无忧虑地表示，国民党反动统治被推翻，全国得到解放，这是建设新国家的大好机会。全国人民都希望和平建设，志愿军出兵援朝，是不是会影响和平建设呢？毛泽东回答说，如果美帝真的把朝鲜搞垮了，纵不过鸭绿江，我们的东北也时常在它的威胁中过日子，要进行和平建设也有困难。为此，只能“打得一拳开，免得百拳来”。①的确，假如不对“世界第一强国”来势汹汹的侵略行径做出回应，成天担心外敌入侵，怎么能一心一意搞建设呢？

2. 国家统一

同是人口众多，为什么新中国成立前打不过日本，但新中国刚成立就敢向“世界第一强国”叫板？因为中国人的力量集中

---

① 中共中央文献研究室．毛泽东年谱 1949—1976：第一卷[M]．北京：中央文献出版社，2013：226—231.

起来了。这就涉及1949年以后，中国办成了另一件大事——自1840年以来，经历了一个世纪的战乱、动荡以后，中国终于实现了持久的统一。

这件事情，现在的研究似乎说得还不够到位。大家经常想的是，中国共产党1949年打败了国民党，自然而然就顺带实现了统一，好像统一是一件轻而易举的事。放到历史中看，这件事情真的不是那么自然而然的。

远的不说，国民党北伐战争完成之后，觉得可以宣布中国统一了。蒋介石的谋士杨永泰为他拿出过一份"削藩策"：第一步离窝毁巢，把山西的阎锡山，河南的冯玉祥，广西的李宗仁，四川的刘氏叔侄，广东的李济深，东北的张学良统统调到中央当官，使他们脱离老窝，从而强化中央集权制；第二步统一整编全国军队，遣散各种势力赖以生存、活动的资本。但没过多久，各路新军阀便互相打起来了。

1948年的中国，共产党指挥的中国人民解放军，就有四大野战军集团。每个野战军集团都有几十万甚至上百万人，这些人来自不同地区，他们的领军人比国民党时期的军阀更有实力。为什么1949年新中国成立以后，这些全部能变成一股统一的力量？对此还需要做深入的研究。

稍微梳理一下就会发现，1947年底1948年初，战争可能快结束的前景已慢慢清晰起来的时候，毛泽东等中共领袖们就开始布局，要创造一个持续统一的局面。1948年刚开年，毛泽东于1月7日为中共中央起草了一份党内文件——《关于建立报告制度》。作为统一的第一步，要求建立严格的报告制度。这一步看似无关宏旨，实际上意义重大。鉴于东北局没有按规定向中央报告情况，毛泽东连续三次起草电报对林彪和东北局进行了批评。1948 年 4 月发出《将全国一切可能和必须统一的权力统一于中央》，要求“将全国一切可能和必须统一的权力统一于中央”。顺着往下细读毛泽东的著作，可以看到毛泽东与党中央后面怎样一步步地布局，使得新中国成立后所有的野战军统一在一个中央政府的领导下。中国完全的稳固的统一，大概一直到 1956 年左右才彻底实现。这样，毛泽东才有底气在 1957 年 2 月说：“我们的国家现在是空前统一的……人民所厌恶的国家分裂和混乱的局面，已经一去不复返了。”① 而从 1948 年到 1956 年的布局需要付出极大的努力，包括在军事、经济、财政、行政上做出一系列细致的安排，才能创造一个国家统一的稳固局面。

因此，国家统一的局面是来之不易的。没有国家统一这个政治基础保障，想有后面的经济高速发展与繁荣富强，完全没有任何可能性。用毛泽东的话说：“国家的统一，人民的团结，国内各民族的团结，这是我们的事业必定要胜利的基本保证。”②

3. 社会稳定

上一章提到民国时期土匪猖獗。其实，新中国刚成立时，匪

① 毛泽东．关于正确处理人民内部矛盾的问题［M］// 毛泽东文集：第七卷．北京：人民出版社，1999：204.

② 同上。

患依然没有完全消除。匪患对农村的损害非常大，尤其是在广西、云南、贵州的大山里，在鄂西、湖南的很多地方，匪患是非常严重的。我们很多年轻人恐怕不知道，在新中国刚成立甚至新中国成立后的很多年，因为匪患，在很多地方公务人员出差时还需要携枪自卫。1950—1953 年，解放军先后抽调了 39 个军 140 多个师的 150 万兵力，歼灭土匪、特务武装和争取匪特投降共 260 余万人，结束了中国匪患久远、为害甚烈的历史，有力保障了人民的安居乐业，稳定了社会秩序。

可能有人觉得消灭土匪是轻而易举的一件事，但只要想一想前面几十年、上百年、几百年旧中国都无法消灭的匪患，新中国没几年就彻底地消灭了，就可以体会到这是多么了不起的成就，它为新中国的繁荣富强奠定了坚实的社会基础。

新中国成立后的社会稳定还表现在犯罪率极低。图 2.6 是前三十年犯罪率的变化轨迹。从图 2.6 可以看出，新中国刚成立时，犯罪率还是比较高的，达 10 万分之 90 多。那时，敌对政治势力不甘心失败，进行各种破坏。“1950 年春天到秋天的半年多时间里，就有近 4 万干部和群众积极分子遭到反革命分子的杀害。”同时，“流氓、盗匪、兵痞、妓女到处活动，扰乱社会秩序”。其后，犯罪率开始迅速下降。从 20 世纪 50 年代初到 70 年代末，虽然犯罪率有起有伏，但基本上在 10 万分之 30—60 之间波动。这中间有 1966—1972 年这一段时间缺乏统计数据，那是因为在“文化大革命”高潮期，公检法被砸烂了，没有采集系统数据。

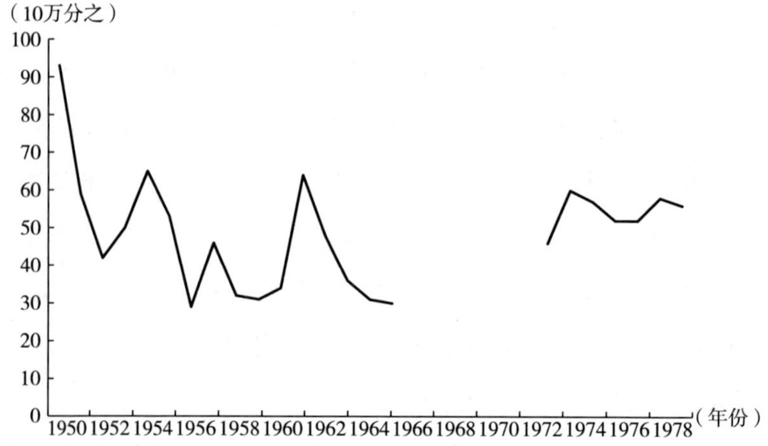

图 2.6　前三十年的犯罪率

资料来源：转引自 Xiaogang Deng and Ann Cordilia, "To Get Rich is Glorious: Rising Expectations, Declining Control, and Escalating Crime in contemporary China," *International Journal of Offender Therapy and Comparative Criminology*, Vol. 43, No. 2 (June 1999), p. 212。

10 万分之 30—60 到底是高还是低？与其他国家一比较就清楚了：美国同期的犯罪率在 10 万分之 2 000 到 6 000，英国的犯罪率是 10 万分之 1 000 到 2 000。新中国的犯罪率不是低一点，而是低得多。

4. 铲除了"分利集团"

政治基础还有一条很重要，就是铲除了"分利集团"。

前文提到了奥尔森，他谈"分利集团"的书《国家兴衰探源》于 1982 年出版。他 1998 年去世，在 2000 年出版的遗著《权力与繁荣》中，奥尔森更直接拿中国与苏联做比较，认为中国改革开放成功的原因之一，就在于前三十年的各种运动打破了僵化的制度，彻底铲除了中国的"分利集团"，为日后的改革开放扫平了道路。①

奥尔森的潜台词是，隔一段时间来场“运动”是件好事，可以打烂“分利集团”，有利于其后的经济增长。正是在这个意义上，耶鲁大学法学院教授苏珊·萝丝-艾克曼提出了一个有意思的问题：“奥尔森是不是个毛主义者？”②

（二）社会基础

繁荣富强的社会基础同样很重要。社会基础涉及三方面：社会平等、人民健康、教育普及。

1. 社会平等

中国共产党之所以能打天下、坐天下，很重要的一条是土地改革。土改使中国绝大多数农民受益，这是最大的平等。这些年，一些舆论中，有人千方百计想否定土改。的确，土改不符合产权理论、市场经济原则，但谁规定革命必须服从资本主义制度下的产权理论和市场经济原则？当社会极度不平等时，革命的原

① 曼瑟·奥尔森．权力与繁荣［M］．苏长和，嵇飞译．上海：上海人民出版社，2005：129—130.

② Susan Rose-Ackerman, “Was Mancur a Maoist? An Essay on Kleptocracy and Political Stability,” *Economics and Politics*, Vol. 15 (2003), pp. 135 - 162. 苏珊·萝丝-艾克曼不知道的是，20世纪90年代初，中国学者张宇燕曾与奥尔森有几次对话。奥尔森对毛泽东关于“党内的走资派”“炮打司令部”“掺沙子挖墙脚”“从大乱达到大治”等论断表现出极大兴趣。当听说，毛泽东认为“文化大革命”要“七八年再来一次”时，他更是激动得从沙发上站了起来。张宇燕．跟奥尔森教授学习政治经济学［M］//经济学与常识．福州：福建人民出版社，2005：145.

则远远高过这两样东西。

几千年来，土地分配不均一直是社会不稳定、经济难以发展的重要原因。前面引用《吾之败，吾党之败》说明，即使是国民党党内的明白人也知道，不经过土改，什么事都做不了。土改到底有多重要呢？通过跨国比较发现，经过土改的国家和没经过土改（或没有经过彻底土改）的国家在后期的经济增长上是不一样的——经过土改的国家后期的经济增长都比较快，未经过土改的国家后期增长都比较慢。中国与印度的对比就是一个典型例子。①

1997 年，世界银行的两位研究人员发表了一份报告，检验不平等与经济增长的关系。他们发现，在 1960 年土地分配不平等现象较严重的国家，其后 30 多年的经济增长速度往往很慢；而在 1960—1992 年间 GDP 年均增长率高于 4.5% 的国家，无一例外都是土地分配比较平等的国家。文中有一张图，清晰地展现了土地分配不平等与后续经济增长的负相关关系。② 10 多年后，上述报告的一位作者利用更大的数据库，绘制了图 2.7。稍微懂一点统计相关知识的读者都可以解读这张图的含义。

甚至可以这样讲，新中国土改成果的作用一直延续到改革开放。我们都知道，农村改革是从家庭联产承包责任制开始

① 林春．再议土地改革：中国和印度的启示[J]．开放时代，2016（2）．

② Klaus Deininger and Lyn Squire, "Economic Growth and Income Inequality: Reexamining the Links," *Finance & Development*, Vol. 34, No. 1 (March 1997), pp. 38—41.

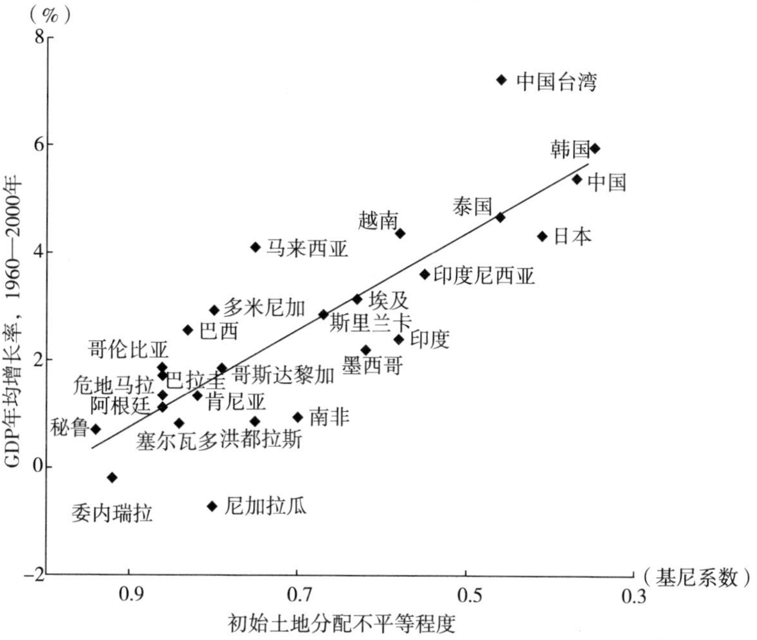

图 2.7　初始土地分配不平等程度与后续经济增长

资料来源：Klaus Deininger, *Land Policies for Growth and Poverty Reduction: A World Bank Policy Research Report* (Washington, DC: World Bank, 2003), p. 18。

的。设想一下，如果分田到户之前土地不是集体所有的，如果还有地主、富农占有大量土地，其他人占地很少或无地，如果土地分配是严重不平等的，包产到户恐怕只会导致阶级矛盾激化，不可能取得任何成果。农村改革不能起步，哪里还会有后面的城市改革。不少人都知道，20 世纪 70 年代末 80 年代初包产到户时，土地分配是比较公平的，有人甚至批评过于平等了，因为分配时不仅面积上平等，连土地质量也是平等的，导致每家每户分到的土地往往是零散的好几块，而不是连成一片。不搞得这么公平，农村改革就无法推进。所以，新中国成立时的土地改革是使得中国社会在很大程度上实现平等的一项伟业。

改革开放前的中国社会平等还有一条，就是收入分配比较平等。

衡量平等不平等，有一个指标，就是基尼系数。基尼系数从0到1，0意味着收入分配完全平等，1意味着收入分配绝对不平等。现实世界当然不会出现这两种极端的情况。一般而言，基尼系数在0.2以下被认为是绝对平等，0.2~0.3表示比较平等，0.3~0.4被视作相对合理，0.4~0.5则表示收入差距悬殊，再高就非常不平等了。直到20世纪80年代初，中国的基尼系数小于0.3，不平等程度远远低于世界平均水平。[①] 改革开放头几年，中国经济理论界做的很重要的一件事情就是批判“大锅饭”，说当时太平等了，有必要人为制造出一点不平等来，才能产生物质刺激。这从反面说明，当时的社会是非常平等的。

而收入分配平等对经济后续发展的作用也是非常重要的。与土地平等分配的作用相似，收入平等分配对后续经济增长也有积极的促进作用，而不平等往往导致经济停滞不前。[②] 大量

---

① World Bank, *China* 2020: *Development Challenges in the New Century*, Washington, DC: World Bank, 1997, p. 8.

② Alberto Alesina and Dani Rodrik, “Distribution, Political Conflict and Economic Growth,” in Alex Cukierman, Zvi Hercowitz, and Leonardo Leiderman, eds. *Political Economy*, *Growth and Business Cycles*, Cambridge: MIT Press, 1992, pp. 23 – 50.

跨国实证研究证明，收入不平等与随后的经济增长呈负相关关系：越不平等的地方，后续经济增长越慢；比较平等的地方，后续的经济增长较快。世界银行前首席经济学家弗朗索瓦·布吉尼翁对此感叹：如果对这种潜在的负相关关系进行解读，那就意味着，收入从富人向穷人进行再分配将促进经济增长。[①] 这些研究表明，公平与效率并不一定是矛盾的，恰恰相反，社会越公平，其后的经济增长有可能更快，而不是更慢，效率和公平可以是同步的，公平有利于提高经济增长的速度。因此，平等的社会结构是改革开放后中国经济高速增长的制度保障之一。

2. 人民健康

社会基础的第二项是人民健康。毛泽东时代强调公共消费，而不是个人消费，尤其在医疗与教育领域。[②] 那时，中国还很穷，但几乎所有的城乡人口都享有某种形式的基本医疗保障，这使得中国人民的健康指标大幅改善。当时中国医疗卫生服务的公平性和可及性受到了联合国儿童基金会、世界卫生组织和世界银行

① François Bourguignon, "The Poverty-Growth-Inequality Triangle," *Indian Council for Research on International Economic Relations Working Paper*, No. 125 (2004), http://www.icrier.org/pdf/wp125.pdf, p. 17.

② 毛泽东说："社会主义社会，不搞社会集体福利事业还成什么社会主义。"他批评苏联《政治经济学教科书》，"这本书在谈到物质利益的时候，不少地方只讲个人的消费，不讲社会的消费，如公共的文化福利事业。这是一种片面性"。见《毛泽东读社会主义政治经济学批注和谈话（简本）》，第282—284页。

的高度赞誉。[①] 中国低成本、广覆盖的卫生保健模式也在1978年的阿拉木图会议上受到推崇，成为世界卫生组织在全球范围内推广初级卫生服务运动的样板。[②]

衡量一国的健康水平可以用一个指标——人均预期寿命来体现。

1949年，中国的人均预期寿命是35岁左右。[③] 当然，不是所有人都只能活到35岁。因为当时婴儿死亡率太高，相当多的人夭折了，把平均数拉低了。年轻人也许不知道，现在60—70

---

① 例如世界银行的《1993年世界发展报告：投资与健康》称中国当年在医疗保障方面取得的成就在低收入国家是“独一无二”的（a unique achievement for a low-income developing country）。World Bank，“World Development Report 1993：Investing in Health”（Washington，DC：World Bank，1993），p. 111；Kenneth W. Newell，Health by the People（Geneva：World Health Orgnization，1975）；World Health Orgnization，“United Nation Children's Fund，Meeting Basic Health Needs in Developing Countries：Altemative Approaches”（Geneva：World Health Organization，1975）；Matthias Stiefel and W. F. Wertheim，“Prodction，Equality and Participation in Rural China”（London：Zed Press for the United Nations Research Institute for Social Development，1983）.

② World Health Organisation，*Primary Health Care：Report of the International Conference on Primary Health Care*（Geneva：WHO，1978.）；Dean T. Jamison，et al.，*China，the Health Sector*（Washington，D. C.：World Bank，1984）；BMJ Editorial Board，“Primary Health Care Led NHS：Learning from Developing Countries，” *BMJ*，October 7，1995［2009－04－19］，http：//bmj. bmjjournals. com/cgi/content/full/311/7010/891；Therese Hesketh and Wei Xing Zhu，“Health in China：From Mao to Market Reform，” BMJ，May 24，1997［2009－04－19］，http：//bmj. bmjjournals. com/cgi/content/full/314/7093/1543.

③ 国家卫生和计划生育委员会. 2015中国卫生和计划生育统计年鉴[M]. 北京：中国协和医科大学出版社，2015：233.

岁的人可能记得，他们小时候，有些家庭会出现一种情况：家有老三、老五、老七，其他的孩子不幸夭折了。所以当时的人均预期寿命是很低的。

新中国成立后，除个别年份外，人均预期寿命迅速提高（见图2.8）。到改革开放初期，中国的人均预期寿命已达到68岁，相比1949年翻了近一番。

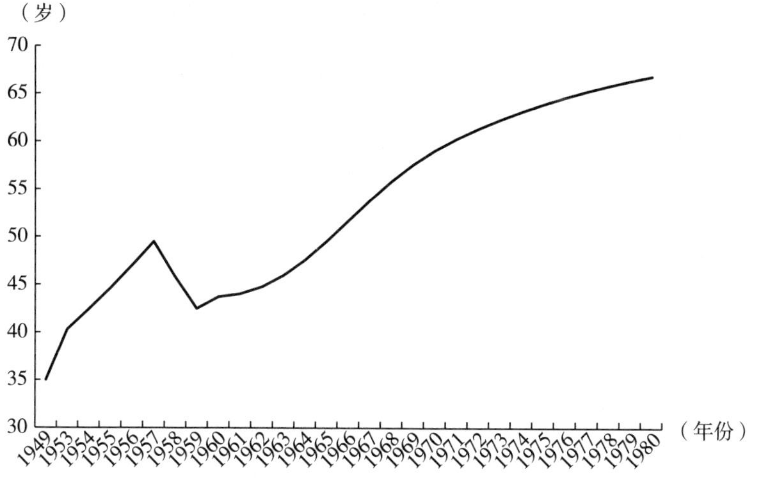

图2.8　新中国的人均预期寿命，1949—1980年

资料来源：1953—1959年的数据来自Judith Banister, *China's Changing Population*（Stanford: Stanford University Press, 1987）, pp. 116, Table 4. 18；1960年以后的数据来自World Bank, "World Development Indicators 1960－2018," http://databank.worldbank.org/data/download/WDI_excel.zip。

人民健康了，死亡率下降了，这本身是民生中很重要的诉求。同样重要的是，人民健康迅速改善还为中国提前带来了人口红利。我们对比中国与印度的人口转型数据，就可以看清这一点。1950年，中印两国的粗出生率都在45‰左右，粗死亡率都在25‰

左右。1950年到1980年，两国的人口转型呈现出不同形态：中国的出生率与死亡率都迅速下降，前者降到20‰，后者降到5‰；印度的出生率与死亡率缓缓下降，前者降到35‰，后者降到12‰。这样就带来一个结果，即所谓人口红利的出现时间差。

图2.9显示，中国的人口红利出现在20世纪70年代后期。这之后将近有40年的时间，0—14岁的人口比重下降，15—59岁的人口比重上升，60岁以上的人口比重一直维持在较低水平。换句话说，在这个时期，劳动年龄人口占总人口比重较大，抚养率比较低，为经济发展创造了有利的人口条件。中国的改革开放正好赶上了人口红利窗口期，一直延续至现在。

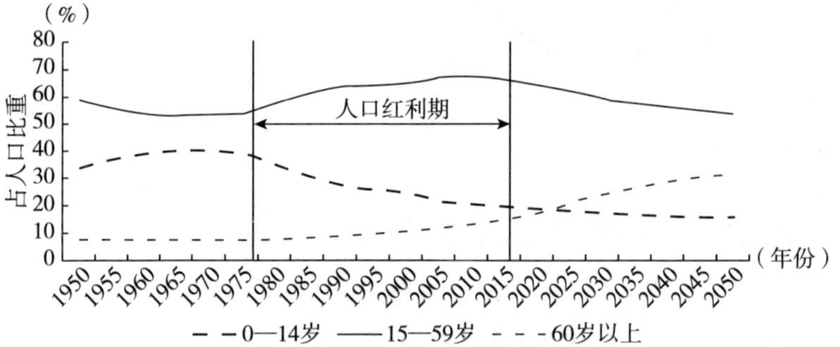

图2.9　中国人口转型的窗口期

资料来源：Misbah T. Choudhry and J. Paul Elhorst, "Demographic Transition and Economic Growth in China, India and Pakistan," *Economic Systems*, Vol. 34, No. 2 (2010), pp. 218 -236。

而印度的人口红利窗口期几乎晚了25年，到20世纪90年代中期才出现（见图2.10）。起点差不多，印度人口红利窗口期之所以晚出现了一代人的时间，就是因为中国的死亡率在新中国成立初期就开始大幅度快速地下降。

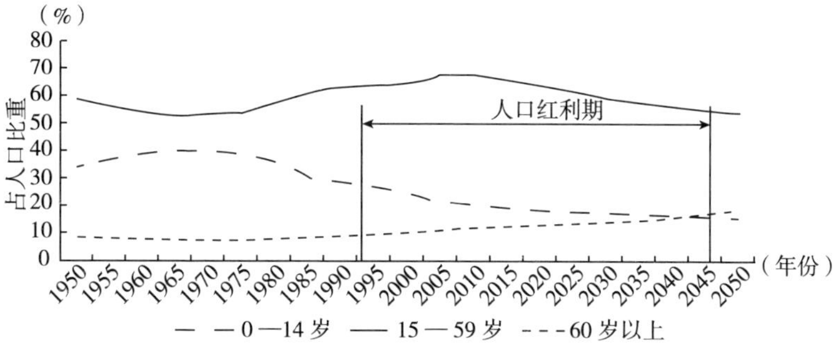

图 2.10　印度人口转型的窗口期

资料来源：Misbah T. Choudhry and J. Paul Elhorst, "Demographic Transition and Economic Growth in China, India and Pakistan," *Economic Systems*, Vol. 34, No. 2 (2010), pp. 218 - 236。

人口红利窗口期是有利于经济增长的。中国和印度在过去70年经济增长的表现不一样，前者比后者快得多，原因固然很多，但不可否认的是，健康水平迅速改善、死亡率迅速下降，使得我们提前享有了人口红利带来的好处。

3. 教育普及

健康水平的提升很重要，教育水平提升普及也非常重要。对一个国家的经济增长而言，尤其在初期阶段，重要的不是高等教育或注重高精尖的教育，而是基础教育就是小学、初中、高中这样的教育，因为如果大多数人是文盲或受教育水平很低，这个国家的经济就难以持续发展。

在毛泽东时代，各级教育尤其是基础教育高速发展。学龄儿童入学率由1949年的20%左右迅速增加到1976年的97.1%，成人文盲率由1949年的80%急剧下降至1982年的22.8%。[1] 图2.11为1949年至2006年各级各类学校在校学生数。这张图告诉我们，前三十年，基础教育发展很快。小学在校生人数增长了6倍，初中生增长了55倍，高中生增长了62倍。即使是"文革"时期曾一度停办的大学在校生人数也比1949年增加了好多倍。[2] 引人注目的是，图2.11还显示，在"文革"后期、改革开放以前，中国小学、初中、高中在校学生人数都曾达到一个高峰。改革开放初期，小学、初中、高中在校学生人数下降了，而不是增长了。出现另一次高峰要等20年甚至更长。有人也许会批评那时候教育水平不够高，有些中学是所谓戴帽学校（小学变初中，初中变高中），但至少大批人都接受了基础教育，教育得到了很大的普及。

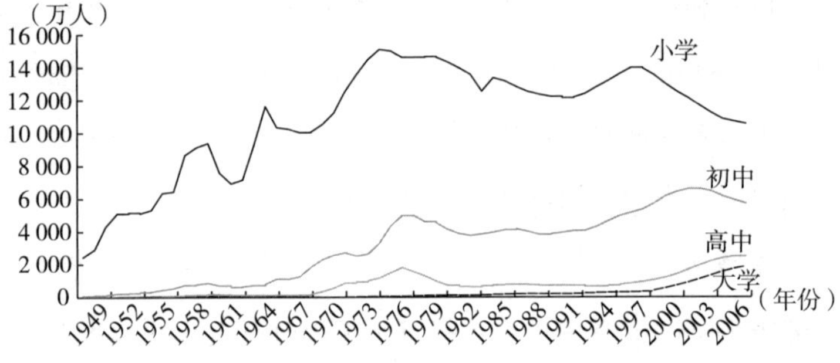

图2.11　各级各类学校在校学生数

资料来源：国家统计局国民经济综合统计司，《新中国六十年统计资料汇编》，中国经济与社会发展统计数据库。

---

① 赖立，张竺鹏，谢国东．我国成人文盲十年减少近1亿　女性文盲率降幅大[N]．中国教育报，2007-08-01.

② 国家统计局国民经济综合统计司．新中国五十年统计资料汇编[M]．北京：中国统计出版社，1999：81—82.

让人们活得健康、有知识不仅是发展的目的，健康和知识也提高了人力资本的素质，反过来促进经济增长。[①] 没有前三十年打下的基础，为改革开放做出巨大贡献的中国高素质劳动力从何而来？世界体系理论的代表人物、意大利经济学家乔万尼·阿瑞吉（Giovanni Arrighi）用大量跨国数据证明，改革开放后，中国经济之所以能够快速增长，其奥妙就在于中国的劳动力素质比其他发展中国家高。[②]

（三）物质基础

除了政治基础与社会基础，繁荣富强还需要一定的物质基础。

1. *以农业为基础*

物质基础第一条，以农业为基础，这是新中国成立后提出的口号。

新中国成立初期，中国是农业国，经济发展以农业为基础，先解决吃饭问题。为此，中国当时做了很多事情，一是大兴水利，二是有效灌溉，三是增加粮食产量。

（1）大兴水利

在机械化科技手段比较低的时候，农业当时就是一个靠天吃

---

① 参见罗默（Paul Romer）和卢卡斯（Robert Lucas）为代表的“新增长理论”。

② Giovanni Arrighi, *Adam Smith in Beijing*: *Lineages of the Twenty-First Century*, London: Verso, 2007.

饭的产业。没有水什么问题都解决不了，要解决水的失调问题，就得建水利设施，包括水库。新中国成立前的中国，水库很少，全国只有 1 200 座。新中国成立后开始大兴水利，建造了不少水库。到改革开放初期，中国已有约 87 000 座水库。改革开放以后的很长一段时间，中国的水库数量没有增加，反倒是降低了，因为有些水库被废弃，年久失修不能用了。所以，水库总数量的一个极点是在改革开放初期，另一个极点是最近 10 余年才达到（见图 2. 12）。

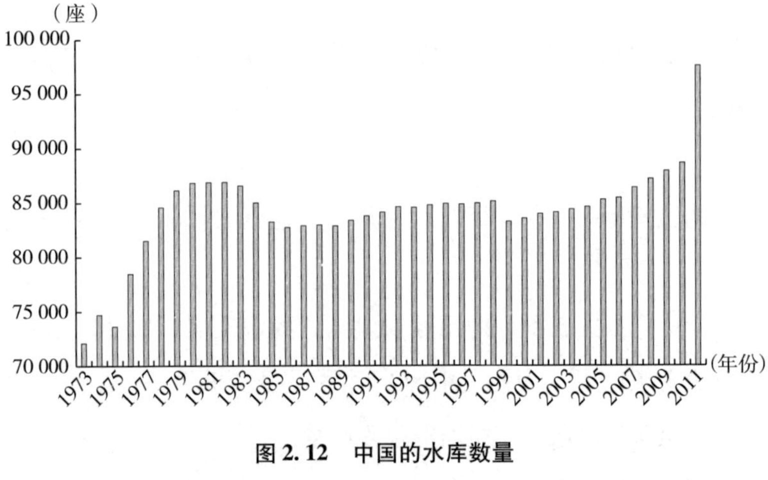

图 2. 12　中国的水库数量

资料来源：中华人民共和国水利部，《中国水利统计年鉴》，中国经济与社会发展统计数据库。

如果仅看大型水库，2008 年新一轮水库兴建高潮到来之前，全国共有 493 座，其中只有 6 座是 1949 年前建的，接近一半（219 座）兴建于 20 世纪 50 年代，97 座是 60—70 年代建设的。从 1980 年到 2007 年的 28 年间，一共修建了 171 座水库（见图

2.13)；也就是说，绝大部分大型水库都是改革开放前修建的（包括丹江口、葛洲坝、刘家峡水库及水电站）。改革开放前，能修建那么多水库是了不得的事情。最近10余年国家重建水库，动辄要花几千亿、上万亿（仅2011—2013年，全国财政水利资金累计投入就达13 261亿元）；而当年修水库主要是靠人工、靠自力更生、靠饱满的热情和高度有效的组织，国家的资金投入并不多。

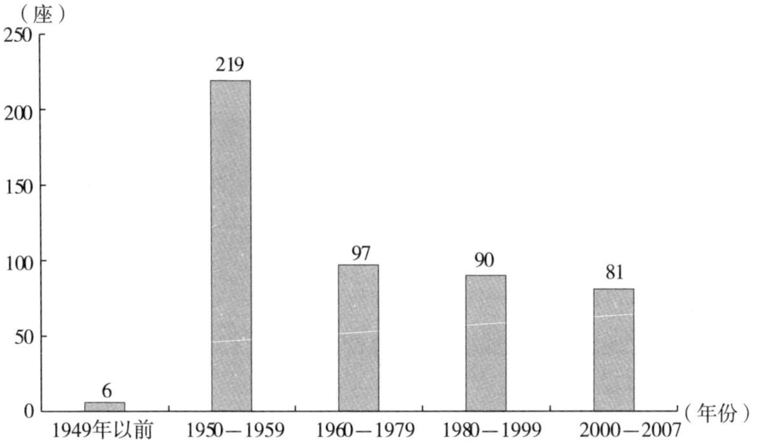

图2.13　大型水库建设情况，1949—2007年

资料来源：中华人民共和国水利部，《中国水利统计年鉴》，中国经济与社会发展统计数据库。

（2）有效灌溉

再看农田基本建设。农田要灌溉，不能说仅有水库，水就会自动流到田里去，还得修沟渠、灌溉设施，还要平整土地，这些叫作农田基本建设。农田基本建设水平可以用一个指标衡量，即有效灌溉面积。图2.14显示，1952年的有效灌溉面积大概是2

万千公顷，到改革开放初期，已达到4.5万千公顷上下，多了不止一倍；20世纪50年代与“文革”后期是有效灌溉面积的两个快速成长期。推行家庭联产承包责任制的第一个十年，有效灌溉面积不仅没有增长，反倒有些许下降，因为一旦失去了动员大量人力的机会，农田基本建设就成了一种非常费事、费钱的工程。只是到了1990年以后，有效灌溉面积才开始再次扩大。

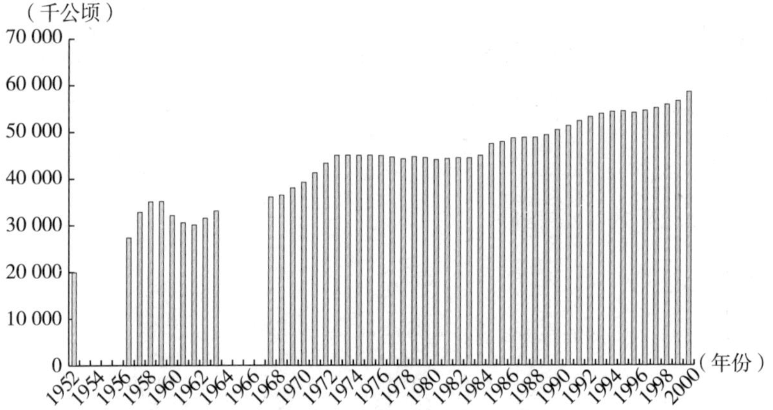

图 2.14　有效灌溉面积

资料来源：中华人民共和国水利部，《中国水利统计年鉴》，中国经济与社会发展统计数据库。

（3）增加粮食产量

水利建设与农田基本建设促进农业生产，这直接反映在粮食总产量和人均粮食产量的变化上。如图2.15所示，新中国成立后，粮食总产量先是增长的，“大跃进”以后有一个下降的过程，之后基本上持续增长，到20世纪90年代后期有一个滑坡，过后又开始增长，现在已连续增长10年左右。人均粮食产量情况相近，改革开放包产到户以后，实际增长并不是很快，是一个较平缓的波动增长，与很多人的想象有距离。到改革开放初期，粮食问题或中国人的吃饭问题就基本解决了。

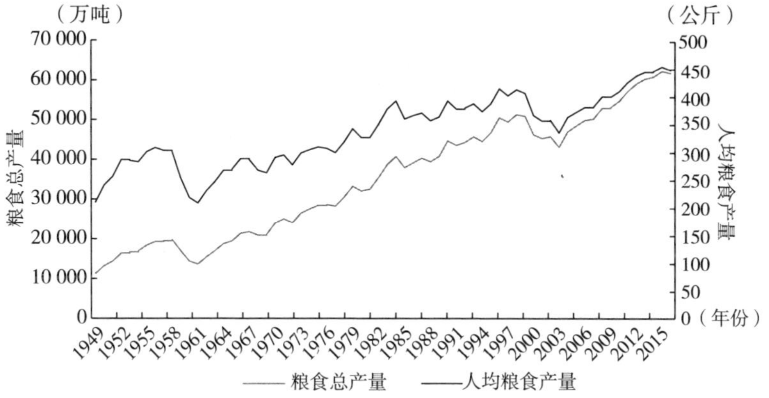

图 2.15　粮食总产量与人均粮食产量

资料来源：国家统计局国民经济综合统计司，《新中国六十年统计资料汇编》，《中国统计年鉴》，中国经济与社会发展统计数据库。

2. 以工业为主导

旧中国是典型的农业国。新中国成立前夕，毛泽东这样形容当时中国的经济结构："中国还有大约百分之九十左右的分散的个体的农业经济和手工业经济，这是落后的，这是和古代没有多大区别的，我们还有百分之九十左右的经济生活停留在古代。"[①] 中国经济要崛起，必须首先来一次工业革命。中国的工业革命是

① 毛泽东．在中国共产党第七届中央委员会第二次全体会议上的报告（1949 年 3 月 5 日）//毛泽东选集第四卷．北京：人民出版社，1991：1430.

何时发生的？图2.16给出了明确无误的回答：它基本发生在前三十年中。1952年，农业占国内生产总值的50%以上，工业约占整个国民经济的28%；到1978年，农业的比重降到30%以下，第三产业也缩减到25%以下，而工业占整个国民经济的比重直线上升到48%左右。可见，前三十年的国民经济发展，确确实实是以工业为主导。改革开放后，工业在国民经济中的地位长期维持在这一水平，即占国民经济的比重为45%以上。如果说中国曾发生过工业革命的话，那么它发生在前三十年，使得整个国家经济的结构从以农业为主变成以工业制造业为主。

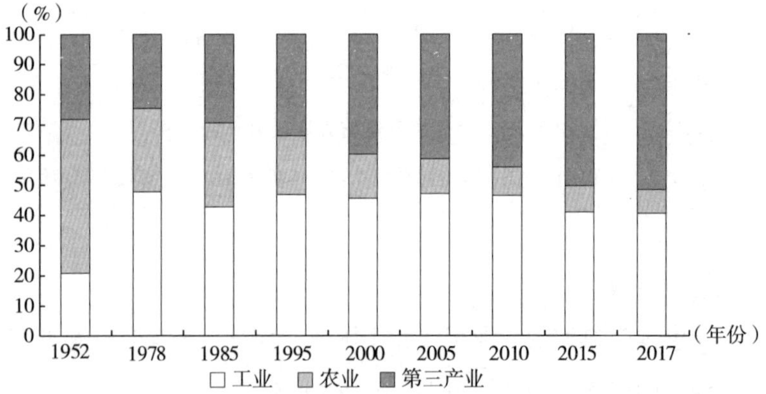

图2.16 工业、农业、第三产业占国民经济的比重

资料来源：国家统计局国民经济综合统计司，《新中国六十年统计资料汇编》，《中国统计年鉴》，中国经济与社会发展统计数据库。

如果我们看很多关键性工业产品，如钢、生铁、原煤、发电量这些非常重要的基础性工业产品，就会发现它们在前三十年的增长速度实际上比后三十年快。不过，轻工产品的增长速度是后三十年快于前三十年（见表2.4）。所以，提出工业革命发生在前三十年的观点，是有多方面依据的。

表 2.4　主要工业品增长速度

产品名称	1949	1952	1978	2008	1978/1952	2008/1978
钢（万吨）	15.8	135.0	3 178.0	50 092.0	23.5	15.8
生铁（万吨）	25.2	193.0	3 479.0	47 067.0	18.0	13.5
原煤（亿吨）	0.3	0.7	6.2	27.9	9.3	4.5
发电量（亿千瓦时）	43.1	72.6	2 565.5	32 560.0	35.3	12.7
原油（万吨）	12.1	43.6	10 405.0	18 973.0	238.6	1.8
水泥（万吨）	66.0	286.0	6 524.0	140 000.0	22.8	21.5
平板玻璃（万标准箱）	108.0	213.0	1 784.0	55 185.0	8.4	30.9
硫酸（万吨）	4.0	19.0	661.0	5 132.7	34.8	7.8
纯碱（万吨）	8.8	19.2	132.9	1 881.3	6.9	14.2
烧碱（万吨）	1.5	7.9	164.0	1 852.1	20.8	11.3
化学肥料（万吨）	2.7	18.1	869.3	6 012.7	48.0	6.9
金属切削机床（台）	1 582.0	13 734.0	183 200.0	500 000.0	13.3	2.7
汽车（万辆）	—	—	14.9	934.6		62.7
布（亿米）	18.9	38.3	110.3	710.0	2.9	6.4
卷烟（万箱）	160.0	265.0	1 182.0	22 199.0	7.4	18.8
糖（万吨）	19.9	45.1	227.0	1 449.0	5.0	6.4
原盐（万吨）	298.5	494.5	1 953.0	5 953.0	3.9	3.0

资料来源：国家统计局国民经济综合统计司，《新中国六十年统计资料汇编》，《中国统计年鉴》，中国经济与社会发展统计数据库。

3. 建立完整的产业体系

新中国成立以来的前三十年，还在全国范围内建立了三个体系，它们都对后续发展至关重要、必不可少。

第一个是独立的、门类比较齐全、比较完整的工业体系，包括重工业体系、国防工业体系、高技术工业体系，如电子、航空、航天、核能等体系。建立这样的体系，是中国当时领导人的一个梦想。毛泽东在 1949 年 3 月新中国还未成立时就指出，当时“还没有解决建立独立的完整的工业体系问题，只有待经济上获得了广大的发展，由落后的农业国变成了先进的工业国，才算最后地解决了这个问题”。① 他的这个梦想到 20 世纪 70 年代末基本实现了。80 年代初，世界银行有一个三卷本的关于中国经济的研究报告提到，那时候在发展中国家中，很少有国家能建立比较完整的工业体系，而中国做到了。②

第二个是国民经济体系。1963 年，在《关于工业发展问题》起草委员会的会议上，周恩来指出，“工业国的提法不完全，提建立独立的国民经济体系比只提独立的工业体系更完整。苏联就是光提工业化，把农业丢了”。什么是国民经济体系呢？他解释说：“国民经济体系不仅包括工业，而且包括农业、商业、科学技术、文化教育、国防各个方面。”当时，作为总理，周恩来确定的目标是“经过一九六三至一九六五年三年过渡和一九六六至一九七五年十年规划，基本建立一个独立的国民经济体系”。③

---

① 毛泽东. 在中国共产党第七届中央委员会第二次全体会议上的报告（1949 年 3 月 5 日）[M]//毛泽东选集：第四卷. 北京：人民出版社，1991：1433.

② World Bank, *China: Socialist Economic Development*, *Vol.* 1., *The Economy*, *Statistical System*, *and Basic Data* (Washington, DC: World Bank, 1983), p. 12.

③ 周恩来. 国民经济发展的方针和目标[M]//周恩来经济文选. 北京：中央文献出版社，1993：519.

到改革开放前，这样一个体系已经建立起来了。

第三个是由铁路、公路、内河航运、民航空运构成的交通运输体系。当时的体系当然跟今天没法比，但至少在当时的情况下中国建立了这么一套交通运输体系。

这三个体系为后四十年现代化建设奠定了坚实的物质基础。很多人以为，前三十年经济没有怎么增长，经济增长主要发生在后四十年。但看数字，不是这么回事。前三十年经济增长的确呈大起大落的态势，但年均增长率也不低，近8%（见图2.17）。在长达30年的时间里，年均增长超过7.5%，放到今天看也不错，放到全世界几乎可以傲视全球了。当然，改革开放后的经济增长速度更快，且20世纪90年代初以后增长变得比较平缓，降得缓，起得也缓，表明对国民经济的控制能力提高了。

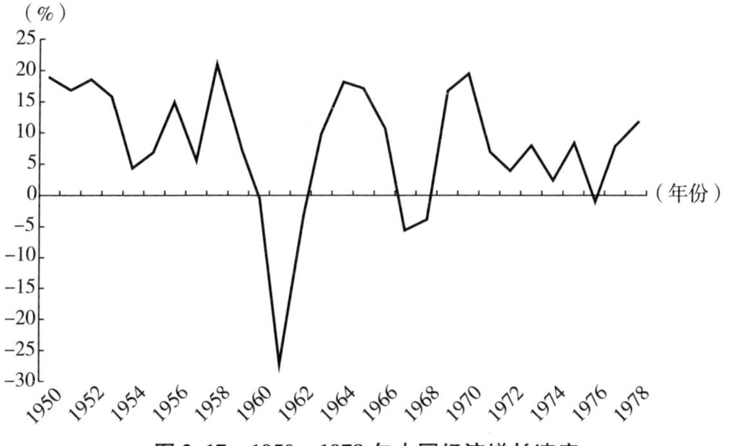

图2.17　1950—1978年中国经济增长速度

注：1949—1952年为国民收入增长率，1953年以后为国内生产总值增长率。

资料来源：国家统计局国民经济综合统计司，《新中国六十年统计资料汇编》，《中国统计年鉴》，中国经济与社会发展统计数据库。

小结

新中国成立以来的前三十年和后四十年是什么关系？我们自己评价，有人恐怕不愿意接受，那么让我们看看两位旁观者的评价。

第一位叫阿玛蒂亚·森，是一个印度人，国际知名学者，诺贝尔经济学奖得主。其实他的有些论述常常被国内某些人引用，引得最多的是他对“大跃进”之后中国饥荒的批评。以下是他对前三十年的一个评价：“1949 年政治变革时中国的生活条件与当时印度的情况大致相差无几。两个国家都属于世界上最穷的国家之列，死亡率、营养不良和文盲程度都很高。”① 他忘了说一点，就是中国其实当时比印度还要糟糕。他接着说，到改革前，“印度和中国所处的相对地位就决定性地确立了”，② 因为中国在初级教育和初级卫生保健方面取得了非同寻常的进步。因此，他得出结论：“改革前中国在教育、保健、土地改革和社会变化方面的成就，对改革后的成绩做出了巨大的积极贡献，使中国不仅保持了高预期寿命和其他相关成就，还为基于市场改革的经济扩展提供了坚定支持。”③ 需要指出的是，这里他忽略了中国在政治上的成就，如前面提到的政治上独立自主、国家统一、社会稳定。

---

① 阿玛蒂亚·森，让·德雷兹．印度：经济发展与社会机会［M］．北京：社会科学文献出版社，2006：71.

② 同上，第 80 页。

③ 同上，第 70 页。

这是一个印度人的看法。此人也批评中国的一些政策，但算总账时，他也会看到没有前三十年打下的基础，后几十年的辉煌就很难实现，因为沙滩上建不起高楼大厦。

第二位学者在内地可能更不知名。他叫郭益耀，一位香港资深经济学家，已年过八旬，早已退休。他出了两本书，一本英文的，一本中文的。英文书名挺有意思，主书名叫《中国的新工业化战略》，没有什么吸引人的地方，但副书名很醒目——毛主席是不是真的必要？[①] 熟悉社会主义政治经济学研究的人大概都知道，早在1964年，英国一位苏联经济专家亚历克·诺夫曾出版过一本书——《斯大林是不是真的必要》。[②] 此后，不少讨论苏联经济史的图书与论文都会使用类似的表述。郭益耀也套用这种表述，而他的回答当然是肯定的——没有毛泽东时代奠定的基础，后面那些成就都无法实现。

郭益耀另一本书是中文的，干脆就叫《不可忘记毛泽东——一位香港经济学家的另类看法》，2010年由牛津大学出版社出版。[③] 此前，他在香港中文大学新亚书院的院刊上发表过一篇文章，标题也叫《不可忘记毛泽东》。他在这篇文章里提到，今日中国国力昌盛，有赖“毛道”和“邓路”。毛泽东的“道”和

---

① Y. Y. Kueh, *China's New Industrialization Strategy*: *Was Chairman Mao Really Necessary*? (Cheltenham: Edward Elgar, 2008).

② Alec Nove, *Was Stalin Really Necessary* (New York: Routledge, 2011).

③ 郭益耀. 不可忘记毛泽东——一位香港经济学家的另类看法[M]. 香港：牛津大学出版社，2010.

邓小平的“路”不是两条分岔道路，而是一以贯之的道路；两者不能分割，没有“毛道”就没有“邓路”，或者“邓路”根本就走不通；只有先沿着毛泽东开辟的道路前行，才能走到邓小平指出的道路上去。①

近年来，人们往往用联合国开发计划署的“人类发展指数”作为衡量各国社会发展水平的综合指标。如图 2. 18 所示，1950 年，中国是世界上人类发展指数最低的国家之一，仅为 0. 16，与印度不相上下。到 1975 年，中国的人类发展指数已提升至 0. 53，远远超过印度的 0. 42。

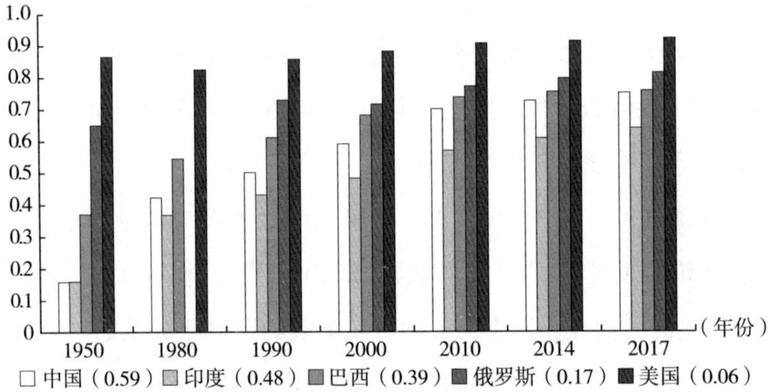

图 2. 18　人类发展指数的变化：五大国比较

注：国家名称后面的数字代表 1950 年至 2014 年间，该国人类发展指数的增加值。

资料来源：1950 年数据来自 Nicholas Crafts，“Globalization and Growth in the Twentieth Century,” IMF Working Paper No. 00/44（March 1，2000）；1980—2014 年数据来自联合国开发计划署网页 http://hdrstats. undp. org/indicators/14. html。

① 郭益耀. 不可忘记毛泽东：谈谈毛在改革开放和中国和平崛起的历史作用[J]. 新亚生活，2009，36（5）.

万丈高楼平地起，最关键的是要打牢基础。前三十年就是打基础的三十年。打基础是很艰苦、耗费时日的，而且打基础的人当时未必能马上享受高楼大厦的舒适。但是，如果没有前三十年打下的坚固基础，就不可能有后四十年那些拔地而起的宏伟楼群。

第三章
探索：从新中国成立以来的前三十年到后四十年

马克思、恩格斯写道：“一个幽灵，共产主义的幽灵，在欧洲徘徊。”当《共产党宣言》最初以德文在1848年出版时，“共产主义同盟”还是一个秘密团体，其影响局限在英、法等欧洲国家。过了半个世纪，到19世纪末，这个“幽灵”出现在中华广袤的大地上。又过了半个世纪，到20世纪中，社会主义已经变成滚滚洪流，席卷全球。以共产主义为最终奋斗目标的中国共产党也在此时夺取了全国政权，神州大地开始英姿勃发地迈向社会主义。再过了半个世纪，到20世纪末，一度红红火火的社会主义陷入前所未有的低谷，以至有人大胆断言：历史已经终结，人类社会只有资本主义一途，别无选择。

在过去30多年里，“市场原教旨主义”甚嚣尘上。它的许诺很简单也很诱人：只要将财产权交给私人，将决策权交给追求自身利益最大化的私人企业主，将政府干预减至最低程度，市场这只“看不见的手”就会源源不断地创造出无穷无尽的财富，“下溢效应”（涓滴效应）最终会让所有人受益。

然而，正如卡尔·波兰尼指出的那样，“这种自我调节的市场的理念，是彻头彻尾的乌托邦。除非消灭社会中的人和自然物质，否则这样一种制度就不能存在于任何时期，它将摧毁人类并将其环境变成一片荒野”。① 20 世纪末，在“华盛顿共识”肆意蔓延的同时，穷国与富国、穷人与富人之间的鸿沟越来越大，致使贫富差距最大的拉丁美洲国家纷纷“向左转”。到 21 世纪初，“市场原教旨主义”的危害已变得如此明显，以至于它的一些有良知的信徒也看不过眼。香港《信报》创办人林行止先生自称写了 30 多年政经评论，在 2007 年 10 月 16 日的专栏里，他开始对自己“年轻时是盲目的自由市场信徒……一切讲求经济效益，认为企业的唯一功能在替股东牟取最大利润”表示反省。② 2008 年 4 月 28 日，他又发表专栏文章，重申“对过去理直气壮地维护资本主义制度颇生悔意”，因为“看到了太多不公平手段和欺诈性活动，而一些本以为‘放之四海而皆准’的理论则经不起现实考验”。他恳切地希望“中国不要彻底走资”，认为“社会

① 卡尔·波兰尼．大转型：我们时代的政治与经济起源［M］．冯钢，刘阳译．杭州：浙江人民出版社，2007：3.

② 林行止．企业多显人性　共造和谐社会［N］．信报，2007－10－16.

主义的确能够维系社会公平”。[①]

其后不久，一场严重的经济危机从美国蔓延至全世界，作为资本主义象征的大型企业一个接一个面临破产倒闭的厄运。从冰岛到爱尔兰，从澳大利亚到日本，从英国到美国，政府迫不得已，纷纷出手将银行、保险公司、汽车制造企业国有化，由政府托管。难怪美国《新闻周刊》封面文章不无揶揄地惊呼：“我们都是社会主义者了！”[②]

“沧海横流，方显出英雄本色。”虽然世界经济危机也拖累了中国经济，但2008年，中国经济增长速度高达9.65%；其后3年，年均增速是9.86%；虽然2012年以来增速回落，中国的经济仍然一直维持正增长，并成为全球经济复苏的火车头。在这种强烈的反差下，重新审视中国坚守的方向和走过的道路，意义非同寻常。

改革开放前三十年的探索

在新中国成立前夕，毛泽东就指明了新中国未来的方向，即“经过人民共和国到达社会主义和共产主义，到达阶级的消灭和世界的大同”。[③] 在他看来，只有社会主义才能救中国，使中华民族

① 林行止．粮食危机中对富人和中国的期待[N]．信报，2008－04－28.

② Jon Meacham and Evan Thomas, “We Are All Socialists Now,” *Newsweek*, February 16, 2009.

③ 毛泽东．论人民民主专政：纪念中国共产党二十八周年（1949年6月30日）[M]//毛泽东选集：第四卷．北京：人民出版社，1991：1471.

不再是“一个被人侮辱的民族”，而是一个“站起来”的民族。[①]

新中国成立后，毛泽东反复强调，我们的总任务是，“建设一个伟大的社会主义国家”，“要实现社会主义工业化，要实现农业的社会主义化、机械化”，[②] 要“改变我国在经济上和科学文化上的落后状况，迅速达到世界上的先进水平”。[③] 1957 年，他把这个目标清楚地概括为“建设一个具有现代工业、现代农业和现代科学文化的社会主义国家”。[④] 为实现这个目标，首先必须大力发展生产力。20 世纪 50 年代，中国还十分贫穷落后，毛泽东非常重视生产力的发展。他指出：“韩愈有一篇文章叫《送穷文》，我们要写送穷文。中国要几十年才能将穷鬼送走。”[⑤] 他还提醒全国人民，“现在我们能造什么？能造桌子椅子，能造茶碗茶壶，能种粮食，还能磨成面粉，还能造纸，但是，一辆汽车、一架飞机、一辆坦克、一辆拖拉机都不能造”。[⑥] 他认为，

① 毛泽东．中国人民站起来了（1949 年 9 月 21 日）[M]//毛泽东选集：第五卷．北京：人民出版社，1977：3—7.

② 毛泽东．关于中华人民共和国宪法草案（1954 年 6 月 14 日）[M]//毛泽东选集：第五卷．北京：人民出版社，1977：125—131.

③ 毛泽东．社会主义革命的目的是解放生产力（1956 年 1 月 25 日）[M]//毛泽东文集：第七卷．北京：人民出版社，1999：2.

④ 毛泽东．在中国共产党全国宣传工作会议上的讲话（1957 年 3 月 12 日）[M]//毛泽东选集：第五卷．北京：人民出版社，1977：403—418.

⑤ 毛泽东．同民建和工商联负责人的谈话（1956 年 12 月 7 日）[M]//毛泽东文集：第七卷．北京：人民出版社，1999：167—173.

⑥ 毛泽东．关于中华人民共和国宪法草案（1954 年 6 月 14 日）[M]//毛泽东选集：第五卷．北京：人民出版社，1977：125—131.

要经过三个五年计划，即 15 年左右，才可以打下一个基础；要经过大约 50 年即十个五年计划，才能建成一个富强的中国。当然，作为社会主义国家，“这个富，是共同的富，这个强，是共同的强，大家都有份，也包括地主阶级”。[①]

既然方向是明确的，度过 1949—1952 年的国民经济恢复期以后，毛泽东便开始探索了一条适合中国情况的社会主义改造道路。

（一）所有制方面的探索

如表 3.1 所示，1952 年，公有经济在整个国民经济中所占的比重还不大，非公有经济仍占统治地位。社会主义改造就是要将农业和手工业的个体所有制改变为社会主义的集体所有制，将私营工商业的资本主义所有制改变为社会主义的全民所有制，使生产资料的公有制成为我国唯一的经济基础。在毛泽东看来，社会主义改造的目的也是为了解放生产力，[②] 因为只有先解决所有制问题，才能使生产力获得解放，为发展新生产力开辟道路，为大大地发展工业和农业生产创造社会条件。[③] 经过 4 年时间，中

---

① 毛泽东．在资本主义工商业社会主义改造问题座谈会上的讲话（1955 年 10 月 29 日）[M]//毛泽东文集：第六卷．北京：人民出版社，1999：495—496.

② 毛泽东．社会主义革命的目的是解放生产力（1956 年 1 月 25 日）[M]//毛泽东文集：第七卷．北京：人民出版社，1999：1.

③ 毛泽东．革命的转变和党在过渡时期的总路线（1953 年 12 月）[M]//毛泽东文集：第六卷．北京：人民出版社，1999：316.

国于 1956 年基本完成了社会主义改造。到 1957 年，公有经济已经一跃占据国民经济的支配地位。

表 3.1　各种经济成分比重变化表　　单位：%

<table>
<tr><th rowspan="3">年份</th><th colspan="3">公有经济</th><th colspan="2">非公有经济</th></tr>
<tr><th rowspan="2">国有经济</th><th colspan="2">集体经济</th><th rowspan="2">资本主义经济</th><th rowspan="2">个体经济</th></tr>
<tr><th>合作经济</th><th>公私合营</th></tr>
<tr><td>1952</td><td>19.1</td><td>1.5</td><td>0.7</td><td>6.9</td><td>71.8</td></tr>
<tr><td>1957</td><td>33.2</td><td>56.4</td><td>7.6</td><td>0.0</td><td>2.8</td></tr>
<tr><td>1978</td><td>56.2</td><td colspan="2">42.9</td><td></td><td>0.9</td></tr>
<tr><td>1997</td><td>41.9</td><td colspan="2">33.9</td><td colspan="2">24.2</td></tr>
<tr><td>2005</td><td>31.0</td><td colspan="2">8.0</td><td colspan="2">61.0</td></tr>
</table>

资料来源：国家统计局．伟大的十年［M］．北京：人民出版社，1959：36；从数字看变化：国有经济地位稳固非公经济比重上升［N］．中新社，2002－10－07；李成瑞．关于我国目前公私经济比重的初步测算［J］．探索，2006（04）。

有不少人认为，1957 年以前，中国进行社会主义建设是完全照搬苏联模式。这完全是误解。在这一点上，毛泽东很清醒，“我们信仰马列主义，把马列主义普遍真理同我们中国实际情况相结合，不是硬搬苏联的经验。硬搬苏联经验是错误的。我们对资本主义工商业的改造和农业的合作化是跟苏联不同的”。[①] 苏联对资本家采取了剥夺政策，甚至试图在肉体上消灭资本家；中

---

① 毛泽东．同工商界人士的谈话（1956 年 12 月 8 日）［M］//毛泽东文集：第七卷．北京：人民出版社，1999：176. 1979 年，在与外宾谈话时，邓小平也明确指出，“中国的社会主义道路与苏联不完全一样，一开始就有区别，中国建国以来就有自己的特点”。见邓小平．邓小平文选：第二卷［M］．北京：人民出版社，1993：235。

国则通过赎买的方式将私人资本转化为公有资本，力图将他们改造成自食其力的社会主义劳动者。苏联采取命令主义和专横的方式进行农业集体化，并对富农采取以暴力手段彻底剥夺和消灭的政策；中国的农业合作化则不带有苏联那样的强制性，过程也没有苏联那么混乱。结果当然也不一样，“苏联农业集体化后几年是减产的，而我们农业合作化后是增产的”。①

虽然毛泽东希望有朝一日实现所有生产资料的全民所有制，但他特别强调，全民所有制和集体所有制这两种社会主义所有制形式的界限“必须分清，不能混淆”。“苏联宣布了土地国有，我们没有宣布土地国有。斯大林不卖拖拉机等生产资料给集体农庄，我们卖给人民公社。所以在我们这里，劳动、土地及其他生产资料统统都是集体农民的，是人民公社集体所有的。因此，产品也是集体所有的。”② 苏联在 1936 年宣布建成社会主义。次年，其国家所有制已占到全部工业成分的 99.97%，国营农业在农业固定基金中所占的比重也高达 79.2%。此后，在苏联，这种生产资料高度集中于国家的状况，不仅没有被削弱，反被不断强化。③ 而中国则不同，1956 年以后，虽然国有企业在国民经济

① 毛泽东．同工商界人士的谈话（1956 年 12 月 8 日）[M]//毛泽东文集：第七卷．北京：人民出版社，1999：175.

② 毛泽东．读斯大林《苏联社会主义经济问题》谈话（1958 年 11 月 9—10 日）[M]//中华人民共和国国史学会．毛泽东读社会主义政治经济学批注和谈话（简本）．北京：中华人民共和国国史学会，2000：29.

③ 张建勤．中苏传统计划经济体制比较研究[M]．武汉：湖北人民出版社，2004：131—133.

中扮演越来越重要的角色，但直到1978年，国有企业在国民经济中的比重也才刚过半（见表3.1）。同年，在全国工业总产值中，国有企业占77.16%，集体企业占22.14%。但从工业企业数目上看，国有企业只有83 700家，而集体企业多达264 700家。[①] 除此之外，中国还在“大跃进”和“文革”后期，大力扶植一种新型企业，即社队企业（1984年后改称乡镇企业）。1978年，全国社队企业达152万家，社会总产值达491亿元，占全社会总产值的比重为7.17%，占农村社会总产值的比重为24.10%，并安置农村劳动力2 827万人，占农村劳动力总量的9.2%。[②] 企业数目如此之多，使得严格的中央计划难以在全国各种类型企业中实现。

（二）计划经济的探索

如果说1956年以前有“照抄”苏联的地方，这主要是指在制订五年计划方面。大规模推进社会主义工业化是一项极其艰巨的任务，牵涉一系列复杂的问题。毛泽东坦承：“对于政治、军事，对于阶级斗争，我们有一套经验，有一套方针、政策和办法；至于社会主义建设，过去没有干过，还没有经验。”[③] 由于

① 刘国光，董志凯．新中国50年所有制结构的变迁[J]．当代中国史研究，1999(5-6)：27—28.

② 王凤林．我国社队企业的产生与发展[J]．中国农村观察，1983(4).

③ 毛泽东．在扩大的中央工作会议上的讲话（1962年1月30日）[M]//毛泽东文集：第八卷．北京：人民出版社，1999：300.

新中国成立初期领导人对社会主义建设还不熟悉，唯一的出路便是向社会主义“老大哥”苏联学习。中国从1951年初就开始着手编制第一个五年计划（1953—1957），前后共编制了5次。其间，毛泽东派出以周恩来为团长，陈云、李富春为副团长的政府代表团到苏联取经。周恩来和陈云在苏联进行了长达一个多月的考察，李富春则率代表团在苏联逗留10个月之久。①

虽然“一五”是向苏联学习的产物，但它不是一个苏式计划。主持制订该计划的陈云便坦承：“这个计划，有比较准确的部分，即国营经济部分。也有很不准确的部分，如农业、手工业和资本主义工商业，都只能做间接计划，而这些部分在我国国民经济中又占很大比重。我们编制计划的经验很少，资料也不足，所以计划带有控制数字的性质，需要边做边改。”② 另外，这个1953年开始的计划，直到1955年7月才经第一届全国人民代表大会第二次会议正式通过；同年11月9日和12月19日，国务院才先后发布命令，要求各地、各部门执行。而到1956年，计划规定的任务就已经提前完成了。③ 可见这个计划并不像苏式计划那么死板。

基于毛泽东有关矛盾普遍性的哲学观和对“一五”的观察，

---

① 袁宝华．赴苏联谈判的日日夜夜[J]．当代中国史研究，1996（1）：16—26.

② 陈云．关于第一个五年计划的几点说明（1954年6月30日）[M]//陈云文选：第二卷．北京：人民出版社，1995：235.

③ 柳随年．第一个五年计划时期的国民经济[M]．哈尔滨：黑龙江人民出版社，1984：17—19.

他并不信奉严格的苏式计划。他在读苏联《政治经济学教科书》下册时，对第 26 章《国民经济有计划按比例发展的规律》批评最多。他认为，"有不平衡，有比例失调，才能促使我们更好地认识规律。出了一点毛病，就以为不得了，痛哭流涕，如丧考妣，这完全不是唯物主义者应有的态度"。① 因此，"计划常常要修改，就是因为新的不平衡的情况又出来了"。② 毛泽东更多的是强调统筹兼顾，综合平衡，"两条腿走路"，在优先发展重工业的条件下，实现几个同时并举（包括工农业同时并举，轻重工业同时并举，大中小企业同时并举，洋法土法同时并举，中央与地方同时并举）。在这种指导思想下，"二五"（1958—1962）完成制订，但开始执行不久就被接踵而来的"大跃进"打乱。其后出现的国民经济主要比例关系失调，使得经济建设不能按原来的部署继续进行，只得于 1961 年实行国民经济"调整、充实、巩固、提高"八字方针。这次调整一直持续到 1965 年，致使"三五"延迟到 1966 年才开始。③

但"三五"（1966—1970）开始之际正是"文革"爆发之时。在"文革"最初三年，任何计划工作都难以进行。1967 年，虽然制订出了年度计划，但无法传达到基层；1968 年，干脆就没有计划；而 1969 年，除原油产量外，几乎完全没有实现计划指标。④

---

① 中华人民共和国国史学会．毛泽东读社会主义政治经济学批注和谈话（简本）[M]．北京：中华人民共和国国史学会，2000：73.

② 同上，第 71 页。

③ 丛进．曲折发展的岁月[M]．郑州：河南人民出版社，1989：455—456.

④ 王年一．大动乱的年代[M]．郑州：河南人民出版社，1989：356—361.

“四五”计划（1971—1975）指标直到1971年4月才下达。而到了1973年，毛泽东认为，计划工作仍没有走上正轨，有必要拟订《第四个五年国民经济计划纲要（修正草案)》。[①]

由此可见，毛泽东时代的计划体制远不像苏联体制那么僵化，而总是变动不居。不过，变动不居的代价是经济增长呈现剧烈的波动性。

中国计划体制与苏联更大的不同是其分权的程度。毛泽东从来不喜欢苏式中央计划体制，这主要是因为他从骨子里厌恶官僚体制。早在1953年，他就反对地方工业上缴太多利润，因为这意味着“用于扩大再生产的投资就太少了，不利于发挥地方的积极性”。[②] 到1956年谈《论十大关系》时，他反复强调，“有中央和地方两个积极性，比只有一个积极性好得多。我们不能像苏联那样，把什么都集中到中央，把地方卡得死死的，一点机动权也没有”。[③] 1958年2月，他又提出在中国搞“虚君共和”的设想。[④] 此后，只要一有机会，他就会极力推行权力下放。第一次是1957—1958年，中央大规模下放了财权、计划管理权、企

① 史云，李丹慧．难以继续的“继续革命”：从批林到批邓[M]．香港：香港中文大学出版社，2008：243—247.

② 毛泽东．在中央政治局扩大会议上的讲话（1953年7月29日）[M]//毛泽东文集：第六卷．北京：人民出版社，1999：289.

③ 毛泽东．论十大关系（1956年4月25日）[M]//毛泽东文集：第七卷．北京：人民出版社，1999：31.

④ 薄一波．若干重大决策与事件的回顾（下卷）[M]．北京：中共中央党校出版社，1993：796—797.

业管理权。[1] 由于“大跃进”受挫，1961 年后，在刘少奇、陈云主持下，中国恢复了对国民经济的集中统一管理，收回了前几年下放的权力。然而对毛泽东来说，收权仅仅是摆脱暂时困难的权宜之计。一旦经济好转，他决心再一次打破苏式的中央计划体制。1966 年 3 月，毛泽东在杭州政治局会议上再次提出“虚君共和”的口号，批评中央收权收得过了头，指示凡是收回了的权力都要还给地方。用他的话说就是“连人带马全出去”。[2] 不过，几个月后开始的“文革”延迟了他的分权计划。20 世纪 70 年代初，形势刚刚稳定下来，毛泽东再一次发起了分权运动。这次，他要求将所有“适合”地方管理的企业的管理权统统下放到地方，连鞍钢、大庆油田、长春第一汽车制造厂、开滦煤矿这些大型企业也不例外。与此同时，财政收支权、物资管理权也再次下放。[3]

此后，周恩来、邓小平适度加强了中央政府的主导权，但到“文革”结束时，中国已经是一个相当分权化的国家，与苏式高度中央集权的计划经济体制迥然不同。[4] 这种不同的一个重要表现是国家集中统一分配的物资远比苏联少得多。苏联按分配权限把物资分为三种，即分配权限属于国家计委的“基金化产品”，

---

① 胡鞍钢．中国政治经济史论[M]．北京：清华大学出版社，2008：247—251.

② 赵德馨．中华人民共和国经济史：1967—1984[M]．郑州：河南人民出版社，1989：42—43.

③ 史云，李丹慧．难以继续的“继续革命”：从批林到批邓[M]．香港：香港中文大学出版社，2008：225—232.

④ Thomas P. Lyons, *Economic Integration and Planning in Maoist China* (New York: Columbia University Press, 1987), pp. 213 - 218.

分配权限属于中央各部的“集中计划产品”，以及分配权限属于各加盟共和国的“非集中计划产品”。苏联“基金化产品”在20世纪50年代初就有2 370种之多，而“非集中计划产品”的份额很小。中国也按分配权限把物资分为三类，即由国家计委统一分配的“统配物资”，由中央各部分配的“部管物资”，以及由地方分配的“三类物资”。① 如图3.1所示，到“文革”后期，统配物资与部管物资加在一起只有217种。此外，几次分权让地方政府尝到了甜头，它们对完成国家调拨指标的态度也未必总是唯唯诺诺，更有甚者拒绝按国家调拨价将本地物资卖给外地。②

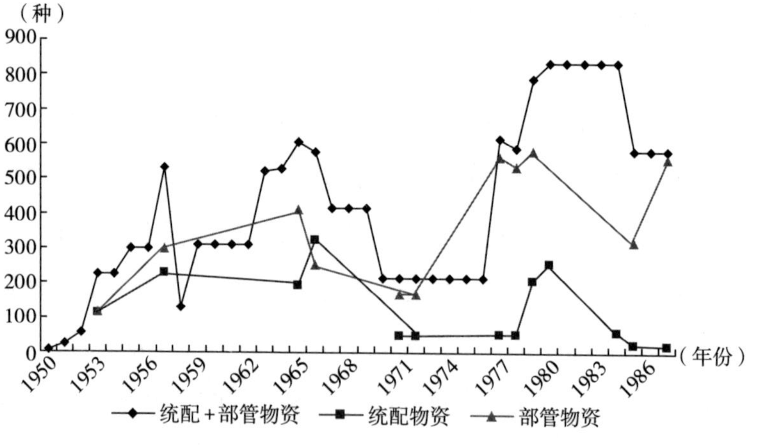

图3.1　国家统配物资与部管物资的种类

资料来源：李京文．关于我国物资管理体制改革的方向问题[J]．经济与管理研究，1980（1）：56—62；张建勤．中苏传统计划经济体制比较研究[M]．武汉：湖北人民出版社，2004：217。

---

① 张建勤．中苏传统计划经济体制比较研究[M]．武汉：湖北人民出版社，2004：217.

② 赵德馨．中华人民共和国经济史：1967—1984[M]．郑州：河南人民出版社，1991：60—62.

(三) 破除“资产阶级法权”方面的探索

20 世纪 50 年代初期，毛泽东对社会主义道路的探索集中在所有制上；50 年代中期以后，毛泽东对中国道路的研究开始转移到计划体制上；50 年代后期，他还开始了另一方面的探索，即破除“资产阶级法权”，改变人与人的关系。①

实际上，早在 1957 年，毛泽东就提出，虽然生产资料所有制方面的社会主义改造完成了，但“人的改造则没有完成”。②次年，在评论斯大林《苏联社会主义经济问题》一书时，他进一步指出，“经过社会主义改造，基本上解决了所有制问题以后，人们在劳动生产中的平等关系，是不会自然出现的。资产阶级法权的存在，一定要从各方面妨碍这种平等关系的形成和发展。在人与人之间的相互关系中存在着的资产阶级法权，必须破除。例如，等级森严，居高临下，脱离群众，不以平等待人，不是靠工作能力吃饭而是靠资格、靠权力，干群之间、上下级之间的猫鼠关系和父子关系，这些东西都必须破除，彻底破除。破了又会生，生了又要破”。③ 那时，他用来破除“资产阶级法权”

① 胡乔木. 毛主席在追求一种社会主义（1980 年 6 月 9 日）[M]//胡乔木谈中共党史. 北京：人民出版社，1999：70—72.

② 毛泽东. 对《这是政治战线上和思想战线上的社会主义革命》一文的批语和修改（1957 年 9 月 15 日）[M]//建国以来毛泽东文稿：第六卷. 北京：中央文献出版社，1999：579.

③ 中华人民共和国国史学会. 毛泽东读社会主义政治经济学批注和谈话（简本）[M]. 北京：中华人民共和国国史学会，2000：40—41.

的手段是搞整风，搞试验田，批判等级制，下放干部，“两参一改”（干部参加劳动，工人参加管理，改革不合理的规章制度），等等。其后，1963—1966 年在全国城乡开展的社会主义教育运动也是为了解决这个问题。但在他看来，这些措施都不足以打破“资产阶级法权”，消除“资本主义复辟”的危险。

《五七指示》是毛泽东晚年的理想宣言，从中我们可以看出毛泽东憧憬的是一个逐步消灭社会分工，消灭商品，消灭工农、城乡、体力劳动和脑力劳动这三大差别的扁平化社会，其目标是实现人们在劳动、文化、教育、政治、物质生活方面全方位的平等。“文革”前期对“走资派”的批判，以及“文革”后期对“新生事物”（五七干校，知识青年上山下乡，革命样板戏，工农兵上大学、管大学，工宣队，贫宣队，赤脚医生，合作医疗，老中青三结合，工人 - 干部 - 知识分子三结合，等等）的扶持都可以看作是实现他理想的途径。

简而言之，毛泽东对社会主义道路的探索集中在三个方面：一是在所有制问题上，中国没有偏重纯而又纯的大型国有企业，而是造就了上百万集体所有制的中小企业；二是在计划问题上，中国没有实行中央集权的计划体制，而是在很大程度上将财政收支权、计划权、物资管理权下放给各级地方政府；三是在“资产阶级法权”问题上，中国没有形成森严的等级制，而是用种种方式促进人们在经济、社会、政治、文化地位上的平等，当然“阶级敌人”除外。

对前三十年探索社会主义道路这段历史，邓小平指出，“我们尽管犯过一些错误，但我们还是在三十年间取得了旧中国几百年、几千年所没有取得过的进步”。[①] 对在长时间周期世界经济增长颇有研究的安格斯·麦迪逊与邓小平的看法一致：尽管中国在1952—1978年间遭到西方国家的排斥与阻隔，还与美国、苏联对峙，与韩国、印度发生了战争，但相比过去100年，新中国经济仍取得了巨大的进步。他对中国GDP增长速度的估计远低于官方数据，但即使按他的数据，在此期间，中国GDP也翻了三倍，人均GDP增加了82%，劳动生产率提高了58%。经济结构也实现了历史性的转型：1952年，GDP中的工业比重是农业比重的1/4；而到了1978年，工业比重已经大大超过农业比重。[②]

（四）前三十年探索的成就[③]

与苏式体制相比，中国成百万中小企业的存在、各地相对完整的产业体系，以及分权的计划体制为改革开放后的市场竞争创造了有利的制度条件。除此之外，尽管历经波折，毛泽东时代不仅取得了较快的经济增长速度（见图3.2），也为改革开放后的高速经济增长奠定了坚实的“硬件”与“软件”基础。

从“硬件”方面讲，毛泽东时代为中国建立起了一个独立

---

① 邓小平．在党的理论工作务虚会上的讲话（1979年3月30日）[M]//邓小平文选：第二卷．人民出版社，1993：167.

② Angus Maddison, *Chinese Economic Performance in the Long Run: 960 – 2030 AD*, (OECD, 2007), p. 59.

③ 更详尽的讨论，参见本书第二章。

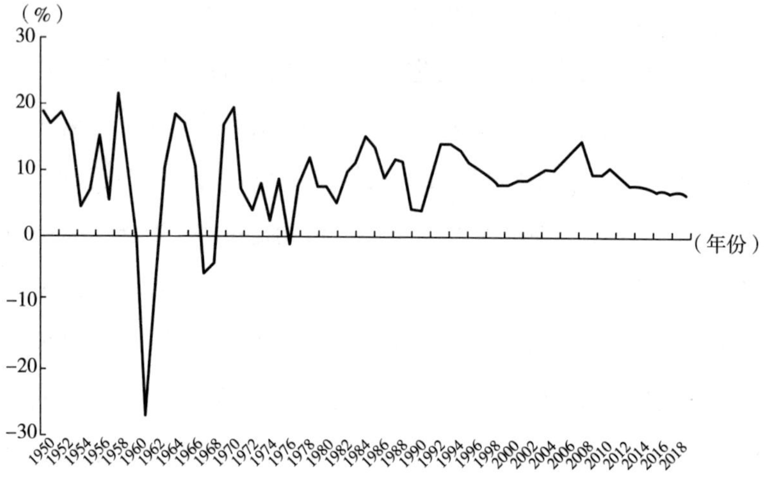

图 3.2　中国 GDP 增长率，1949—2018 年

资料来源：1953—2004 年数据来自国家统计局国民经济核算司．中国国内生产总值核算历史资料（1952—2004）［M］．北京：中国统计出版社，2007：表 3 国内生产总值发展速度；2005—2008 年数据来自国家统计局．中国统计摘要 2009［M］．北京：中国统计出版社，2009：22。

的比较完整的工业体系（包括国防工业体系）和国民经济体系，一个由铁路、公路、内河航运、民航空运构成的交通运输网络，为 20 世纪 80 年代以后的经济起飞创造了有利条件。更重要的是，这一时期投入了大量人力物力治理大江、大河、大湖，修建了长达 20 多万公里的防洪堤坝和 8.6 万座水库，大大减少了肆虐千年的旱涝灾害；进行了大规模农田基本建设，使灌溉面积比例由 1952 年的 18.5% 大幅提高到 1978 年的 45.2%，基本上保证了 10 亿中国人吃饭、穿衣的需求。①

① 胡鞍钢．中国政治经济史论［M］．北京：清华大学出版社，2008：524—530.

从“软件”方面讲，土地改革、社会主义改造以及限制“资产阶级法权”的种种措施使中国变成一个相对扁平化的社会，不存在任何势力强大的“分利集团”。

对于经济增长，这种“软”基础设施与“硬”基础设施一样重要。假如没有前三十年在“软”“硬”两方面打下的坚实基础，改革开放后经济的腾飞是难以实现的。

改革开放后四十年的探索

尽管前三十年取得的成就超过以往任何时代，[①] 但到改革开放开始的时候，中国还是一个穷国。1978 年，全国 7.9 亿农村居民中有 2.5 亿生活在贫困线（人均年收入 100 元）以下，相当于当时农村人口的 30.7%。当年，农村居民人均收入才 133.6 元，城镇居民人均收入也不过区区 343.4 元。[②] 这种状况离社会主义的理想显然相去甚远，用邓小平的话说，“现在虽说我们也在搞社会主义，但事实上不够格”。[③]

（一）经济改革探索

毛泽东逝世后，邓小平在总结前三十年经验教训的基础上对

---

① Martin Jacques, *When China Rules the World: The Rise of the Middle Kingdom and the End of the Western World*, London: Penguin Group, 2009, p. 99.

② 国家统计局. 中国统计摘要 2009[M]. 北京：中国统计出版社，2009：109，111.

③ 邓小平. 邓小平文选：第三卷[M]. 北京：人民出版社，1993：225.

社会主义道路进行了新的探索。为了扫除下一步的探索的思想障碍，在1978—1980年间，邓小平首先强调解放思想、实事求是；强调马克思主义也要发展，毛泽东思想也要发展，否则就会僵化。这与当年毛泽东倡导摆脱苏联模式的桎梏有异曲同工之妙。邓小平特别指出，“不解放思想不行，甚至于包括什么叫社会主义这个问题也要解放思想”。① 与毛泽东一样，邓小平也把社会主义道路的探索看作是一个开放的过程；他不止一次坦承，“我们总结了几十年搞社会主义的经验。社会主义是什么，马克思主义是什么，过去我们并没有完全搞清楚”，② “什么叫社会主义，怎样建设社会主义，还在摸索之中”。③

不过，有一点从一开始就是清楚的：“我们不要资本主义，但是我们也不要贫穷的社会主义，我们要发达的、生产力发展的、使国家富强的社会主义。”④ 既然“贫穷不是社会主义”，社会主义的主要任务就是发展生产力，使社会物质财富不断增长，使人民生活一天天好起来。

为了促进生产力的发展，邓小平从1980年起就开始提倡一

---

① 邓小平．社会主义首先要发展生产力（1980年4月—5月）［M］//邓小平文选：第二卷．北京：人民出版社，1993：312.

② 邓小平．改革是中国发展生产力的必由之路（1985年8月28日）［M］//邓小平文选：第三卷．北京：人民出版社，1993：136—140.

③ 邓小平．吸取历史经验，防止错误倾向（1987年4月30日）［M］//邓小平文选：第三卷．北京：人民出版社，1993：227.

④ 邓小平．社会主义也可以搞市场经济（1979年11月26日）［M］//邓小平文选：第二卷．北京：人民出版社，1993：231.

部分人和一部分地方先富裕起来。同样，为了促进生产力的发展，在邓小平的带领下，中国开始探索如何在社会主义基础上将计划与市场结合起来。1981 年，中共十一届六中全会提出“在公有制基础上实行计划经济，同时发挥市场调节的辅助作用”，突破了完全排斥市场调节的传统计划经济理念。1984 年，中共十二届三中全会又提出“社会主义经济是公有制基础上的有计划的商品经济”，突出计划与市场的内在统一性。1992 年，邓小平更明确提出“社会主义市场经济”的概念。① 此后，市场逐步取代计划，成为中国生产要素配置的基础性机制。

对社会主义而言，发展生产力的必要性和重要性毋庸置疑，但发展生产力毕竟不是社会主义与资本主义的分水岭，市场也不是社会主义特有的东西。那么除了实行市场经济、发展生产力外，社会主义最本质的特点是什么呢？邓小平认为，第一个特点是公有制，包括全民所有制与集体所有制。改革开放初期，他强调，作为社会主义的基本制度，公有制是不能动摇的，否则就会产生一个新的资产阶级。② 从 1980 年起，他不再强调纯而又纯的公有制，而是强调公有制为主体，目的是给非公有经济的发展留出足够的空间。1985 年，他说：“我们允许个体经济发展，还允许中外合资经营和外资独营的企业发展，但是始终以社会主义

① 中共中央文献研究室．邓小平年谱（1975—1997）：下卷［M］．北京：中央文献出版社，2004：1347.

② 邓小平．实行开放政策，学习世界先进科学技术（1978 年 10 月 10 日）［M］//邓小平文选：第二卷．北京：人民出版社，1993：133.

公有制为主体。”[①] 的确，那时公有制仍占整个经济的百分之九十以上。[②] 哪怕在 1992 年他南方谈话时，在改革开放前沿的深圳，公有制仍是主体，外商投资只占四分之一。[③] 即使到邓小平去世的 1997 年，公有制在整个国民经济中还占有四分之三的天地（见表 3.1）。

邓小平认为社会主义的第二个特点是共同富裕。在他看来，“如果走资本主义道路，可以使中国百分之几的人富裕起来，但是绝对解决不了百分之九十几的人生活富裕的问题”。[④] 他强调，“社会主义与资本主义不同的特点就是共同富裕，不搞两极分化。创造的财富，第一归国家，第二归人民，不会产生新的资产阶级。国家拿的这一部分，也是为了人民，搞点国防，更大部分是用来发展经济，发展教育和科学，改善人民生活，提高人民文化水平”。[⑤] 他解释，“我们提倡一部分地区先富裕起来，是为了激励和带动其他地区也富裕起来，并且使先富裕起来的地区帮助落后的地区更好地发展。提倡人民中有一部分人先富裕起来，也

---

① 邓小平．一靠理想二靠纪律才能团结起来（1985 年 3 月 7 日）［M］// 邓小平文选：第三卷．北京：人民出版社，1993：110.

② 邓小平．改革是中国发展生产力的必由之路（1985 年 8 月 28 日）［M］// 邓小平文选：第三卷．北京：人民出版社，1993：138.

③ 邓小平．在武昌、深圳、珠海、上海等地的谈话要点（1992 年 1 月 18 日—2 月 21 日）［M］// 邓小平文选：第三卷．北京：人民出版社，1993：372.

④ 邓小平．建设有中国特色的社会主义（1984 年 6 月 30 日）［M］// 邓小平文选：第三卷．北京：人民出版社，1993：64.

⑤ 邓小平．搞资产阶级自由化就是走资本主义道路（1985 年 5 月、6 月）［M］// 邓小平文选：第三卷．北京：人民出版社，1993：123.

是同样的道理”。同时他警告：“如果我们的政策导致两极分化，我们就失败了；如果产生了什么新的资产阶级，那我们就真是走了邪路了。”①

类似的话，邓小平反复说了多次，为的是从理论上将社会主义与资本主义区分开来。但在整个20世纪80年代，他的关注点一直放在如何进行市场改革，如何加快对外开放，如何推动非公有经济发展，如何激励一部分人、一部分地区先富裕起来等问题上。

值得注意的是，1992年邓小平南方谈话以后，他的关注点发生了变化。一方面，他更关注公有制为主体。在审阅党的十四大报告稿时，他开始重提“两个飞跃”的设想，即农村在实行一段家庭联产承包责任制后，还应走集体化集约化的道路。用他的话说，“社会主义经济以公有制为主体，农业也一样，最终要以公有制为主体”。② 另一方面，他更关注共同富裕问题。1993年，在与弟弟邓垦谈话时，他感慨：“十二亿人口怎样实现富裕，富裕起来以后财富怎么分配，这都是大问题。题目已经出来了，解决这个问题比解决发展起来的问题还困难……少部分人获得那么多财富，大多数人没有，这样发展下去总有一天会出问题。分配不公，会导致两极分化，到一定时候问题就会出来。这

---

① 邓小平. 一靠理想二靠纪律才能团结起来（1985年3月7日）[M]//邓小平文选：第三卷. 北京：人民出版社，1993：110—111.

② 中共中央文献研究室. 邓小平年谱（1975—1997）：下卷[M]. 北京：中央文献出版社，2004：1349—1350.

个问题要解决。过去我们讲先发展起来。现在看，发展起来以后的问题不比不发展时少。”① 这两方面的变化表明，邓小平对社会主义本质的认识进一步深化了。以前他一度以为，只要把“饼”做大，就可以最终让十二亿人实现共同富裕。这时他认识到，即使经济快速发展，大多数人也未必一定受益。只有坚持社会主义方向，坚持社会主义的基本制度，才有可能“利用各种手段、各种方法、各种方案来解决这些问题”。②

邓小平在世时，公有制一统天下的局面已被打破。个体经济、私营经济、外资经济迅速发展，还出现了不同所有制互相参股的混合所有制。不过，那时非公有制经济仅仅被看作是公有制的“必要补充”，现存公有制企业并没有改变性质。这一点从图3.3中可以看得很清楚：虽然公有制单位雇员占城镇就业人口的比重从1978年的99.8%降到1996年的71.6%，但公有制单位雇员的绝对数却在同一时期内从9 499万增加到了14 260万。

所有制格局的重大变革出现在邓小平逝世之后。在历次党代会报告中，没有哪次比1997年党的十五大报告对所有制改革着墨更多。党的十五大报告对“公有制”和“公有制占主体”都提出了新的解释。“公有制”不仅包括传统的国有制和集体所有制，还包括国家和集体控股的股份制、股份合作制，以及以劳动

---

① 中共中央文献研究室．邓小平年谱（1975—1997）：下卷[M]．北京：中央文献出版社，2004：1364.

② 同上。

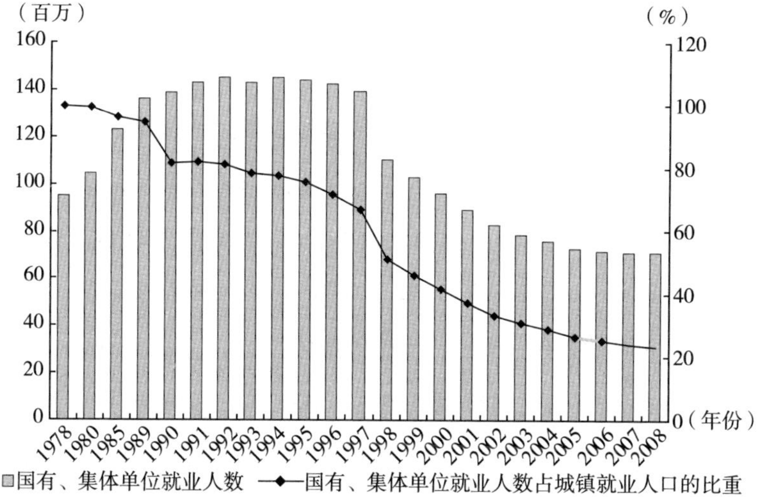

图 3.3 城镇公有制单位就业人数的变化

资料来源：国家统计局．中国统计摘要 2009［M］．北京：中国统计出版社，2009：45。

者的劳动联合和劳动者的资本联合为主的集体经济。而“公有制占主体”被解释成“公有资产在社会总资产中占优势；国有经济控制国民经济命脉，对经济发展起主导作用”。反过来说，有的地方、有的产业公有资产不一定非占优势不可；对不是关系国民经济命脉的行业和领域，国有经济不必非占支配地位不可。如此说来，只要坚持这种“公有制为主体”，国有经济和集体经济比重减少一些，不会影响中国的社会主义性质。

党的十五大后，对现存公有制企业进行改制成为所有制改革的重点。抓大放小、鼓励兼并、规范破产、下岗分流、减员增效成为流行的口号。到 2005 年，国有中小企业改制面已达 85% 以上，集体企业改制面更大，其中大批企业破产消亡了，更多的变成了私营企业;[①] 在净资产占全国国有企业三分之二的 2 524 家国有及国有控股大型骨干企业中，也有 1 331 家改制为多元股东的股份制企业，改制面为 52.7%。[②] 与此同时，原来集体性质的乡镇企业也纷纷易帜，到 2006 年，在全国 168 万家乡镇企业中，95%实行了各种形式的产权制度改革，其中 20 万家转成了股份制企业和股份合作制企业，139 万家转成了个体私营企业。[③] 经过几年的改制，2004 年末，国家和集体投入占全国企业法人单位实收资本总额的比重降为 56%;[④] 2005 年，公有经济占整个国民经济的比重降为 39%（见表 3.1）；2007 年，国有、国有控股以及集体工业企业占全部工业总产值的比重降为 32%，国有和集体单位从业人员占全部城镇从业人员的比重降为 24.3%。[⑤]

与毛泽东、邓小平时代相比，中国的所有制结构发生了巨大变化：公有经济成分大幅减少，公有经济的形式也多种多样。显然，

---

① 李荣融．进一步推进国有资产管理体制和国有企业改革　实现国有企业的体制创新和可持续发展——在中国改革高层论坛上的演讲［EB/OL］．(2005 - 07 - 12)．http://www.sasac.gov.cn/n1180/n3123702/n3123987/n3125287/3188291.html.

② 张卓元．30 年国有企业改革的回顾与展望［EB/OL］．(2008 - 02 - 03)．http://finance.sina.com.cn/economist/jingjixueren/20080203/11264487740.shtml.

③ 赵悦．乡镇企业的“前世今生”［N/OL］．CCTV 中国财经报道，(2007 - 04 - 23 日)．http://www.cctv.com/program/cbn/20070424/102108.shtml.

④ 国务院第一次全国经济普查领导小组办公室、中华人民共和国国家统计局．第一次全国经济普查主要数据公报（第一号）［EB/OL］．(2005 - 12 - 06)．http://news.xinhuanet.com/fortune/2005 - 12/06/content_3883969.htm.

⑤ 国家统计局．改革开放 30 年报告之三：经济结构在不断优化升级中实现了重大调整［EB/OL］．(2008 - 10 - 29)．http://www.stats.gov.cn/tjfx/ztfx/jnggkf30n/t20081029_402512864.htm.

这与“传统的社会主义”模式已经相去甚远。尽管如此，中国公有经济的成分仍然远远超过世界上绝大多数国家。除此之外，中国宪法规定，矿藏、水流、森林、山岭、草原、荒地、滩涂等自然资源，以及城市的土地都属于国家所有；农村和城市郊区的土地，除由法律规定属于国家所有的以外，属于集体所有。这使得中国比世界上绝大多数国家更加“社会主义”。在改革进程中，国内外总有一批人或明火执仗地鼓噪“私有化”，或半遮半掩地摇晃“反垄断”旗帜，必欲将剩余的公有经济成分完全消灭而后快，从而在中国砍掉社会主义这面大旗。[①] 党的十七大、十八大、十九大一直重申要坚持党的十六大提出的两个“毫不动摇”——“毫不动摇地巩固和发展公有制经济”，“毫不动摇地鼓励、支持、引导非公有制经济发展”，让他们相当失望。[②]

（二）政治改革探索

改革开放不仅仅涉及经济过程，更涉及政治过程，还涉及各

① 美国保守组织“传统基金会”一位亚洲经济研究员2009年撰文批评，“自当前的中国领导人掌权以来，以市场为导向的自由化已经渐趋淡化。并且，当以市场为导向的自由化逐渐销声匿迹时，国家干预开始卷土重来：控制价格，逆转私有化”。见 Derek Scissors，“Deng Undone,” April 29，2009 and “Liberalization in Reverse,” May 4，2009，http://www.heritage.org/about/staff/derekscissorspapers.cfm。

② 2019年，美国彼得森国际经济研究所高级研究员尼古拉斯·R. 拉迪出版一本新书，书名是《国家卷土重来：中国的经济改革终止了吗?》。见 Nicholas R. Lardy，*The State Strikes Back the End of Economic Reform in China*?（Washington，DC：Peterson Institute for International Economics，2019）。

种资源在社会群体之间分布的调整（有意）与变化（无意）。过去40年，一方面，可以说中国政治体制天天在变；另一方面，又可以说中国政治万变不离其宗。在变与不变之间，中国一直在探索政治新路。

1. 经济改革的政治方向：始终着眼于绝大多数人福祉的改善

新中国成立以来，中国共产党、中国各级政府与中国人民一直在探索适合本国国情与所处发展阶段相适应的社会主义道路。回首过去70年，中国已经跨越了两个历史发展阶段，正行进在第三个历史阶段中，即将跨入第四个历史阶段（见图3.4）。无论处于哪个历史阶段，社会主义的中国始终着眼于改善绝大多数人的福祉。

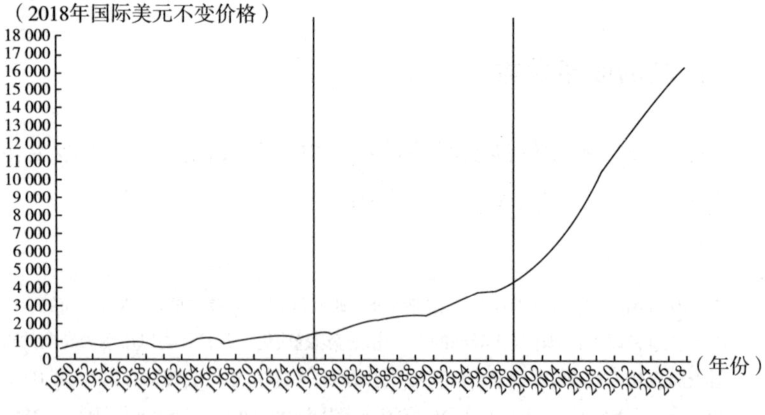

图3.4　中国发展的历史阶段

资料来源：The Conference Board, Total Economy Database, April 2019, https://www.conference-board.org/data/economydatabase/TED1。

第一个阶段可以称为“匮乏阶段”，从新中国成立开始，一直持续到 1978 年。按 2018 年国际美元不变价格计算，在这个阶段，中国人均 GDP 从 666 美元左右持续攀升，但一直低于 1 500 美元。[①] 之所以把这个阶段称为“匮乏阶段”，是因为它的经济发展水平很低，其产出仅够维持人们的基本生存。在这个阶段，国内的主要矛盾是，人民对于建立先进的工业国的要求同落后的农业国的现实之间的矛盾（工业化），是人民对经济文化迅速发展的需要同当前经济文化不能满足人民需要的状况之间的矛盾（教育、健康）。

为了在剩余极其有限的条件下发展经济，中国在这个阶段采取了公有制加计划经济的社会主义模式，为的是把不多的剩余集中起来，优先发展重点产业与关键社会事业。与此同时，在匮乏阶段，当人均收入十分低下、人们普遍贫穷时，尽量保障绝大多数人的基本生存，是在那种条件下实现社会福利最大化的唯一途径。由于人均收入只够维持基本生存，如果分配稍有不均，势必有人连基本生存也得不到保障。因此，在分配政策上，中国那时十分注重公平，往往采取票证的方式定量供应生活必需品，并推进基本医疗、基本教育覆盖全民，为下一步发展奠定“硬”“软”两方面的基础。这就是毛泽东时代的中国式社会主义 1.0 版本。

第二个阶段称为“温饱阶段”，从 1979 年一直持续至 2001 年。1979 年，中国人均 GDP 超过 1 500 美元，标志着中国进入

---

① 由于使用 2018 年国际美元不变价格计算，人均 GDP 水平也许看起来较高。但无论是与同期其他经济体相比，还是与中国自身历史对比，都可以显示变化的力度。

“温饱阶段”。在这一阶段，人均收入水平已足以维持生存，社会福利最大化的途径是：一方面，打破了“铁饭碗”，端走了“大锅饭”，促进经济快速发展，尽量“让一部分人、一部分地区先富裕起来”，再提高绝大多数人的收入与消费水平；另一方面，扶贫减贫，着眼于帮助最底层民众摆脱贫困、解决温饱问题。这正是中国式社会主义 2.0 版本的精髓。

从 1979 年到 2001 年，中国 GDP 年均增长 9.6%，快于前三十年约两个百分点。作为一个有十几亿人口的超大、超复杂经济体，中国连续 20 多年高速增长，这在人类史上是绝无仅有的，是名副其实的奇迹。如果说在匮乏阶段，人们还吃得不太饱、穿得不太好的话，在温饱阶段，随着人均收入从 1 500 美元逐步增加至 5 000 美元，绝大多数中国人已有条件吃得越来越有营养，穿得越来越体面。

中国在扶贫减贫方面的成就也许更值得称道，后面会提供数据证明。

当然，2.0 版本的中国式社会主义也有缺陷。为了追求尽可能高的经济增长速度，在这一阶段，中国在相当大程度上忽视了社会公平、职工权益、公共卫生、医疗保障、生态环境、国防建设等，带来了一系列严重后果，让人们普遍感到不安全、不平等、不舒适。

2002 年，中国人均 GDP 跨越了 5 000 美元大关，进入“小康阶段”，并计划于 2020 年实现全面建成小康社会的目标。

如果说在温饱阶段私人收入和消费水平的提高有助于社会福

利改善的话，那么进入小康阶段后，私人收入和消费水平的提高已不再是社会福利改善的主要动力，它们与社会福利改善的正相关关系开始递减，甚至走向反面。①

正是基于这一认识，早在1958年，哈佛大学著名经济学家加尔布雷思就出版了《丰裕社会》一书。他敏锐地观察到，当时美国的丰裕只是私人产品与服务的丰裕，而公共产品与服务实际上相当贫乏。虽然不少美国家庭拥有私人住宅、汽车、冰箱、洗衣机、电视、空调，但即使在美国引以为傲的纽约市，加尔布雷思看到的也是，“学校都已古老且过分拥挤。警察力量太小而且饷给过低。公园和游玩场地不够。街道和空地是污浊的，卫生部门设备不足而且缺乏人手。在城市工作的人们要进城去的交通工具不能确保且很辛苦，而且愈来愈差。市内交通也是拥挤不堪，很不卫生而且龌龊。空气也很污浊。在马路上停车是禁止的，但别处又没有空地”。② 在加尔布雷思看来，在私人产品与服务和公共产品与服务供给之间必须寻求某种平衡。否则，增加私人产品与服务毫无意义。例如，“汽车消费的增加需要便利这种消费的街道、公路、交通管制和停车场所的供应。警察和公路巡逻队的保护劳务以及医院设备也是必需的”。③ 为了取得这种平衡，为了进一步提高社会福利水平，加尔布雷思强调，进入丰

① 黄有光．效率、公平与公共政策[M]．北京：社会科学文献出版社，2003.

② 加尔布雷思．丰裕社会[M]．徐世平译．上海：上海人民出版社，1965：213.

③ 同上，第215页。

裕阶段后，社会必须大幅度增加对公共产品与服务的投入。不过，加尔布雷思的忠告并没有在美国产生多大影响。

1998 年，在为《丰裕社会》出版 40 年纪念版写序时，他不胜唏嘘地感慨："我的批评仍然有效。不错，政府确有公共开支，但往往用于购买杀人武器，或用于给大公司种种好处。除此之外，限制公共支出的压力像以前一样十分强大。结果，虽然我们的私人消费比以往任何时候都更加丰裕，但我们的学校、图书馆、公共娱乐场所、医疗保险，甚至执法力量都远远不能满足社会需要……与过去相比，公共部门与私人部门的差距可以说是越拉越大。"①

社会主义的中国理应能够做得更好，也确实做得不错。

稳定解决了十几亿人的温饱问题后，3.0 版本的中国式社会主义，开始注重供给侧结构性改革，力图回应私人消费对产品与服务提出的更高质量与更加多样性的要求。

更为重要的是，随着私人收入和消费水平提高与社会福利改善的关系开始递减，3.0 版本的中国式社会主义更加关注与"公共"相关的问题、与"社会"相关的问题，持续探索如何加大对那些能切实改善大多数人福利领域（如公共住房、公共安全、公共交通、生态保护、公共卫生、公共教育、基础设施、文化艺术、科学技术）的公共投入。具体而言，在基本解决"衣""食"问题后，这些年来，中国更加注重改善"住"（宜居）、

① John Kenneth Galbraith, *The Affluent Society* (Boston: Mariner Books, 1998), pp. 5 – 6.

“行”（畅通）问题；在大体解决私人的衣食住行问题后，这些年来，中国更加注重解决公共消费问题（平安、生态、健康）、人类安全问题与社会平等问题。

既然私人收入和消费水平提高与福利改善的关系会逐步递减，收入的再分配就是必要的。3.0 版本的中国式社会主义也更加注重缩小地区之间、城乡之间的差距。

与此同时，3.0 版本的中国式社会主义以从未有过的力度，致力于在 2020 年前彻底消除绝对贫困。在 2020 年全面建成小康社会、实现第一个百年奋斗目标的基础上，中国将进入第四个历史阶段——强国阶段：到 2035 年基本实现社会主义现代化，到 2050 年把我国建成富强民主文明和谐美丽的社会主义现代化强国。毋庸置疑，4.0 版本的中国式社会主义依然将着眼于绝大多数人福祉的进一步改善。

2. 改革相关方：让受益者多多的、受损者少少的

从经济角度看改革，更加偏重改革的总体收益——增长和效率；但从政治角度看改革，即便整个国家总体受益，改革势必也会形成受益者与受损者。绝对意义上的受益者或受损者，是指他们的福祉绝对水平上升或下降；相对意义上的受益者或受损者，是指某些社会群体所获得的收益可能要比其他群体大或小。问题是，如何把握和解决改革收益与代价在不同社会群体之间的分配。搞得不好，利益分配不当引发的社会冲突很可能打断改革进程，拖累经济增长。

回想 20 世纪 80 年代末 90 年代初，当苏联东欧国家开始向

资本主义制度转型时，大家都知道，这个过程会让很多人很痛苦。例如，伦敦政治经济学院的拉尔夫·达伦多夫（Ralf Dahrendorf）就将从社会主义到资本主义的过渡形容成经过一条又深又宽的“泪谷”。“休克疗法之父”、哈佛大学的杰弗里·萨克斯（Jeffrey Sachs）教授则告诉苏东人民，即使改革会让他们的生活恶化，他们也别无选择，因为任何其他方案都不过是“半吊子”改革，而“半吊子”改革注定失败。萨克斯将从社会主义到资本主义的过渡比作跨越一道“壕堑”，他引用一句俄国谚语说，“你不可能分两步跳过一条壕堑”。换句话说，要么别跳，要么不管多痛苦也咬着牙一步跨越。“泪谷”也罢，“壕堑”也罢，这类比喻的潜台词是，一旦越过，另一侧便是人间乐园。这是一种只讲改革、不顾改革相关方死活的思路，是一种哪怕让很多人在改革过程中堕入深渊，付出极大代价也在所不惜的思路。

中国的改革是渐进式的，尽量让经济改革成为全赢游戏，而不是零和游戏。在过去40年里，中国的经济改革总是力图让受益者越来越多，让受损者越来越少。在这方面，中国有三点经验。

首先，中国实行的是渐进式改革，而不是“休克疗法”。因为改革过程中有太多不确定因素，如果采取“休克疗法”，造成的损伤可能是巨大的、不可逆的，而渐进式改革方式则可以及时止损，另辟蹊径。

其次，不管在改革的哪一个阶段，都要想方设法让绝大多数民众受益，避免让绝大多数民众利益受损（做出牺牲）。什么时候坚守了这一条，经济改革就进行得比较顺利；什么时候偏离了这一条，经济改革就遍地荆棘。每当某项改革让大多数人或相当大一部分人成为利益受损者，改革就会受阻。例如，20 世纪 80 年代中后期的高通货膨胀、90 年代中后期的高失业率都曾影响社会安定，削弱人民大众对下一步改革的信心和支持。这成为执政者铭记的一条深刻教训。

最后，如果改革使国家总体受益，提高了整个国家的福利水平，那么即便受益者群体对受损者群体做出补偿，受益者群体仍将受益。但这种补偿不会自发实现，必须由政府通过税收与转移支付的方式对受损者予以补偿。如果政府一时缺乏意愿或能力，民众的反弹会迫使政府意识到这一点（安定团结费）。例如，20 世纪 90 年代中期的国有企业和集体企业进行所有制改革，造成几千万职工下岗、失业。作为补偿，从 1999 年 7 月 1 日起，国家较大幅度增加了城镇中低收入者的收入，包括：将国有企业下岗职工基本生活费水平、失业保险金水平、城镇居民最低生活保障金水平提高 30%；增加机关事业单位在职职工工资和离退休人员的离退休费；提高国有企业离退休人员养老金标准；补发拖欠的国有企业离退休人员统筹项目内的养老金；提高部分优抚对象抚恤标准；等等。落实这些措施，国家财政共增加支出 540 多亿元，全国有 8 400 多万人受益。2002 年，中央提出建立低收入保障制度（低保），中央一个文件又一个文件地催促各地要做到“应保尽保”：2002 年低保突破 2 000 万人，之后的人数保持在 2 200万到 2 300 万上下。2003 年以后，开始出台系统性的社会政策，从农村重建合作医疗，到全面医保，到养老保险推广到农村与城市居民，直到出现社会保障方面的大跃进。

3. 改革路径：摸着石头过河

大家都知道，中国的改革路径是“摸着石头过河”。有些人认为，“摸着石头过河”是一种低级的决策方式，没有“顶层设计”那么理性、科学和深思熟虑，其实不然。改革永远充满了无数个未知变量，而所有参与改革的人，包括决策者和专家都只具备有限理性，无力预见一切可能出现的局面以及自己行为的可能后果，因而也无力做出最佳抉择。他们能做的仅仅是，优先诊治最迫切的议题，在不断试错中，通过比较不同的选择，最终找到未必最佳但令大多数人满意的方案。

作为一个地域广、人口多、内部发展程度不平衡的国家，中国进行改革具有特殊的复杂性，因为很多政策的制定与执行都难以“一刀切”，单一方式未必能解决各地（各省、市、县）的问题，需要考虑更多的变量。在过去几十年里，中国已经发展出一套做法，允许、鼓励甚至要求各地因地制宜，积极寻求解决相同问题的不同方案，将内部差异性转化为探索改革新径的试验田。正因为如此，在过去40年间，中国在转型过程中跨过了无数道被外人认为不可逾越的制度和政策障碍。曾几何时，领导干部退休制度改革、工资改革、物价改革、国企改革、金融体制改革、财政体制改革、军队与公检法经商问题、“三农”问题、住房体制改革、教育体制改革、医疗体制改革，都曾被人看作是一道道“险关”，稍微不慎，就可能造成全局性的灾难。然而，回首过往，不由人不发出“两岸猿声啼不住，轻舟已过万重山”的感叹。

很多人以为，“摸着石头过河”是件很简单的事，其实不然。其他很多国家即使想学“摸着石头过河”，也未必学得到手，因为中国之所以能在“摸着石头过河”方面得心应手，有赖于中国政治体制具备的以下几个特征。

第一，体制安排使得决策者对新出现的问题、困难、不平衡十分敏感，并自觉有责任做出回应。

第二，决策者深信只有通过实践与试验的方式进行学习，而不是照搬国外的经验或时髦的理论，才能找到解决政策与制度问题的途径。

第三，在政治统一的前提下，在相当多领域允许进行分权式决策，从而为通过分权式的实践与试验最大限度地探寻解决问题的不同方式创造制度条件。换句话说，体制培育着丰富多彩的学习源，同时又不失全局性的协调。

第四，对从实践和试验中产生的新东西，在进行集中式纵向推广应用的同时，允许或鼓励分权式横向推广应用，尤其是在决策前期。

这些经验不仅依然适用于当下，也同样适用于进入强国阶段的中国。

（三）改革开放后四十年探索的成就

改革开放后四十年社会主义道路的探索取得了让世人瞩目的

成就。

第一，经济增长速度加快。从 1979 年到 2018 年，中国 GDP 年均增长 9.44%，快于前三十年的 7.86%。以前被人赞誉有加的“亚洲四小龙”都是些小经济体，其中最大的韩国也不过 4 000多万人，与中国一个中等规模的省相当。日本在其高速增长期，人口也只有 1 亿上下，与中国最大的省规模差不多。作为一个十几亿人口的超大、超复杂经济体，中国连续 40 年高速增长，这在人类史上是前所未有的，很可能是空前绝后的，是名副其实的奇迹。

第二，经济增长更加平稳。这从图 3.2 可看得很清楚，后四十年经济波动明显不像前三十年那么频繁，波幅也没有以前那么大。尤其是 1992 年以后，经济增长曲线更趋平滑，无论是上升还是下降，都不再大起大落，标志着中国政府的宏观经济管理水平大有进步。

第三，贫困人口大幅减少。如图 3.5 所示，过去 40 年，中国政府已将贫困标准不断提高，从最初的 100 元提高到 2 300 元（2010 年不变价）。即便如此，农村贫困发生率也从 1978 年的 30.7%下降到 2018 年的 1.7%。[①] 如果按照世界银行的贫困标准计算，中国的扶贫成就则更为显著。从 1981 年到 2004 年，贫困人口的绝对数量从 6.52 亿降至 1.35 亿，5 亿多人摆脱了贫困。

---

① 国家统计局. 2018 年全国农村贫困人口减少 1386 万人［EB/OL］.（2019－02－15）. http://www.stats.gov.cn/tjsj/zxfb/201902/t20190215_1649231.html.

而在同一时期，全球发展中国家贫困人口的绝对数量只减少了4亿。换言之，如果不将中国计算在内，发展中国家贫困人口数量不仅没有减少，反倒增加了。难怪世界银行的一份报告赞叹：中国“在如此短的时间里使得如此多的人摆脱了贫困，对于全人类来说这是史无前例的”。①

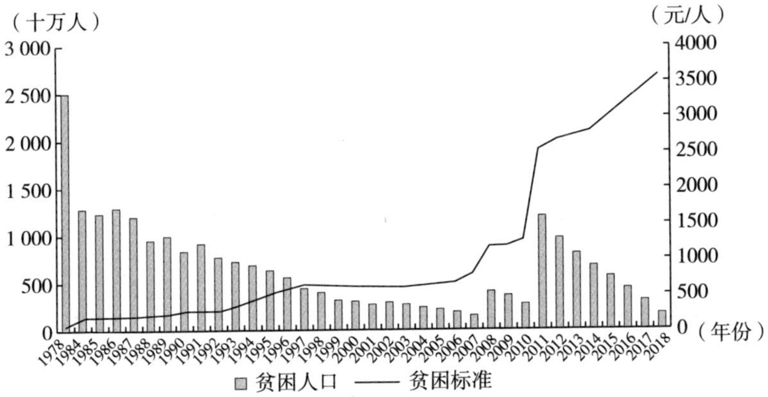

图 3.5　农村居民贫困状况

资料来源：国家统计局国民经济综合统计司，《中国统计年鉴》《中国统计摘要》，中国经济与社会发展统计数据库。

当然，后四十年的探索也不可避免地走过弯路。尤其是在20世纪90年代，有些人似乎有意无意地接受了“新自由主义”经济学家鼓吹的“下溢理论”，认为只要经济持续增长，所有人

① 世界银行东亚及太平洋地区扶贫与经济管理局．从贫困地区到贫困人群：中国扶贫议程的演进——中国贫困和不平等问题评估［R］．北京：世界银行驻中国代表处，2009.

最终都会受益，其他一切问题都迟早会迎刃而解。在“效率优先、兼顾公平”[①] 的指导思想下，为了追求尽可能高的经济增长速度，他们宁愿牺牲公平、就业、职工权益、公共卫生、医疗保障、生态环境、国防建设等，结果带来了一系列严重问题。到20世纪90年代末，有些问题已变得触目惊心，尽管经济持续增长，但工农大众享有的福利保障却越来越少。大规模下岗失业、上学贵、就医贵让无数人痛感缺乏经济与社会安全。在这个背景下，那些在前期改革中利益受损或受益不多的阶层对新推出的市场导向改革不再毫无保留地支持；相反，他们对凡是带有“市场”“改革”标签的举措都疑虑重重，生怕再次受到伤害。

当人们普遍感觉到中国改革已经到了必须改弦更张的时候，中央决策者也开始认真反思邓小平早已发出的警告：“如果搞两极分化……民族矛盾、区域间矛盾、阶级矛盾都会发展，相应地中央和地方的矛盾也会发展，就可能出乱子。”[②] 2002年底召开的党的十六大试图重新解释“效率优先、兼顾公平”的含意，使用了“初次分配注重效率、再次分配注重公平”的提法。[③] 但

---

① “效率优先、兼顾公平”最初是由周为民、卢中原牵头的“社会公平与社会保障制度改革研究”课题组提出来的，其主报告以《效率优先、兼顾公平：通向繁荣的权衡》为题发表于《经济研究》1986年第2期。1993年，党的十四届三中全会通过的《中共中央关于建立社会主义市场经济体制若干问题的决定》正式使用了“效率优先、兼顾公平”的提法。党的十五大坚持了这个提法。

② 中共中央文献研究室．邓小平思想年谱[M]．北京：中央文献出版社，1998：453.

③ 江泽民．在中国共产党第十六次全国代表大会上的报告[N]．人民日报，2002-11-18.

贫富悬殊的残酷现实告诉人们，初次分配中的不公平问题（例如老板、经理、干部与普通职工之间的收入差距）同样需要重视，单靠财税等再分配杠杆来调节是远远不够的。① 2003 年 10 月，党的十六届三中全会虽然仍然沿用“效率优先、兼顾公平”的提法，但其分量已被“以人为本”的“科学发展观”大大冲淡。2004 年 9 月召开的党的十六届四中全会干脆放弃了“效率优先、兼顾公平”的提法。② 2005 年 10 月，党的十六届五中全会通过的《中共中央关于制定国民经济和社会发展第十一个五年规划的建议》又进了一步，提出未来中国要“更加注重社会公平，使全体人民共享改革发展成果”。③ 到了党的十七大以后，标准提法已变为“初次分配和再分配都要处理好效率和公平的关系，再分配更加注重公平”。④

从 2002 年起，中国政府还开始致力于建立健全覆盖城乡全体居民的社会服务和保障体系（包括免费九年义务教育，最低生活保障，基本养老、基本医疗、失业、工伤、生育保险制度等），其进展速度超过以往任何时期，大大充实了邓小平有关“共同富裕”的理念。如果说从 1978 年到 20 世纪 90 年代后期中

---

① 刘国光．把“效率优先”放到该讲的地方去[N]．经济参考报，2005－10－15.

② 《中国共产党第十六届中央委员会第四次全体会议公报》（2004 年 9 月 19 日）。

③ 中共中央关于制定国民经济和社会发展第十一个五年规划的建议［N］．新华网，2005－10－18.

④ 胡锦涛：《高举中国特色社会主义伟大旗帜　为夺取全面建设小康社会新胜利而奋斗》（2007 年 10 月 15 日）。

国只有经济政策、没有社会政策的话，那么在世纪之交，我们看到社会政策已经广泛出现在神州大地上了。没有一个坚持社会主义方向的政府，没有一个以公有制为主体的基本经济制度，在短短几年内出现这样历史性的“大转型”是难以实现的，这种“大转型”本身也构成中国探索社会主义道路的重要步骤。①

小结

到2019年，新中国走过了70年。毋庸讳言，70年过后，对如何建设一个理想的社会主义社会，我们依然没有一套完美无缺的方案；我们有的只是一个方向，那就是解放和发展生产力，极大地增加全社会的物质财富，消灭剥削和压迫，消除两极分化，实现社会公平和正义，逐步建立起一个没有阶级对立的“自由人的联合体”，“在那里，每个人的自由发展是一切人的自由发展的条件”。② 历史经验告诉我们，建设社会主义最重要的不是有没有详尽的蓝图，而是有没有认清社会主义方向的视野，有没有不相信“历史已经终结”的睿智，有没有不折不挠地迈向社会主义未来的勇气，有没有不断探索实现社会主义理想新途径的胆略。

---

① 王绍光．大转型：1980年代以来中国的双向运动[J]．北京：中国社会科学，2008（1）：129—148.

② 中共中央编译局．马克思恩格斯选集：第一卷[M]．北京：人民出版社，1972：294.

过去70年，中国在坚守社会主义方向的同时，不懈地探索着适合中国国情的社会主义道路。当然，无论是前三十年，还是后四十年，中国都曾走过弯路。但只要是探索，哪能一点弯路都不走呢？关键在于，中国领导人从不相信“历史已经终结”之类的谬论，从不相信存在什么“放之四海而皆准”的“普世”模式。相反，他们更侧重于从实践和试验中学习，获取必要的经验教训，“可则因，否则革”，不断调整政策目标和政策工具，以回应不断变化的环境。①

正因为中国社会主义道路的探索“顺乎天而应乎人”，无论是前三十年，还是后四十年，中国都取得了辉煌成就，书写了一篇比韩愈精彩千万倍的《送穷文》。从经济社会综合发展水平看，在1950年，中国的人类发展指数在“极低”之列，还不到苏联的三分之一；而到2014年，中国的人类发展指数已跨入“上中”的行列，离当年的“老大哥”不过一步之遥。在这70年里，中国的人类发展指数快速攀升了0.56，远高于其他国家，证明坚持社会主义方向是正确的选择。尽管今天的中国还存在着许多问题，面临着多重严峻的挑战，但只要坚持社会主义的方向，未来的道路一定会越走越宽广。

① 王绍光．学习机制与适应能力：中国农村合作医疗体制变迁的启示[J]．北京：中国社会科学，2008（6）：111—133.

第四章 调控：从计划到规划

新中国成立后这70年里，有一种制度如影随形，那就是五年计划（或规划）。[1] 拥有这种制度安排的中国体制到底有没有优势，借助前三章提供的图表数据，答案便一目了然了。依据安格斯·麦迪逊的估算，直到19世纪初，中国仍是世界上最大的经济体，比西欧三十国加在一起还要大，更不用提当时只有不到二十个州的美国了。但从那以后，在内忧外患的重压之下，中国在全球经济中的比重一路下滑，到新中国成立时跌至谷底。[2] 一个曾经辉煌灿烂的古老文明，在经历了一个多世纪的

---

① 为论述方便，本书使用“五年计划”时泛指“五年计划”或“五年规划”。

② Angus Maddison, *Statistics on World Population, GDP and Per Capita GDP, 1－2008 AD*, http://www.ggdc.net/MADDISON/Historical_Statistics/vertical-file_02－2010.xls.

劫难之后，于1949年建立了中华人民共和国，从此开始了史诗般的伟大复兴。

中华人民共和国成立以后，“换了人间”的中国便开始迈上了崛起之路。尽管底子薄、外部环境恶劣，毛泽东时代的中国经济虽历经波折，还是取得了不俗的增长速度。1978年以后，在长达40年的时间里，中国经济一直高歌猛进，占全球经济的比重也一路攀升，按汇率计算，相继于2000年超越意大利，2005年超越法国，2006年超越英国，2008年超越德国，2010年超越日本，现已稳居世界经济的第二把交椅。

如果按购买力平价计算，实际上早在1992年，中国的经济总量已经大于日本了。同样，如果按购买力平价计算，据美国彼得森国际经济研究所的印度经济学家阿文德·萨勃拉曼尼亚（Arvind Subramanian）测算，中国在世界经济中的份额早在2010年就超越了美国。[①] 国际货币基金组织没有那么乐观，但它提供的数据也显示，1980年，中国经济在世界上的份额不过区区2.19%，而当时美国经济的份额是全球的1/4，在比重上是中国的10多倍。1980年以来，中国经济的分量一路攀升，美国的分量逐步下降，越往后，变动的幅度越大。为此，国际货币基金组织在2012年预计，2017年，中国经济的全球份额将升至18.3%，

① 阿文德·萨勃拉曼尼亚．大预测：未来20年，中国怎么样，美国又如何？[M]．倪颖，曹槟译．北京：中信出版社，2012：102.

美国经济的全球份额将降至 17.9%。[①] 那将是个历史性的转折点：美国将丧失自 1871 年以来一直占据的龙头老大地位，而中国将重回世界第一大经济体的宝座。在今后相当长一段时间内，虽然中国人均收入仍将低于美国，还需奋勇直追，但这个历史转折的意义不容低估。

为什么 1949 年前的旧中国不行，1949 年后的新中国却行？为什么新中国不仅在改革开放的 40 年行，而且在整个 70 年都行？中国故事里有很多华彩篇章，这里将聚焦其中一个侧面：中国是如何立足当下、擘画未来的。

中国擘画未来的载体是定期推出的国民经济与社会发展的中长期计划（或规划），往往是以五年为周期的计划。五年计划几乎和新中国同龄，中国于 1953 年实行第一个五年计划，其间除了 1963—1965 年的调整时期之外，都无一例外地制订与实施了五年计划，成为每隔五年一次的政策循环。它是新中国政治体制既长期延续和继承又不断调适和创新的最好写照，也是新中国决策体制建设经历反复与曲折，并不断完善、不断进步的最为生动的见证。

计熟事定，举必有功

与其他种种计划相比，中长期国民经济与社会发展计划堪称

---

① IMF, World Economic Outlook Database 2012, http://www.imf.org/external/pubs/ft/weo/2012/02/weodata/download.aspx.

“人类最雄心勃勃的集体事业”。[①]

在这个星球上，与其他动物相比，人类到底有什么独特之处？稍加思索，我们就会意识到，人类最独特之处便在于其规划未来的能力。虽然有些动物看起来也具备这种能力（如黑熊在冬季蛰居过冬，鸟儿筑巢），但生物学研究发现，其他动物看似事先规划的行为不过是本能的展现，而不是有意识筹划的结果。而人类日常生活中离不开计划，从计划今天的晚餐到计划下一次度假，从家庭财务规划到子女人生规划。与其他动物行为形成更强烈反差的是，“建筑摩天大楼与发射宇宙飞船需要大量预先谋划”。[②] 不仅现代人具有规划未来的能力，看看埃及的金字塔、英国的巨石阵、地中海沿岸留存的罗马斗兽场，每一样都展示出人类谋划未来的超凡能力。除了惊人的单体工程奇迹外，古人还创造出一个又一个让人叹为观止的系统工程奇迹，如雅典卫城，秘鲁的马丘比丘，中国的长城、都江堰、九大古都、大运河、坎儿井，等等，不一而足。

进入近现代，人类开始尝试思考规划整个社会的发展方向。德国经济学者李斯特（Friedrich List）也许是这方面的先驱者之一。虽然他并没有明确使用“经济计划”或“计划经济”的说法，其名著《政治经济学的国民体系》（1841 年出版）却明显

① A. F. Robertson, *People and State: An Anthropology of Planned Development* (New York: Cambridge University Press, 1984), p. 1.

② Daniel D. Chiras, *Human Biology: Health, Homeostasis, and the Environment*, 3rd ed (Sudbury, MA: Jones and Bartlett Publishers, 2005), p. 11.

包含了这种意思。他的一句名言是：“固然，经验告诉我们，风力会把种子从这个地方带到那个地方，因此荒芜原野会变成稠密森林；但是要培植森林因此就静等着风力作用，让它在若干世纪的过程中来完成这样的转变，世上岂有这样愚蠢的办法？如果一个植林者选择树秧，主动栽培，在几十年内达到了同样目的，这倒不算是一个可取的办法吗？历史告诉我们，有许多国家，就是由于采取了那个植林者的办法，胜利实现了它们的目的。”[①] 这句话的矛头所向是亚当·斯密《国富论》鼓吹的市场至上论，李斯特的目的是为政府干预经济、主导发展提供理据。

同样，在讲到未来新社会制度时，马克思多次提到对经济实行计划调节的必要性，但也没有使用“经济计划”或“计划经济”一词。[②] 例如，在《资本论》第三卷中，马克思设想，在未来的社会主义社会里，“社会化的人，联合起来的生产者，将合理地调节他们和自然之间的物质变换，把它置于他们的共同控制之下，而不让它作为盲目的力量来统治自己，靠消耗最小的力量，在最无愧于和最适合于他们的人类本性的条件下来进行这种

---

① 弗里德里希·李斯特．政治经济学的国民体系［M］．陈万煦译．上海：商务印书馆，1961：100—101.

② 恩格斯认为资本主义其实也具有一定程度计划性。1891 年，他在评改德国社会民主党纲领草案时指出：“由股份公司经营的资本主义生产，已不再是私人生产，而是为许多结合在一起的人谋利的生产。如果我们从股份公司进而看那支配着和垄断着整个工业部门的托拉斯，那么，那里不仅私人生产停止了，而且无计划性也没有了。”见恩格斯．1891 年社会民主党纲领草案批判［M］// 马克思恩格斯全集：第二十二卷．北京：人民出版社，1965：270。

物质变换”。[1] 不过，马克思对未来新社会计划调节的设想还十分抽象。他的忠告是：未来社会主义社会到底应怎么做，“完全取决于人们将不得不在其中活动的那个特定的历史环境。但是，现在提出这个问题是虚无缥缈的，因而实际上是一个幻想的问题”。[2]

在经济思想史上，最早提出“计划经济”这个概念的也许是列宁。他在1906年的《土地问题和争取自由的斗争》一文中断言，“只有建立起大规模的社会化的计划经济，一切土地、工厂、工具都转归工人阶级所有，才可能消灭一切剥削”。[3] 这时，他对“计划经济”的内涵仍语焉不详。

几年以后，一位德国人沃尔特·拉特瑙（Walter Rathenau）提出了自己的计划经济理论。[4] 拉特瑙今天已几乎被人遗忘，但哈耶克却清楚地记得：“我之所以对经济学产生兴趣，影响特别大的是拉特瑙的著作，他是一位充满激情的计划主义者。”[5] 当哈耶克还是一位少年时，拉特瑙已发表了一批文章，逐步勾勒出一套计划经济模式。虽然他的理论充满了内部张力，并非完美自

---

① 马克思．资本论：第三卷（下）［M］．北京：人民出版社，1975：926—927.

② 中共中央编译局．马克思致费迪南·多梅拉·纽文胡斯［M］//马克思恩格斯全集：第三十五卷．北京：人民出版社，1971：153—154.

③ 列宁．土地问题和争取自由的斗争（1906年5月19日）［M］//列宁全集：第十三卷．北京：人民出版社，1987：124.

④ 《大英百科全书》对此人的介绍完全没有提到他在这方面的理论贡献。

⑤ “Nobel Prize-Winning Economist, Friedrich A. von Hayek,” Oral History Program, University of California Los Angeles, 1983 (interviews with Hayek conducted on October 28 and November 4, 11, and 12, 1978), p. 11.

洽，但他对自由放任主义的蔑视是毋庸置疑的。难怪有人把他称为“计划经济的一位先驱”。①

一战开始后，拉特瑙的理念有了变为现实的机会。② 经他说服，德国战争部下设了一个新机构，负责征用与分配关键性原材料，统管的原材料最多时达到约 300 种，甚至包括“农民牛马厩里的每一种粪肥”，以满足军需生产。③ 除了生产方面的计划外，德国在战时还先后建立起了战时粮食公司、中央饲料局、中央马铃薯局、战时动植物油脂管理委员会、中央水果蔬菜局、战时粮食局、帝国谷物局、帝国服装局等机构，把人们基本消费需求也纳入政府计划管理的范围。④ 其实，在一战期间，不光是德国，其他西方国家也用计划的方式组织国家战争物资生产。例如有经济史家把此时的美国经济称为“彻头彻尾的计划经济”（a totally planned economy）。⑤

---

① W. O. Henderson, “Walther Rathenau: A Pioneer of the Planned Economy,” *Economic History Review*, Vol. 4, No. 1 (1951), pp. 98 – 108.

② Fritz Redlich, “German Economic Planning for War and Peace,” *The Review of Politics*, Vol. 6, No. 3 (Jul., 1944), pp. 315 – 335.

③ R. R. 帕尔默，乔·科尔顿，劳埃德·克莱默．两次世界大战：西方的没落?［M］．北京：世界图书出版社，2011：34 – 39；尼尔·弗格森．纸与铁［M］．北京：中信出版社，2012.

④ 卡尔·迪特利希·埃尔德曼．德意志史：第四卷（上册）［M］．北京：商务印书馆，1986.

⑤ Murray N. Rothbard, “War Collectivism in World War I,” in Ronald Radosh and Murray N. Rothbard, eds., *A New History of the Leviathan* (New York: E. P. Dutton & Co., Inc., 1972), p. 66.

十月革命后，列宁坦承："我们有社会主义的知识，但是没有组织千百万人的知识，没有组织和分配产品等等的知识。老布尔什维克领导者没有教给我们这些东西。在这方面，布尔什维克党的历史没有什么可以炫耀的。这门课程我们还没有学过。"① 战时德国用计划方式引导经济发展方向的做法给列宁留下深刻的印象，并对他阐发自己的计划经济理论产生了相当大的影响。② 反过来，列宁的理论又影响了后来战时共产主义时期和斯大林时期苏联计划经济的实践。马克思主义史学家霍布斯鲍姆断言："苏联的计划经济，多少师法了德国在 1914—1918 年期间实行的战时计划经济。"③ 非马克思主义史学家爱德华·霍列特·卡尔持类似的看法："从历史角度看，先于马克思，弗里德里希·李斯特才是计划理论之父。拉特瑙在一战期间便在德国组织了史上第一个现代计划经济，列宁对苏维埃俄国计划问题的处理方式参照的正是德国的先例。"④

列宁在世时，苏维埃俄国于 1920 年建立了国家电气化委员会，当年年底便推出了第一个全国性经济复苏与发展计划。次年 2 月，苏维埃俄国成立了国家计划委员会。几年后，该委员会开

---

① 列宁．在全俄中央执行委员会会议上苏维埃政权的当前任务的报告[M]//列宁全集：第三十四卷．北京：人民出版社，1987：239.

② 任晓伟．论德国"一战"期间的计划经济及其对列宁的影响：苏联计划经济模式的历史原点[J]．当代世界社会主义问题，2007（3）.

③ 艾·霍布斯鲍姆．极端的年代（上）[M]．南京：江苏人民出版社，1999：66.

④ Edward Hallett Carr, *The Bolshevik Revolution 1917 – 1923*, Vol. 2, (New York: Macmillan 1952), p. 363.

始制订带有“控制数字”的年度计划。列宁去世后，苏联（1922年成立）于1928年开始实行第一个五年计划。在二战之前，它的头三个五年计划（1928—1940）非常成功，国内生产总值年均增长率达到创纪录的5.3%，工业产值年均增长率更是高达11%。这在当时是了不得的成就，使苏联在不长的时间里便从农业国一跃变为世界工业强国。[①]

新中国成立时，苏联已进入战后恢复性第四个五年计划尾期。那是一个经济计划在世界范围内高歌猛进的年代。计划是如此走红，以至于英国经济学家阿瑟·刘易斯在1949年出版的《经济计划原理》一书中宣布：“除非近乎神经失常的人，已没有人再信奉放任主义了……事实是现在我们都是计划主义者了。”[②] 那时及其后一些年里，不仅苏联及东欧社会主义国家全面实行计划体制，[③] 西方一些老牌资本主义国家（如荷兰、法国、瑞典、挪威）也以不同方式在经济与社会发展领域引入计划的理念。[④] 日本战后马上全面恢复了战时的统制经济，即使在1949年转向“市场经济”的同时，又推出了“经济复兴计划”（1949—1953）。其后，以1955年12月“经济自立五年计划”

---

① Robert C. Allen, *Farm to Factory: A Reinterpretation of the Soviet Industrial Revolution* (Princeton: Princeton University Press, 2003), p. 153.

② 阿瑟·刘易斯．经济计划原理[M]．丁忱译．北京：商务印书馆，1965：14.

③ Marie Lavigne, *The Socialist Economies of the Soviet Union and Europe* (New York: International Arts and Sciences Press, 1974).

④ Stephen S. Cohen, *Modern Capitalist Planning: The French Model* (Berkeley: University of California Press, 1977).

为开端，日本政府的长期经济计划一直维持到今天。这意味着“日本的经济虽然也算是市场经济，但是其制度性基础中，包含着在战时计划、统制经济的基础上导入的要素”。[①] 有日本学者干脆把本国经济体制称作“计划经济”。[②] 第三世界国家（如印度、马来西亚、印度尼西亚、埃及）更是不甘落后，纷纷在政府中设立计划部门，推出发展计划。[③] “亚洲四小龙”中的韩国与中国台湾便是其中的典范。[④]

在谷歌扫描过的3 000多万册图书中，英文“five year plan”（五年计划）一词在不同历史时期出现的频率可以看作这种体制安排在全球受重视程度的指标。如图4.1显示，点燃人们对计划理念兴趣的第一个转折点是，苏联于1928年开始实施的第一个五年计划。其后50年，除二战前后外，五年计划的热度逐步升温，到20世纪70年代中后期达到顶点。当时，逆潮流而动的只

① 山之内靖，J. 维克托·考希曼，成田龙一．总体战和现代化[M]．东京：柏书房，2000：285；转引自冯玮．总体战和现代日本经济体制三大特征的形成——近年日本经济史研究新动向[J]．历史研究，2004（5）：157.

② 高桥龟吉．战后日本经济跃进的根本原因[M]．沈阳：辽宁人民出版社，1984：10.

③ Albert Waterston, *Development Planning: Lessons of Experience* (Baltimore: Johns Hopkins University Press, 1979).

④ Tibor Scitovsky, "Economic Development in Taiwan and South Korea: 1965 – 1981," *Food Research Institute Studies*, Vol. XIX, No. 3 (1985), pp. 215 – 264; Tun-Jen Cheng , Stephan Haggard & David Kang, "Institutions and Growth in Korea and Taiwan: The bureaucracy," *The Journal of Development Studies*, Vol. 34, No. 6 (1998), pp. 87 – 111.

有屈指可数的几个经济体：美国、瑞士、列支敦士登、中国香港。① 在这种时代背景下，新中国成立后不久便开始制订与实施五年计划也许并不令人意外。一直到70年代末以后，五年计划的理念才开始呈现颓势，并于1990年后大幅下滑，其最显著的原因是苏东国家——转轨：放弃公有制与经济计划，向资本主义制度转型。

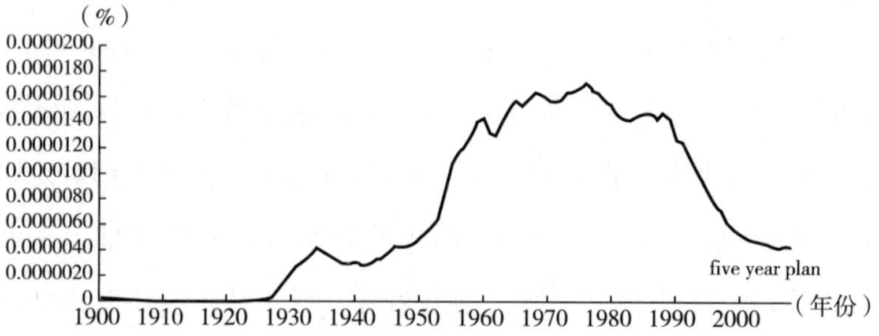

图 4.1　1900—2000 年英文"five year plan"一词在 Google Books Ngrams 中出现的频率

那么实行经济计划的效果到底怎么样呢？1980年（经济计划理念越过巅峰开始出现颓势，但一窝蜂的转型还没有开始）的情况也许很能说明问题。图4.2列举了1980年各个经济体人均GDP的排序、人类发展指数（HDI）的排序以及两个排序之差。第一个排序可以用来衡量经济发展水平，第二个排序可以用来衡量社会满足人类基本需求的程度。如果一个经济体的两种排名相等（排序之差等于零），说明前者决定了后者，但其社会经

① A. F. Robertson, *People and State: An Anthropology of Planned Development*, p. 7.

济体制本身并没有改善人类福祉的能力。当时实行“自由经济体制”的中国香港便是如此。如果两种排序之差是正值，则说明，哪怕经济发展水平不高，社会经济体制也可以在改善人类福祉方面有所作为（如中国）；正值越大，体制优势越明显。如果两种排序之差是负值，则说明，即使经济发展水平较高，社会经济体制也可能在改善人类福祉方面拖后腿（如沙特阿拉伯）；负值越大，体制劣势越明显。

在图4.2中，“两个排序之差”正值最大的头30多个国家几乎都是实行经济计划的国家（尤其是社会主义国家），它们包括多数人口大国，占全球人口较大比重。这说明，无论实行经济计划会带来其他什么问题，它在满足人类基本需求方面功不可没。

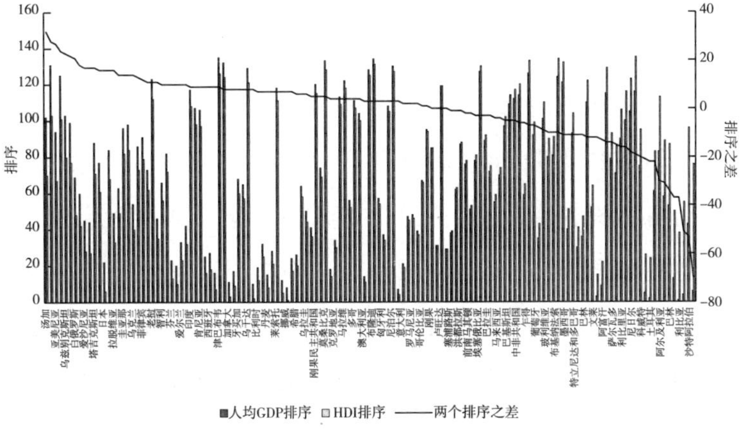

图4.2　各经济体人均GDP与人类发展指数排序，1980年

资料来源：UNDP，“2010 Report Hybrid-HDI data of trends analysis，” http://hdr.undp.org/en/media/2010_Hybrid-HDI-data.xls。

到20世纪八九十年代，计划理念风光不再。在1991年底苏联解体前夕，已存在70年的国家计划委员会于当年4月被撤销。在此前后，原本实行经济计划的国家纷纷改弦更张，抛弃五年计划，转向所谓自由市场经济。正是在这一时代背景下，本身在美国国务院担任政策计划工作的日裔美国人福山大胆断言：采取计划机制的社会主义制度已经失败，“历史已经终结”，人类社会只有自由资本主义一途，别无选择。① 然而，这种妄自尊大的资本主义必胜信念也只是昙花一现。

脱离社会主义轨道的“转型国家”情况并不是都很美妙。早在转型之初，已有人预测到，这些国家在情况好转之前一定会经过一段让人心酸的“泪谷”。② 但谁也没有料到，“泪谷”竟然非常深、非常长。图4.3显示人均GDP在转型国家的变化情况。在28个苏东转型国家中，只有5个勉强在10年以内让人均GDP恢复到转型前水平；有17个国家花费了10—20年才使人均GDP恢复到转型前水平，荒废了整整一代人的时间。更糟糕的是，到转型的第30年（2019年），仍有4个国家（摩尔多瓦、格鲁吉亚、塞尔维亚、乌克兰）的人均GDP未恢复到转型前水平，这些国家的人们还在“泪谷”中挣扎。其中乌克兰2019年的人均GDP不到转型前的四分之三，即使一切顺利，也许还要数十年才能恢复到1989年的水平。对这些国家而言，转型的代

① Francis Fukuyama, “The End of History?” *The National Interest*, 16 (Summer 1989): 3-18; Francis Fukuyama, *The End of History and the Last Man* (New York: Free Press, 1992).

② Ralf Dahrendorf, “Europe's Vale of Tears,” *Marxism Today*, May 1990, pp. 18-23.

价是它们经受了比20世纪30年代“大萧条”严重很多倍的经济衰退，这在人类历史上恐怕也是极为罕见的。不仅如此，在不少转型国家，犯罪横行，不平等急剧扩大，并经历了人类和平年代鲜见的预期寿命大幅下降，成百万人过早逝去。① 作为对比，中国的表现堪称亮丽。在1989年，中国的人均GDP大大低于28个转型国；到2019年，中国的人均GDP已超过其中约半数国家。

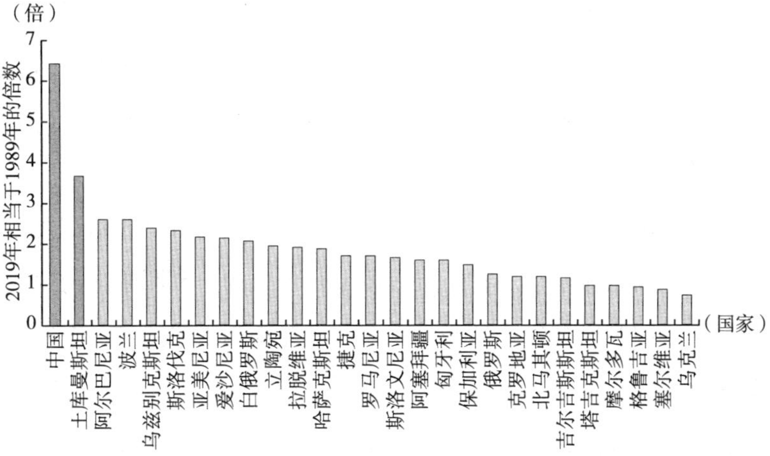

图4.3 转型国家人均GDP变化情况，1989—2019年
（按2018年国际美元计算）

资料来源：The Conference Board, Total Economy Database, April 2019, https://www.conference-board.org/data/economydatabase/TED1。

2007年，在一篇回顾计划理念兴衰的论文中，长期研究苏

① David Stuckler, Lawrence King, and Martin McKee, “Mass Privatisation and the Post-Communist Mortality Crisis: A Cross-National Analysis,” *Lancet*, Vol. 373, No. 9661 (2009): 399-407.

联计划体制的荷兰学者迈克尔·埃尔曼（Michael Ellman）得出结论：如果计划机制不完美，单靠市场机制也不可能带来什么好结果。[①] 与此同时，在“华盛顿共识”肆意蔓延的美国后院，“市场原教旨主义”的危害已变得如此明显，以至于拉丁美洲国家纷纷“向左转”。到 2008 年，一场严重的经济危机从美国蔓延至全世界，作为资本主义象征的大型企业一个接一个面临破产倒闭的厄运。迫不得已，从冰岛到爱尔兰，从澳大利亚到日本，从英国到美国，政府纷纷出手将银行、保险公司、汽车业国有化。为此美国《新闻周刊》封面文章发出惊呼：“我们都是社会主义者了。”[②]

在经济社会发展中，制订中长期计划就意味着不相信市场是万能的，而是相信未来在一定程度上是可控的。预测未来的确十分困难，因为影响未来的变量太多，准确预测未来的每一个细节既无可能又无必要。在这个意义上，哈耶克断言人类不可能全面、准确、及时地把握现实与未来的所有细节无疑是对的。[③] 但真理多走一步就可能会变成谬误。“不可能全面、准确、及时地把握现实与未来的所有细节”并不等于完全不能了解现实与未

① Michael Ellman, “The Rise and Fall of Socialist Planning,” in S. Estrin, G. Kolodko & M. Uvalic (eds) Transition and Beyond: Essays in Honor of Mario Nuti (Basingstoke: PalgraveMacmillan, 2007).

② Jon Meacham and Evan Thomas, “We Are All Socialists Now,” Newsweek, February 16, 2009.

③ 哈耶克．致命的自负[M]．北京：中国社会科学出版社，2000.

来。如果完全不能了解现实，哈耶克凭什么批评现实中的社会主义理论与实践？如果完全不能了解未来，哈耶克的信徒们凭什么相信自由市场这只“看不见的手”能够永远带领人类社会取得最好结果？只要现实与未来在一定程度上是可知的，计划便是可能的；只要计划是可能的，就有必要制订计划，明确奋斗方向，力争在资源有限的条件下，尽量扩大人民的福祉。

中国学者都十分熟悉雅诺什·科尔奈（János Kornai）对传统社会主义计划体制的批判，但恐怕不了解他对计划的真实看法。科尔奈认为把婴儿和洗澡水一起倒掉是愚蠢的。在2006年出版的自传中，他对计划前景的有关论述值得我们引用：

> 共产主义体系的失败导致计划理念被污名化，我对此感到十分遗憾。不仅匈牙利的国家计划办公室被解散，苏联的国家计划委员会和其他前社会主义国家的中央计划机构先后遭遇同样命运。计划者的作用被削弱，计划机构在苏联集团以外的国家完全丧失了其影响力。你不必是位共产主义者，也无须接受马克思主义，但应会看到为国民经济制订计划的可行性。制订计划有必要进行测算，这种测算会跨越不止一两个财政年度，并力图探寻国家发展的各种可能路径。此类谋划不一定非要产生一份全面指导经济参与者具体行为的文件。它只需对各种可能的发展途径进行测算，供领导人和决策者参考，用作他们讨论的背景材料就足矣。这就是拉格纳·

> 弗里希（Ragnar Frisch）、扬·廷贝亨（Jan Tinbergen）① 以及六十年代法国计划者所倡导的那种引导性计划（与市场经济相容），而不是共产主义经济中的那种指令性计划。也许有一天，当人们对共产主义体系下旧式计划体系的可怕记忆消失后，计划理念会再度复兴。②

在2014年初出版的新书《活力、竞争与过剩经济：两篇剖析资本主义本质的论文》里，科尔奈不再纠缠以短缺为特征的传统社会主义经济问题，而是试图解决以过剩为特征的资本主义所面临的挑战。为了解决资本主义经济中的供需平衡问题，科尔奈没有像某些“市场原教旨主义者”那样盲目地推崇那只“看不见的手”，而是诚恳地说：

> 让我提出一个看似不合时宜的建议：实行中长期规划。

---

① 挪威人拉格纳·弗里希和荷兰人扬·廷贝亨在1969年共同获得了第一个诺贝尔经济学奖。他们各自的研究都对将计量经济学模型引入到政府经济计划做出了贡献。事实上，“计量经济”与“宏观经济”这两个概念就是弗里希引入经济学的。除此之外，两人还在各自的国家大力倡导、推动经济计划。弗里希被认为是将计划引入挪威的关键人物。见 Arild Sæther and Ib E. Eriksen，“Ragnar Frisch and the Postwar Norwegian Economy,” *Econ Journal Watch*，Vol. 11，No. 1（January 2014）：46 – 80。廷贝亨于1945—1955年间担任荷兰中央计划局局长，于1965—1972年间担任联合国发展计划委员会主席。参见 Daniel B. Klein and Ryan Daza，“Jan Tinbergen,” *Econ Journal Watch*，Vol. 10，No. 3（September 2013），pp. 660 – 666。

② János Kornai，*By Force of Thought*：*Irregular Memoirs of an Intellectual Journey*（Cambridge，MA：The MIT Press，2006），p. 157.

> 不是社会主义制度那种已被证明失败的指令性计划，而是类似法国一度使用过的那种引导性计划的改进版。经过必要的试验，它也许可以更好地协调新增产能与预期需求之间的关系，并阻遏大公司的老板心血来潮、大肆投资，使他们所在产业的过剩产能雪上加霜。①

“沧海横流，方显出英雄本色。”与其他转型国家不同，计划理念在中国无须复兴，因为它只有改变却从未消失。虽然中国于1992年宣布从计划经济体制转向社会主义市场经济体制，并于1998年将“国家计委”更名为“国家发展计划委员会”，于2003年将后者更名为“国家发展和改革委员会”，但“计划”二字的消失并不意味着抛弃了五年计划。② 按江泽民1992年的说法，“社会主义经济从一开始就是有计划的，这在人们的脑子里和认识上一直是清楚的，不会因为提法中不出现‘有计划’三个字，就发生是不是取消了计划性的疑问”。③ 迄今为止，中国已经实施了十三个五年计划或五年规划，其中五个五年计划是转向社会主义市场经济体制以后制订与实施的。虽然2008年爆

---

① János Kornai, *Dynamism, Rivalry, and the Surplus Economy: Two Essays on the Nature of Capitalism* (New York: Oxford University Press, 2014), p. 137.

② 胡鞍钢，鄢一龙，吕捷．从经济指令计划到发展战略规划：中国五年计划转型之路（1953—2009）［J］．中国软科学，2010（8）：14—24.

③ 江泽民：《深刻领会和全面落实邓小平同志的重要谈话精神，把经济建设和改革开放搞得越快越好》（1992年6月9日）。

发的世界经济危机也拖累了中国经济，但社会主义中国的经济仍以领跑他国的速度持续增长，中国当之无愧地成为全球经济复苏的火车头。①

中国的五年计划（或规划）可以说是中国经济社会发展的“指南针”，是引导各项具体经济、社会政策的纲领。毫不夸张地说，中国经济奇迹之路就是以一连串的五年计划或五年规划为基石而铺就的。越来越多的外国观察者也认识到了这一点。2011年底，哥伦比亚大学高级研究员安迪·斯特恩（Andy Stern）访华后撰文，盛赞中国展现了一个更具优势的经济模式，其亮点是谋划未来的能力。在文章的结尾，他表示希望看到美国也能制订出“有前瞻性的、长远的经济规划”。② 他这篇文章在美国引起了广泛的关注与讨论，因为斯特恩曾担任美国一个重要工会的主席，并且是奥巴马时期白宫的常客。值得玩味的是，这篇文章发表在带有强烈亲商、市场经济色彩的《华尔街日报》上，而该报的中文版把这篇文章译为“中国有计划经济，美国也应该有”，恐怕是有意误导读者。

如果说斯特恩可能因为不了解中国而做了误判的话，那么麦健陆（James McGregor）可以说是位“中国通”。麦健陆 1990 年任

① 孙宇挺．高盛：中国过去十年对世界经济增长贡献超美国［EB］．中国新闻网，2010－10－30．

② Andy Stern, “China's Superior Economic Model: The Free-Market Fundamentalist Economic Model is Being Thrown onto the Trash Heap of History,” Wall Street Journal, December 1, 2011.

《华尔街日报》驻北京中国总编，后来担任道琼斯公司中国总执行官、美国商会中国分会主席、安可公关顾问公司（APCO Worldwide）大中华区主席等职，与中国打交道30多年。他在《前无古人，后无来者：中国威权资本主义的挑战》[①] 一书中反反复复提到中国的十二五规划，并提醒读者理解中国的五年规划有多么重要。在他看来，“我们（指西方国家）可以向中国学习的一个重要经验就是要设立目标、制订计划，全力推动整个国家向前走。中国人已扬弃了旧式五年计划，不再告诉工厂从哪儿得到原材料、生产什么、如何定价、销售给谁。他们现在规划的是，如何在五年内构建国际领先的硅片产业，如何变为中国汽车制造大国”。[②]

纽约亚洲协会美中关系中心主任夏伟（Orville Schell）也许比麦健陆更了解中国。他从20世纪60年代开始研究中国，出版过9部有关中国的著作，担任过加州大学伯克利分校的新闻研究生院院长，可以算得上美国最著名的“中国通”之一。尽管在很多问题上他对中国批评多多，但他完全同意麦健陆的看法：“我想我们已经认识到，规划能力正是美国所缺少的。我们连一年规划都做不出来，更不用提五年规划了。我们一些人开始意识到，这对我们而言是个巨大的危险。”那么，为什么美国会缺少这种规划能力呢？2003年诺贝尔经济学奖得主罗伯特·恩格尔

① James McGregor, *No Ancient Wisdom, No Followers: The Challenges of Chinese Authoritarian Capitalism* (Prospecta Press, 2012).

② 转引自 Bill Powell, “Five Things the U. S. Can Learn from China,” *Time*, November 12, 2009, http://content.time.com/time/magazine/article/0,9171,1938734,00.html。

(Robert Engle)的观察可谓一针见血：在中国为下一代制订五年规划时，美国人却只在规划下一次选举。①

这就触及更深层次的体制问题了。2012年，一位在美国金融界摸爬滚打多年并在北大担任过访问教授的华裔女强人李湉(Ann Lee)出版了一本书——《美国能向中国学什么》。作者认为，美国的政治体制使这个国家变成了一个“短视社会”(short-term-oriented society)，因为美国政客最关心的是用什么样的方式可以在下一次选举中获得足够的选票。他们成天唇枪舌剑、争吵不休，看起来热闹非凡，但对国家长远发展方向却漫不经心，更无法在重大战略问题上达成共识。而中国正好相反，共产党领导使得其官员避免了短视的选战思维，可以把注意力集中在长期战略规划上，宝贵的时间与资源不必荒废在无穷无尽的竞选活动中。用李湉的话说，“争辩民主需要一个、两个还是三个政党才能恰如其分地代表公众利益，其实忽略了一个更大的问题：在什么条件下才能创造出这样一种制度，它将不遗余力地为最大多数人可持续的前途未雨绸缪”。② 更何况，在竞选中，为了争取尽可能多的选票，政客开出的往往是大而无当的空头支

① 转引自 Chen Weihua, “Time for US to Make Plans for the Future,” *China Daily*, November 18, 2011, http://www.chinadaily.com.cn/opinion/2011-11/18/content_14115844.htm。

② Ann Lee, *What the U. S. Can Learn from China: An Open-Minded Guide to Treating Our Greatest Competitor as Our Greatest Teacher* (San Francisco: Berrett-Koehler Publishers, Inc. 2012), p. 90.

票，被人戏称为“竞选承诺”（election promise）。这种“承诺”既不庄严也不慎重，难以兑现，根本不算数。[①] 而制订与宣布包含具体奋斗目标的中长期规划则不同，它意味着政府主动交给民众一把评判自己表现的标尺。有了这把标尺，民众就不那么容易被糊弄了，政府也可以借此鞭策自己尽量朝着规划指引的方向前进。[②] 在书的最后，李湉呼吁：“空谈没什么用。必须制订行动计划，不管是五年规划也好，二十五年规划也好，必须要有一个路线图，用它来督导各相关方为实现既定的里程碑而努力奋斗，这样做意义重大，也便于监督。”[③] 为李湉这本书作序的是全球最大政治风险咨询公司欧亚集团（Eurasia Group）总裁伊恩·布雷默（Ian Bremmer），序言的最后一句话是：“在美国，短期战术思维经常替代了周密的长远规划，华盛顿如此，华尔街也是如此。美国可以从中国学到什么？答案是，很多很多。”[④]

凡事预则立，不预则废

上面说到计划在经济社会发展中的必要性与重要性，这并不

---

① 见维基百科“election promise”条。

② Ann Lee, *What the U. S. Can Learn from China: An Open-Minded Guide to Treating Our Greatest Competitor as Our Greatest Teacher* (San Francisco: Berrett-Koehler Publishers, Inc. 2012), p. 117.

③ 同上，p. 201。

④ 同上，p. xi。

意味着，计划应该包罗万象，涉及人们生活方方面面的每一个细节；也不意味着，计划不会出错，不会有偏差；更不意味着，只要有了计划，经济社会发展就会按部就班地自行展开。换句话说，计划的必要性与重要性不在于制订出一份计划，而在于制订计划这件事本身。无论在中文还是西文中，“计划”既可以是动词，也可以是名词。作为名词的“计划”是作为动词的“计划”的结果。作为名词的“计划”是指事先拟定的方案，它固然重要，但真正重要的是作为动词的“计划”，即擘画未来的意图与能力。关于这两者的区别，英国首相温斯顿·丘吉尔有句话说得很到位：“计划（plan）本身不算什么，谋划（planning）却至为关键。”其实经历过第二次世界大战的他还有一句类似的话：我们可能会做出一些事后证明不尽如人意的决策，但无论如何，有计划总比没有计划好。① 在丘吉尔看来，作为名词的“计划”并不是用来束缚人的，而是用来指导人行为的。用他的话说，“一流的将军是那些不拘泥于计划，却达到计划效果的人”。② 这里已经预设了制订计划的必要性与重要性。

类似的话，普鲁士和德意志名将、军事家毛奇（Helmuth Karl Bernhard von Moltke）也曾说过：“计划是无用的，但是拟订计划却是必不可少的。”据说二战期间担任盟军在欧洲的最高指

---

① Richard M. Langworth, ed., *Churchill by Himself: The Definitive Collection of Quotations* (New York: Public Affairs, 2008), p. 492.

② 同上，p. 214。

挥官的艾森豪威尔（Dwight David Eisenhower）经常引用毛奇这句话，并告诫身边的人，“靠计划指引，但不要盲从计划”。[①]后来担任美国总统的尼克松对此印象深刻，只不过他已不清楚这句格言本是毛奇说的。[②]

毛奇、丘吉尔、艾森豪威尔都是杰出的军事家。作为伟大的军事家，毛泽东清楚了解计划的必要性与重要性。他的名言是“‘凡事预则立，不预则废’，没有事先的计划和准备，就不能获得战争的胜利”。[③] 其实，计划的重要性并不局限于军事战略领域，在经济社会发展中同样重要。美国并不具备进行中长期经济社会发展规划的能力，但这并不妨碍曾担任美国财政部部长的盖特纳（Timothy Franz Geithner）认识到“有计划胜过无计划”。在他的新书《压力测试：对金融危机的反思》中，他将这句话重复了很多遍。[④]

计划之所以必要与重要，不是因为拟订的计划可以准确无误地预测迈向未来的每一个步骤。拟定了职业规划的个人很可能经常大失所望，拟定了销售规划的企业很可能经常发现业绩不尽如人意，拟定了科研规划的研究团队很可能经常碰壁，拟定了城市

---

① Evan Thomas, *Ike's Bluff*: *President Eisenhower's Secret Battle to Save the World* (Back Bay Books, 2013), p. 44.

② 尼克松．六次危机[M]．北京：商务印书馆，1972：353. 尼克松担任美国总统前几个月，艾森豪威尔的孙子戴维同尼克松的小女儿朱莉喜结连理。

③ 毛泽东．论持久战[M] //毛泽东选集：第二卷．北京：人民出版社，1991：495.

④ Timothy F. Geithner, *Stress Test*: *Reflections on Financial Crises* (New York: Crown, 2014).

规划的地方很可能会出现私搭乱建。但这能否就表明职业规划、销售规划、科研规划、城市规划毫无必要呢？显然不能！试想如果没有规划，个人、企业、科研团队、城市的情况会更好吗？

同样，拟定了经济社会发展规划的国家也许从来不会百分之百地实现预定目标。本来，如果一个国家为自己制订的计划指标不多，而且每个指标都不高的话，实现预定目标便不是难事。但这样做就使制订计划失去了意义。因此，凡是拟定经济社会发展规划的国家都不会这么做。相反，它们都会把计划指标设定在必须经过相当努力才能完成的高度之上。中国就是这么做的。如图4.4所示，从1953年实行第一个五年计划开始，一直到2010年完成第十一个五年规划，中国从未百分之百地完成所有计划指标。然而，任何人恐怕都不能依据这张图得出结论：假如不制订中长期计划，中国的经济社会发展会同样让世人瞩目，甚至更好。如果有人做出这种反事实的推测，它既无法证明，也无法证伪，充其量不过是情绪与立场的表达而已。过去几十年来，风云变幻，中国从未放弃制订中长期计划，尽管制订出来的计划执行情况不尽如人意，但持之以恒地制订中长期计划确保中国沿着预定的方向前行，这正是中国成功的秘密之一。

在以往有关中国五年计划的研究中，注意力往往集中在计划指标的完成情况上（有关苏联五年计划的研究也是如此）。它被当作衡量计划是否成功的标准，成为辩论制订计划有无必要的依据。这种思考方式实际上是基于一个未加言明的假设：作为名词的“计划”比作为动词的“计划”更加重要。如上所述，这个

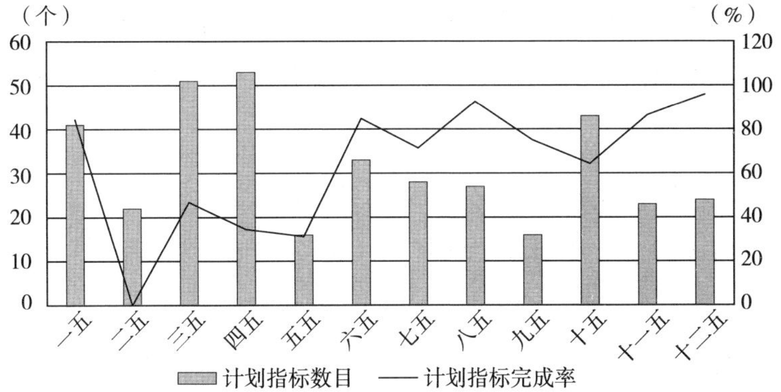

图 4.4　计划指标数目与计划指标完成率

注：计划指标完成率，指完成计划（完成百分数在 100% 及以上）的指标数与指标总数的比值。

资料来源：鄢一龙．目标治理：看得见的五年规划之手［M］．北京：中国人民大学出版社，2013：293—295，326—340。

假设带有严重误导性。上述思考方式的逻辑应该反转过来，我们关注的重点应该是计划的制订，而不是制订出来的计划。把注意力放在计划的出发点与形成过程上，可以使我们看到计划研究的不同侧面。

首先，关注计划制订有利于彰显计划的战略特性。

制订计划必须从战略高度出发，而制订出来的计划引人注目的往往是其操作性细节（如计划指标、计划指标的分解、计划执行的路线图等）。制订中长期计划，必须着眼于全局，包括国内、国外两个大局的现状，国内外局势中已经出现的新情况、新变化、新特点，以及国内外已经出现或可能出现的不确定、不稳定因素。制订中长期计划，还必须着眼于长远，不仅要看到当下，预测以后三五年的走势，还必须展望未来一二十年的发展方向。[1] 而所谓战略高度就是从全局与长远的视角紧扣两个主题：走向何方？怎样到那里去？这就需要一方面把握方方面面错综复杂的现象，另一方面化繁为简、聚焦关键。只有这样，制订出来的中长期计划才可能“壹引其纲，万目皆张”（《吕氏春秋·用民》），才能引导全国各地区、各部门在今后不同阶段的发展。

其次，关注计划制订有利于彰显计划的动态特性。

制订计划一定是个动态过程，不可能一蹴而就，需要诸多当事方的多轮互动才能形成；而制订出来的计划则往往是静态的，一板一眼，似乎按部就班就能实现。当然，不同的计划理念也许会导致不同的计划形成过程，并产生不同类型的计划。如果假定人是理性的，不仅可以充分占有信息，而且可以科学地处理相关信息，制订计划的过程可能严重依赖专门机构、专家、专业计划工作者，可能充斥着技术性分析、模型建立、数据推算。由于相信有可能制订出完美的计划，这样制订出来的计划也许篇幅很长、内容很杂、指标很多、设想很细、要求很严。反过来，如果假定任何人（包括所谓专家）充其量都只具备有限理性，不仅不可能充分占有信息，而且无法系统、全面地处理相关信息，制订计划的过程就会更加开放，就会允许各当事方进行更多的互动。这样的计划理念不相信“完美的计划”，在其指导下制订出

---

① 从制订第一个五年计划开始，中国几乎每次制订五年计划时，都同时准备更长期的规划，如十年规划、二十五年规划等。

来的计划也许篇幅要短得多、内容要集中得多、指标要少得多、设想要粗得多、要求要宽得多。更重要的是，在后一种理念下，制订计划的过程不是止于制订出计划的那一刻，而是一直延续到计划执行终结之时。这是因为不管制订出来的计划多完美，它都不会与现实状况完全一致，军事指挥家都知道，“一旦与敌军交火，计划就得有所变化”。同理，一旦付诸实施，经济社会发展计划也需适时按实际发展进行相应调整。因此，计划制订与计划实施并不是决然不同的两个阶段，朝着计划指定的方向前进比死板地执行计划指标更为重要。

再次，关注计划制订有利于彰显计划的学习特性。

上面提到，计划在执行过程中往往会进行必要的调整，这本身就是边干边学。而计划制订是连续的，完成一个计划期后，会进入下一个计划期。每一个计划期恐怕都会有成功的经验与失误的教训，别国的经验教训也会对本国有借鉴意义。从本国与别国的经验教训中学习，有助于不断调整计划理念、计划制订方式、计划内容、计划实施途径等。如图 4.4 所示，在“一五”至“五五”期间，中国的计划指标完成率起伏剧烈；而“六五”以后，计划指标完成率普遍提高，并将起伏波动收窄到一个不大的空间。这便是计划制订的学习特性在起作用。

最后，把注意力放在计划制订上，看各国愿否制订计划、能否制订计划，还有助于我们深入了解不同政治经济制度。

愿否制订计划。在个人生活中，有些人喜欢在做某件事情之前制订计划，而另一些人喜欢随波逐流。这反映出不同的人生态度。在经济社会发展方面，有些国家有意识地制订全方位的中长期计划，认为这是在资源有限的条件下，快速实现国富民强的最佳途径；而另一些国家相信，政府出面进行协调与规划是完全没有必要的，因为理性个人基于自我短期利益最大化的互动便可以带来社会长期效益最大化；还有些国家既不用市场在资源配置中的决定性作用取代甚至否定政府作用，也不用更好发挥政府作用取代甚至否定使市场在资源配置中起决定性作用，而是同时运用“看不见的手”和“看得见的手”。这些不同可以揭示不同政治经济制度的意识形态特征，而这些特征并不是简单的社会主义与资本主义二分法可以揭示的。

能否制订计划。在某些政治经济制度下，即使很多人希望本国制订中长期计划，他们也未必能如愿以偿。这里的关键是，在决策体制中，不同决策主体的交汇处是“否决点”（veto point），还是协商点、协调点、协议点。

有些制度强调个体本位、强调竞争、强调制衡，在决策过程中设置多个否决点，或允许存在多个否决者（veto player）。在这种制度下，不同参与方倾向于各自追求自身利益最大化，并为此而纵横捭阖、相互掣肘，想方设法否决其他参与方提出的方案。特殊利益集团在这种机制下如鱼得水，它们可以通过影响否决者绑架决策过程，阻止有可能损害其利益的政策出台，哪怕这些政策有利于绝大多数人。例如，美国制度的特别之处就在于，其中遍布否决的权力。显然，在政策形成过程中，否决的权力越多，政策变化的可能性越小，哪怕在一个节点上有人行使否决权，政策变化就会胎死腹中。这种否决权遍布的制度安排使一般政策的渐进调适都很难产生，重大政策变局也是难上加难，更不用提涉及面很广的经济社会发展中长期计划了。① 据此，曾一度主张"历史终结论"的美国日裔学者弗朗西斯·福山痛心地把美国的政治制度称为"否决政体"（vetocracy）。②

而另外一些制度则不同，它们强调总体本位、强调合作、强调共识，努力把决策过程中各方的交汇点设置为"接触点""输入点""商议点"，而不是"否决点"。在这种机制下，不同参与方只能通过充分表述、反复协商、高层协调，求大同存小异，最终达成糅合各方意见的政策共识。特殊利益集团在这种机制下用武之地不多，它们可以参与决策，却很难按照自己的意愿左右或阻碍决策进程。这种机制有利于经济社会发展的中长期计划的形

① 最早注意到美国制度的特殊之处在于其中遍布否决的权力的是林德布洛姆，见 Charles E. Lindblom, "Still Muddling, Not Yet Through," *Public Administration Review*, Vol. 39, No. 6, 1979, pp. 520 – 521。最早使用"否决点"概念的是埃伦·M. 伊莫加特（Ellen M. Immergut），见其"Institutions, Veto Points, and Policy Results: A Comparative Analysis of Health Care," *Journal of Public Policy*, Vol. 10, No. 4 (1990), pp. 391 – 416。最系统使用"否决者"的是乔治·切贝里斯（George Tsebelis），其代表作是 *Veto Players: How Political Institutions Work* (Princeton: Princeton University Press, 2002)。

② Francis Fukuyama, "Oh for a Democratic Dictatorship and not a Vetocracy," *Financial Times*, November 22, 2011, http://www.ft.com/intl/cms/s/0/d82776c6-14fd-11e1-a2a6-00144feabdc0.html#axzz28PC8kNpJ.

成。中国便是这方面制度安排的典范。① 连福山也不得不承认："中国政治制度的最大优势在于，她有能力迅速做出重大、复杂的决策，而且这些决策的质量还相当不错，至少在经济政策领域如此。"②

中国无疑具有制订中长期计划的意愿能力与经验，这已被过去几十年的历史证明。它是中国体制的巨大优势之一。难能可贵的是，中国在推进中长期计划的过程中，不断从自己和别国的经验教训中汲取养分，不断根据实际变化修正计划的战略方向，不断调整计划的战略定位，不断改变计划的制订方式，规避了苏式计划经济的教条和僵硬的制度缺陷。

从"一五"至"五五"，中国计划工作的重点放在确定与调整计划的战略方向上。如"一五"突出计划的产业排序（优先发展重工业）；"二五"突出计划的增长指标（将计划指标设为三本账：第一本账为全国必成计划指标；第二本账为全国期成计划指标，即地方必成计划指标；第三本账为地方期成计划指标）；"三五"突出计划的空间布局（对第一、二、三线进行全面部署，加快三线建设）。计划战略方向的每次转换都意味着在一定程度上汲取了前期教训，如"一五"以后，毛泽东提出"要适当地调整重工业和农业、轻工业的投资比例，

① 王绍光，樊鹏. 中国式共识型决策："开门"与"磨合"［M］. 北京：中国人民大学出版社，2013.

② Francis Fukuyama, "US Democracy Has Little to Teach China," *Financial Time*, January 17, 2011.

更多地发展农业、轻工业”；又如在“二五”后期直至毛泽东晚年，他反复强调，在制订计划时“要留有余地”；再如“五五”调低三线建设投资的比重，调整三线建设的具体内容。

从“六五”到“九五”，中国计划工作的重点转至调整计划本身的战略定位（亦指计划在社会主义经济体制中的位置）。如果说此前计划具有全方位、指令性的话，此后，全方位、指令性计划逐步收缩空间，一步步为指导性计划与市场调节让位：先是承认市场有正面作用（1978年），继而提出“计划经济为主、市场调节为辅的原则”（1982年），再而提出“计划调节与市场调节的有机结合”（1984年），最后赋予市场在资源配置方面的“基础性作用”（1992年）和“决定性作用”（2013年）。35年过去了，中国从“实行计划经济”改为“实行社会主义市场经济”（《宪法》的修正），市场作用的范围和内容从小到大持续扩展，“国民经济计划”被“国民经济与社会发展计划”替代，“国民经济与社会发展计划”又被“国民经济与社会发展规划”替代。

小结

在英文中，“规划”与“计划”没有差别，都是“plan”。在中文中，两个词含义相近，但前者更多用于比较全面的长远的发展计划。在这个意义上，“五年计划”与“五年规划”在字面上没有多大差别。[1] 不过，究其实质，我们现在制订的国家五年规划与改革开放前的五年计划已大不相同。一方面，从覆盖的广度看，五年规划比五年计划更具综合性、全面性，不仅涉及经济发展，而且涉及社会发展；不仅着眼于公有制单位，也着眼于非公有制单位。另一方面，从覆盖的深度看，五年规划更具宏观性、战略性，主要关注产业、区域、城乡、土地使用、社会服务、生态环境保护等结构问题，着重提出经济、社会发展的方向、任务以及相应的发展战略和措施，不再将重点放在指导企业的微观活动。五年规划依然发挥着资源配置的作用，在土地、能源、网络型产业（交通、运输、电力、电信、金融、互联网）等战略性领域尤为如此；但在绝大多数领域，市场在资源配置方面的作用是基础性、决定性的。五年规划依然有指标，但指标的性质发生了重大变化："九五"以后，不再出现明确的指令性指标，取而代之的是预测性、指导性指标。虽然从"十一五"开始又引入了约束性指标，但约束的对象不再是企业，而是各级政府。用《"十一五"规划纲要》和《"十二五"规划纲要》的话

① 其实"规划"一词早已被使用，如20世纪50年代中期制定的《1956—1967年科技发展远景规划》；60年代初期，中国曾着手准备的《十五年远景规划》《1963—1972年十年科学技术规划》《农业长期规划》《中小学教育和职业教育七年（1964—1970）规划要点（初步草案）》《工交长期规划》；70年代初拟定的《全国农业机械化发展规划（草案）》；70年代中期拟定的《1976—1985年发展国民经济十年规划纲要》；80年代初制定的《1981—1990年发展国民经济的十年规划》；制定"八五"时，同时制定的十年规划等。不过50年代初准备的十五年远景计划并没有使用"规划"一词。

说，现在中国之所以坚持制定五年规划，主要是为了“阐明国家战略意图，明确政府工作重点，引导市场主体行为”；这种规划是“未来五年我国经济社会发展的宏伟蓝图，是全国各族人民共同的行动纲领，是政府履行经济调节、市场监管、社会管理和公共服务职责的重要依据”。[①]

① 《中华人民共和国国民经济和社会发展第十一个五年规划纲要》（2006 年 3 月 14 日第十届全国人民代表大会第四次会议批准）；《中华人民共和国国民经济和社会发展第十二个五年规划纲要》（2011 年 3 月 14 日第十一届全国人民代表大会第四次会议批准）。

第五章
支柱：国企与工业化

新中国成立70年，中国经济最大的变化是实现了工业化，而且工业化的水平越来越高。在这个过程中，国有企业扮演了不可或缺的角色。本章讨论在过去70年中国企与工业化的关系，主要不是理论分析，更多的是通过各种各样的数据说明过去70年中国经济发生了多大的变化，中国工业发生了多大的变化，国有企业在其中做出了多大的贡献。

什么叫工业化？《现代汉语词典》对工业的定义是："采取自然物质资源，制造生产资料、生活资料，或对各种原材料进行加工的生产事业。"① 工业化则是指从传统农业社会向现代工业社会转变的过程，或以机器为特征的近现代工业逐步发展，并在

---

① 见《现代汉语词典》第7版，第449页。

国民经济中逐步占据主要地位的过程。此处在“工业”前面加了“现代”二字，是因为工业还包括传统手工业；如果工业停留在传统手工业制造阶段，恐怕还不能算工业化。

看一个社会是否进入工业化，可以借助四个基本指标。

一是结构变化。首先是国民经济的构成是否发生了变化，农业、工业、第三产业的比重怎样。其次，在工业部门内部，生产资料的生产是否扩大。这里所谓生产资料是指不能直接吃、喝、穿、用的东西，而是为生产吃、喝、穿、用的东西而需要制造的其他东西。生产能直接吃、喝、穿、用的东西属于轻工业，生产不能直接吃、喝、穿、用的东西属于重工业。考察结构变化，要关注轻重工业的比重发生了什么变化。无论是轻工业也好，重工业也好，还要看其产品结构是否发生了升级换代，其技术含量是否有所提升。

二是量的增长。包括生产总量、人均产量增长。很显然，量的变化与经济增长速度有关。

三是效率提升。就是生产同一产品所需时间、劳动力和原材料的多少。用专业术语说，效率既包括劳动生产率，也包括全要素生产率。

四是地区分布。在一个国家的范围里面，工业化是集中在某一个特定的区域，还是扩散到了其他区域？是仅仅在某几个小的点上实现了工业化，还是在全国范围内实现了工业化？这应该是衡量工业化不可忽略的一个指标。

早在新中国成立以前，毛泽东同志就对中国的工业化提出两大期待，体现在他说过的两段话里。一段话是 1945 年他在党的七大上讲的："在新民主主义的政治条件获得之后，中国人民及其政府必须采取切实的步骤，在若干年内逐步地建立重工业和轻工业，使中国由农业国变为工业国。"① 也就是说，他的第一个期待是中国要"由农业国变成工业国"。

第二段话是 1949 年 3 月毛主席刚刚到达北京时在七届二中全会上讲的，他指出当时"还没有解决建立独立的完整的工业体系问题，只有待经济上获得了广大的发展，由落后的农业国变成了先进的工业国，才算最后地解决了这个问题"。他的第二个期待是，中国不仅要实现工业化，还要在自己的土地上建立独立的完整的工业体系，变为"先进的工业国"。

下面我们将用数据检验新中国的成就，看毛泽东去世前后，他的两个期待是否实现了。

在新中国成立前两天，1949 年 9 月 29 日，中国人民政治协商会议第一届全体会议通过了起临时宪法作用的《中国人民政治协商会议共同纲领》。《共同纲领》第二十八条规定了国有经济的使命："国营经济为社会主义性质的经济。凡属有关国家经济命脉和足以操纵国民生计的事业，均应由国家统一经营。凡属国有的资源和企业，均为全体人民的公共财产，为人民共和国发展生产、繁荣经济的主要物质基础和整个社会经济的领导力量。"注意这里讲的不仅仅是"国有"，而且是"国营"。既然这

---

① 毛泽东．论联合政府（1945 年 4 月 24 日）[M]//毛泽东选集：第三卷．北京：人民出版社，1991：1081.

种“国有”“国营”的经济是“全体人民的公共财产”，在很长一段时间里，我们曾把国有经济叫作“全民所有制经济”。

《共同纲领》第三十五条提出了工业化的使命：“应以有计划、有步骤地恢复和发展重工业为重点，例如矿业、钢铁业、动力工业、机器制造业、电器工业和主要化学工业等，以创立国家工业化的基础。”这里突出了优先发展重工业的重要性。由此可见，《共同纲领》不是一个简单的政治声明，它包含丰富的内容，具体地规划了中国工业化的道路。

本章分为三部分。第一部分讲新中国的起点，不把起点讲清楚，就很难理解后来70年到底取得了什么样的成就。第二部分讲在前三十年，中国如何“由农业国变为工业国”，如何建立起“独立的完整的工业体系”，实现了毛泽东的两个期待。第三部分讲后四十年中国如何由工业国变为工业大国。关于国有企业在整个70年历史过程中发挥的作用将贯穿于这三个部分的始终。

新中国的起点

关于新中国的起点，从四个方面加以考察，即经济、工业、资本、国企。本节从经济讲起，最后讲到国企；后两节将倒过来，从国企讲起，再讲资本、工业，最后讲到经济。

经济的起点

对新中国经济的起点，我们首先从结构特点分析，其次看量的特点。

从结构上看，1949 年的中国是一个落后的农业国，5 亿多人中，只有大约 200 万人从事工业，工业总产值只占全国经济总量的 10% 左右。不要说与欧美国家相比，哪怕与比较落后的苏联相比，1949 年的中国也要落后得多。而俄国在一战前的 1913 年，工业比重已经占其经济总量的 43%。基础工业方面，中国更加落后。

图 5. 1 展示了传统产业与新式产业在工农业总产值中的比重。除了农业，这里所谓传统产业也包括落后的手工业。由此可以看出，1920 年时，中国新式产业（排除农业和手工业的现代工业及公共事业等）仅占工农业总产值的 7. 37%；到 1936 年也仅占 13. 37%。到 1949 年，东北新式产业加进来后，全国新式产业的比重提升至 17%，其余超过八成仍是传统产业，主要是农业。如果只看由制造业、采矿业和公共事业构成的现代部门，

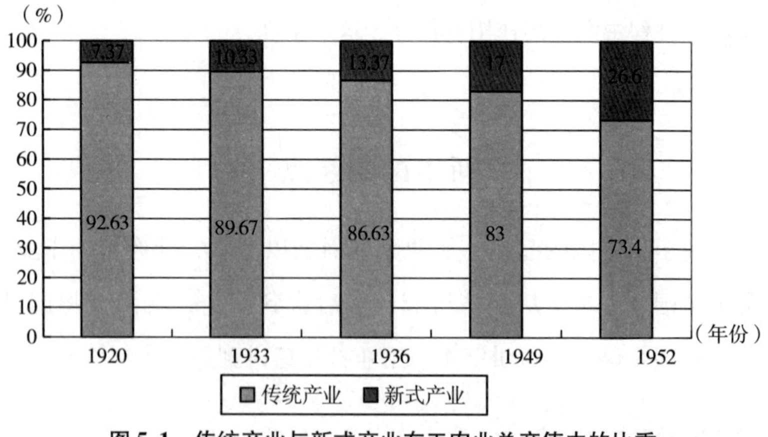

图 5. 1 传统产业与新式产业在工农业总产值中的比重

资料来源：许涤新，吴承明. 中国资本主义发展史：第三卷[M]. 北京：人民出版社，2003：756。

其份额更小。以 1933 年为例，它大概仅占 GDP 净值的 3.4%，实在是经济中非常小的一个板块。

到 1952 年，中国国民经济的总体水平已经超过战前最高水平。这时，新式产业的占比才上升到 26.6%。图 5.2 对这一年国内生产总值的构成进行了更细的分解。我们看到，第一产业占整个 GDP 的 51%，工业，建筑业，交通运输、仓储和邮政业加起来大约占四分之一，其他服务业与批发和零售业加起来大约也占四分之一。总体而言，那时的中国依然是典型的农业国。

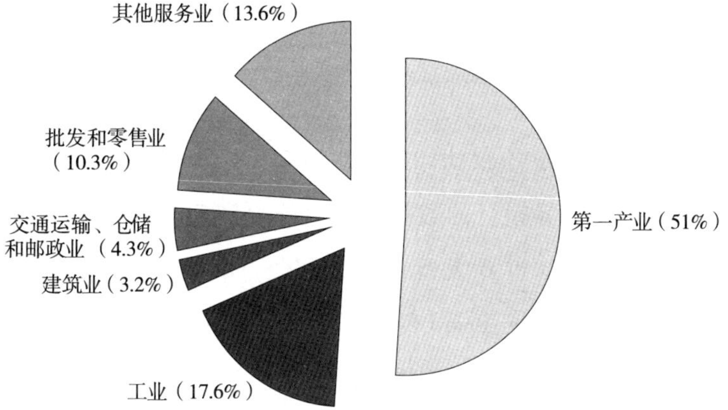

图 5.2　1952 年国内生产总值构成

资料来源：国家统计局国民经济综合统计司，《新中国六十年统计资料汇编》，《中国统计年鉴》，中国经济与社会发展统计数据库。

从表 5.1 可以看出，在 1949—1950 年期间，印度的经济结构比中国稍微先进一点，工业就业人员、服务业就业人员占就业总量的比重都比中国高，农业就业人员比重比中国低。由于印度的气候等自然环境比中国好，它的人均 GDP 约高出中国三分之一。那时，虽然中印都是穷国，但中国则更穷一些。

表 5.1　1949—1950 年中国与印度经济状况对比

经济指标	中国	印度
人均 GDP（2018 年不变价国际美元）	666	930
农业占 GDP 比重	59%	51%
大规模制造业和公共事业占 GDP 比重	9%	6%
农业就业人员占就业总数比重	77%	72%
工业就业人员占就业总数比重	7%	11%
服务业就业人员占就业总数比重	16%	17%

资料来源：人均 GDP 数据来自 The Conference Board，Total Economy Database，April 2019，https://www.conference-board.org/data/economydatabase/TED1；其他数据来自阿瓦什尼·塞思．中国和印度：不同绩效的制度根源［J］．发展与变迁，2008（5）。

中国人均 GDP 不仅比印度低，与全世界各国相比，中国也是非常低的。世界银行的数据往往只能追溯到 1960 年，而 the Conference Board（世界大型企业联合会）的数据从 1950 年开始。在 the Conference Board 的数据库里，1950 年有 126 个国家的数据。排除三个海湾石油国家的极端个例，按它们各自人均 GDP 的水平由高到低进行排列，中国位于倒数第 7，也就是在世界上最落后的国家之列。这就是我们经济的起点。

工业的起点

新中国工业的起点之低，是今天的人们很难想象的。

旧中国的工业，绝大部分是手工业，机器工业很少。手工业制造的不是农产品，而是工业产品，但是几乎全靠手工制作。这种生产方式也许已经存在了几百年甚至上千年，产量低，质量差，品种少，与现代工业不能同日而语。1933 年，中国手工业产值占工业的 73%，现代机器工业只占 27%。

即使在机器工业中，绝大部分也是半机械化生产，一半用机器一半用人，人均马力非常低，技术非常落后。今天谈专利数量，用的数字是几万件、几十万件、几百万件，而 1912 年到 1936 年间，中国平均每年只有 11 件专利，可见技术有多么落后。

从工业部门结构来看，绝大部分工业生产消费品，即直接能吃、喝、穿、用的日常生活用品，占工业总产值的 70% 左右；生产资料的工业产值比重，只有 30% 左右。那时候，中国著名的厂家无非是一些纱厂、面粉厂、火柴厂而已。

从地理分布来看，绝大部分现代工业集中在东部沿海地区，尤其是上海；内地只有几个大城市，如重庆、武汉点缀着一点点现代工业。进入中国腹地，很难找到现代工业的痕迹。

当时中国的工厂数量少、规模小。1949 年新中国成立时，总共有 12.3 万家私人工业企业，其中雇用 10 人以上的约有 1.48 万家，这种稍大一点的私营工业企业占总量的 12% 左右（见表 5.2）。也就是说，按当时的标准，雇用 10 人以上就算是上规模的企业了。放在今天，这种企业只比个体户稍大一点。1949 年，中国的私营工业企业一共才雇用约 164.4 万工人，其中约 92.5 万人在 10 人以上的工厂工作。所有这些企业加在一起，资本净值只有 20 亿元左右，总产值只有不到 70 亿元。其中 10 人以上企业的资本净值约为 14 亿元，产值约为 46.6 亿元。

表 5.2　1949 年的私营工业

	全部私营工业	10 人以上私营工业	10 人以上私营工业占比（%）
工厂数量	123 165	14 780	12
职工人数	1 643 832	925 477	56.30
资产净值（亿元）	20.08	14 056	70
总产值（亿元）	68.28	46 635	68.30

新中国成立后，私人工商业发展势头挺好。到 1953 年，全国私营工业企业的数量增加到 15 万家，但它们规模还是不大：职工在 500 人以上的企业一共只有 167 家，占总数的 0.1%。而在十月革命之前，俄国雇用 500 人以上的企业已经占全部企业的 54% 以上了。当时俄国和欧美相比已是一个落后国家，中国都没法与之相比，更不用说与其他国家相比了。早在 1907 年，德国雇用 1 000 人以上的工厂已经达 580 家之多。

1953 年，职工 500 人以上的工厂在中国是凤毛麟角，而职工在 50 人以上的企业也不多，只占企业总数的 3.74%。新中国成立后，职工在 10 人以上的企业虽有了大幅增加，但不到企业总数的三分之一；而在这些 10 人以上的工厂中，仍有 60% 的企业使用手工工具。其他约占 70% 的工业企业，都是 10 人以下的手工作坊，绝大多数没有现代动力设备，产品不能定型和按标准化大批量生产。不难想见，这样的生产方式有多么落后。

1953 年，中国使用机器的工业主要是轻工业而不是重工业，其中食品与纺织工业的职工人数与产值占全部工业的一半以上。那时的重工业主要是燃料工业，如煤矿，其产品固然可以用于生产资料的生产，但主要是直接用作消费，解决城市人口的烧水、煮饭问题。

落后的工业结构直接反映在落后的工业产品结构中。表 5.3 列举了新中国成立之初的主要工业产品，它们在 1949 年之前的最高年产量，以及 1952 年的产量。从这张表中，我们可以解读出很多东西，这里只点出三点。

表 5.3　新中国成立之初主要工业产品产量

产品名称	单位	1949 年之前最高		指数（以 1949 年之前最高年为 100）	
		年份	产量	1949 年	1952 年
纱	万吨	1933	44.5	73.5	147.4
布	亿米	1936	27.9	67.7	137.3
火柴	万件	1937	860	78.1	105.9
原盐	万吨	1943	392	76.3	126.3
糖	万吨	1936	41	48.8	109.8
卷烟	万箱	1947	236	67.8	112.3
原煤	亿吨	1942	0.62	51.6	106.5
原油	万吨	1943	32	37.5	137.5
发电量	亿千瓦时	1941	60	71.7	121.7
钢	万吨	1943	92.3	17.1	146.3
生铁	万吨	1943	180	13.9	107.2
水泥	万吨	1942	229	28.8	124.9
平板玻璃	万标准箱	1941	129	83.7	165.1
硫酸	万吨	1942	18	22.2	105.6
纯碱	万吨	1940	10.3	85.4	186.4
烧碱	万吨	1941	1.2	125	658.3
金属切削机床	万台	1941	0.54	29.6	253.7

第一，当时的工业产品结构相当原始。前 6 种是人们日常消费离不开的轻工产品；第 7—9 种——原煤、原油、电是重工业产品，但主要用于人们直接消费；其余是重工业产品，主要用作

生产资料。今天的年轻人不一定知道的是，当年，在大多数工业产品的前面，往往会加上一个“洋”字。纱叫“洋纱”，布叫“洋布”，以示与“土纱”“土布”不同；火柴叫“洋火”，香烟叫“洋烟”，糖叫“洋糖”，[①] 煤油叫“洋油”，煤油灯叫“洋油灯”，石灰叫“洋灰”，就连最不起眼的铁钉也被叫作“洋钉”。几乎稍微现代一点的工业产品前面都带“洋”字。这个“洋”表达的意思是，要么是从外国进口的，要么是模仿洋货制造的。

第二，当时工业产品产量非常低。如果拿前 6 种消费品 1949 年之前最高年产量除以当时的人口总数（大约 5 亿），平均到每个人头上，纱、布、盐、糖只有多大一点？任何上过小学的读者都可以计算出来。再看钢产量，1949 年之前最高年产量出现在 1943 年，为 92. 3 万吨；1949 年下降到 15. 8 万吨，相当于 1943 年的 17. 1%；1952 年钢产量超过 1949 年之前最高水平，也只有 135 万吨，每个中国人平均只有 2. 4 公斤。发电量也是如此，中国现在每一天的发电量都是 1949 年之前最高全年发电量的 3 倍！

新中国工业的起点之低，仅与现在比，也许说服力不足，毕竟已经过去了 70 年。而与印度做同期比较，可能更容易凸显中国工业当时有多么落后。从表 5. 4 可以看得很清楚，1949 年中

---

① 笔者小时候在武汉长大。那时武汉有种早点，叫作“洋糖发糕”，不过是一般的甜味发糕，因为用了糖，就被叫作“洋糖发糕”。

国的很多产品产量都不如印度。印度当时的人口是3.5亿，中国当时是5.4亿。印度在原油、硫酸、水泥、糖、生铁、钢这些方面的产量是中国的2倍多、5倍多、6倍多，一直到8倍之多；其纱、布产量及发电量也比中国高。产量超过印度的中国产品只有原盐、烧碱、卷烟、纯碱，然而平均到个人，中国与印度也差不了太多。看了这张表，也许我们才能更好地体会，直到1954年6月，为什么毛泽东还有这样的忧虑："现在我们能造什么？能造桌子椅子，能造茶碗茶壶，能种粮食，还能磨成面粉，还能造纸，但是，一辆汽车、一架飞机、一辆坦克、一辆拖拉机都不能造。"①

表5.4　1949年中国与印度主要工业产品比较

	单位	中国	印度	印度为中国倍数
钢	万吨	15.8	137.0	8.67
生铁	万吨	25.2	164.0	6.56
糖	万吨	19.9	118.0	5.90
水泥	万吨	66.0	186.0	2.82
硫酸	万吨	4.0	10.0	2.50
原油	万吨	12.1	25.0	2.08
纱	万吨	32.7	61.5	1.88
布	亿米	18.9	34.6	1.83
发电量	亿千瓦时	43.1	49.0	1.14

① 毛泽东．关于中华人民共和国宪法草案（1954年6月14日）［M］∥毛泽东文集：第六卷．北京：人民出版社，1999：329.

（续表）

	单位	中国	印度	印度为中国倍数
原煤	亿吨	0.3	0.3	1.00
原盐	万吨	298.5	202.0	0.68
烧碱	万吨	1.5	0.6	0.40
卷烟	万箱	160.0	44.0	0.28
纯碱	万吨	8.8	1.8	0.20
人口	万人	54 167.0	35 051.0	0.65

第三，新中国成立三年后，中国主要工业产品的产量已经全面、大幅度超过新中国成立之前最高产量。

除了落后以外，中国当时的工业主要集中在占中国国土面积不到12%的东部沿海地区，主要有两大块儿，一个是上海，一个是东北，此外还包括天津、青岛、广州、南京、无锡这些城市；除了武汉和重庆以外，内地几乎很少有现代工业；在边疆少数民族地区，几乎完全没有现代工业的痕迹。[①]

由此可见，无论用什么指标衡量，当时中国的工业都远远落后于世界其他地方。

国家资本的起点

要发展工业、发展现代经济就需要有资本投入。前面曾提到西方国家工业化的起步是靠殖民主义、奴隶贸易、奴隶制攫取了

① 汪海波．新中国工业经济史：1949.10—1957［M］．北京：经济管理出版社，1994：61.

资本原始积累的“第一桶金”。新中国的资本积累不可能这么做。不仅不能这么做，我们还面临西方帝国主义的重重封锁，它们千方百计卡我们的脖子，企图置新中国于死地而后快。新中国只能靠自己进行资本积累。

分析新中国成立之前资本积累的状况，我们可以借助许涤新、吴承明在《中国资本主义发展史》第三卷中使用的“资本体系”作为分析框架。这个体系将资本分成工业资本、交通运输业资本、产业资本、商业资本、金融业资本。工业资本涵盖近代化工厂制造业、水电等公用事业、全部矿冶业（包括土法采矿和冶炼）等领域。交通运输业资本包括铁路、公路、轮船、民航、邮政、电信等领域。产业资本是工业资本与交通运输业资本的总和。商业资本涵盖市场商品一次交易所需资本。金融业资本包括所有新式和旧式银钱业，但不包括投资公司。①

在旧中国，无论是这个体系中的哪类资本，其来源都有三种：外国资本、官僚资本、民族资本。表 5.5 描述了这五类三种资本在 1947—1948 年的情况。

表 5.5　资本总额的构成，1947—1948 年　单位：法币亿元，1936 年币值

	外国资本	官僚资本	民族资本	总计
工业资本	6.244 6	15.987 4	14.849 2	37.081 2

① 许涤新，吴承明．中国资本主义发展史：第三卷［M］．北京：人民出版社，2003：735—736.

（续表）

	外国资本	官僚资本	民族资本	总计
来源占比	16.84%	43.11%	40.05%	100.00%
交通运输业资本	1.096 8	26.020 5	1.300 7	28.418
来源占比	3.86%	91.56%	4.58%	100.00%
产业资本	7.341 4	42.007 9	16.149 9	65.499 2
来源占比	11.21%	64.13%	24.66%	100.00%
商业资本	1.534 8	0.3	36.4	38.234 8
来源占比	4.01%	0.79%	95.20%	100.00%
金融业资本	2.288 8	34.4	2.029	38.717 8
来源占比	5.91%	88.85%	5.24%	100.00%
资本总额	11.165	76.707 9	54.578 9	142.451 8
来源占比	7.84%	53.85%	38.31%	100.00%

资料来源：根据许涤新、吴承明主编，《中国资本主义发展史》第三卷（北京：人民出版社，2003 年）第六章《中国资本主义发展的水平》提供的数据整理。

我们看到，当时工业资本规模很小，到 1948 年，外国资本、官僚资本与民族资本加在一起也才约 37.1 亿元（按 1936 年币值）。即使加上交通运输业资本 28.4 亿元，整个产业资本才 65.5 亿元左右。而商业资本、金融业资本加在一起是 77 亿元左右。换句话说，当时产业资本的体量不如商业与金融业资本加起来的体量。这四类资本的总和是 142 亿元多一点点，平均到每个中国人头上只有 26 元左右。其实，这 142 亿元并不都是国内资本。外国资本是指美国、英国等西方国家在中国的投资。减去 11 亿元的外国资本，国内资本只有 131 亿元，平均每人只有 24 元左右。

当时国内资本的大头是官僚资本，约 76.7 亿元，主要包括国民党官营企业的资本，其主要来源是抗战胜利后没收日、德、意三国以及日伪汉奸的资本。官僚资本集中在两个领域——交通运输业与金融业，在前者中占 91.56%，在后者中占 88.85%，都占绝对主导地位。即使在工业领域占比没有这么高，但所占份额（43.11%）依然比外国资本（16.84%）和民族资本（40.05%）高。

民族资本发展了几十年，到新中国成立前规模依然不大，约有 54.6 亿元，只占资本总额的 38.31%。更何况，在这 50 多亿元私人资本中，产业资本只有 16.1 亿元，占不到 30% 的份额，70% 以上的私人资本集中在非生产领域，即商业与金融业，尤其是商业。16.1 亿元私人产业资本意味着平均每个中国人只有 3 元钱的投资，能指望它担负起中国工业化的重任吗？表 5.5 明确告诉我们，到新中国成立前夕，在与工业化直接相关的产业资本中，份额最大的是官僚资本，约占这类资本的三分之二。指望私人资本担负中国工业化重任，显然不现实。

从时间纬度来看，从辛亥革命一直到新中国成立前夕，产业资本的构成一直在变化。在第一次世界大战之前（1911—1914 年），全国的资本总额大概是 17.88 亿元；30 多年后，到 1947—1948 年间，增加到 65.5 亿元，是原来的 3 倍多［见表 5.6（a）］。后面我们将会看到，在 1952—1984 年这 30 多年里，新中国的资本总量翻了多少番。通过对比，我们才会知道，沿着旧中国的老路走下去，只能走多远。

表 5.6（a） 新中国成立前的 35 年，产业资本总量的变动

单位：法币亿元，1936 年币值

数额	1911—1914	1920	1936		1947—1948
			包括东北	不包括东北	
外国资本	10.22	13.30	57.18	19.59	7.34
本国资本	7.66	12.49	42.73	35.87	58.16
官僚资本	4.78	6.70	22.25	19.89	42.01
民族资本	2.88	5.80	20.48	15.97	16.15
资本总额	17.88	25.79	99.91	55.46	65.50

从辛亥革命到新中国成立的这 30 多年里，产业资本中的民族资本有所增加，1947—1948 年是 1911—1914 年的 5.6 倍，增幅虽然看似不小，但因起点很低（2.88 亿元），到新中国成立前一两年也只有约 16.1 亿元。同期，外资先升后降，1947—1948 年的不及 1911—1914 年的 72%。

在这 30 多年里，官僚资本份额增量最大。辛亥革命前后，官僚资本不多，只有 4.78 亿元，约占产业资本的四分之一；到新中国成立前夕，它已增至 42.01 亿元，是前者的 8.8 倍。这里很重要的一个原因是抗战胜利。新中国成立前在中国的外国资本主要是日本资本，日本资本主要集中在东北；抗战胜利后，日本资本的一部分被苏联拿走了，后来又还回来一些；但日资的绝大部分被国民党政府接收，变成了官僚资本。这就是为什么到 1947—1948 年，份额最大的是官僚资本，已经占整个中国产业资本的约三分之二。

表 5.6（b）　新中国成立前的 35 年，产业资本各项占产业资本总量的比重

单位：%

比重	1911—1914	1920	1936 包括东北	1936 不包括东北	1947—1948
外国资本	57.16	51.56	57.23	35.33	11.21
本国资本	42.84	48.44	42.77	64.67	88.79
官僚资本	26.76	25.96	22.27	35.87	64.13
民族资本	16.08	22.48	20.50	28.80	24.66
资本总额	100	100	100	100	100

资料来源：根据许涤新、吴承明主编，《中国资本主义发展史》第三卷（北京：人民出版社，2003 年）第六章《中国资本主义发展的水平》提供的数据整理。

综上所述，到新中国成立前夕，中国的产业资本中，帝国主义在华的资本占 11.21%，本国资本占 88.79%；在本国产业资本所占的 88.79% 中，官僚资本占 64.13%，民族资本占 24.66%。这主要是因为抗战结束以后，占外国资本 87% 的日本资本被国民政府没收了，变成了官僚资本，使得国民党政府手中的资本份额大幅增加。这其实是一件好事。1949 年 2 月，在西柏坡会见苏联来的代表米高扬时，毛主席说过这样一段话：国民党在一定程度上为发展中国工业创造了有利条件。为什么呢？因为“日本和国民党促使资本集中到国家手中，例如，东北的工业占 53%，其中 47% 在国家手中，6% 在私人手中”。这样，“中国工业的主要部分都掌握在国家手中”了。[①] 也就是说，国民党政府没收敌产实行国

① 沈志华，崔海智．毛泽东与苏共领导人第一次正面接触——关于米高扬访问西柏坡的俄国解密档案[M]//冷战国际史研究：第十八卷．北京：世界知识出版社，2015：388.

有化，实际上为新中国创造了一个有利的条件。实际上，共产党接收政权时，国有化的份额已经比较大了，尤其是在工业领域。

国有企业的起点

新中国刚成立时，为什么会大力发展国有企业？

首先是因为国有化是那时的时代趋势，可以从四个方面看。

第一，国有化是近代中国各政党和政治文化精英的共识。孙中山主张“发达国家资本，节制私人资本”。在他看来，“中国不能和外国比，单行节制资本是不足的。因为外国富，中国贫，外国生产过剩，中国生产不足。所以中国不单是节制私人资本，还是要发达国家资本”。① 国民党政府资源委员会两位重要的负责人翁文灏和钱昌照也认为，发展经济必须遵循三个原则：一是现代化主要是工业化，中国建设必须以工业化为中心；二是工业化必须以重工业建设为中心；三是重工业建设必须以国营事业为中心。② 不仅国民党的官方人士这么看，知识界也这么看，就连亲西方的留美学生也不例外。1948 年春，北美中国学生基督协会曾对中国留美学生做过一次盖洛普式调查，它发现，“目前在美的大学生对于久远的基本经济政策是主张社会主义”，51.5%的留学生主张中国工业化过程中重工业和公用事业应该国营，更

① 孙中山. 三民主义·民生主义（1924 年 8 月 10 日）[M]//孙中山全集：第九卷. 北京：中华书局，1986：391.

② 吴兆洪. 我所知道的资源委员会[M]//全国政协文史资料研究委员会工商经济组. 回忆国民党政府资源委员会. 北京：中国文史出版社，1988：106.

有 6% 的人主张轻工业也应该国营，而主张完全民营者不足 5%。[①] 这方面的材料非常之多，可以说是举不胜举。

第二，国有化是战后世界各国的共识。以中国的邻国——战后朝鲜为例，无论南北意识形态有多大差别，大多数知识分子、新闻工作者、政党都相信，计划经济体制是朝鲜最好的选择。朝鲜最激进的右翼政党（独立党）、最激进的左翼政党（共产党），最保守的政党（民主党）统统持这种看法。就连驻朝鲜美国陆军司令部军政厅任命的民政长官安在鸿也不例外。[②]

其实朝鲜也只是世界潮流的一部分。当时，亚洲、非洲、拉丁美洲的发展中国家走的几乎都是这条道路。欧洲的老牌资本主义国家亦是如此。早在俄国十月革命后一年，英国工党《党章》第四条便明确了追求国有化、公有化的目标。二战结束不久，执政的工党便开始推行经济国有化。1946 年，英格兰银行与所有民航公司被国有化，并开办全国医疗服务；1947 年，所有电信公司被国有化，并创立国家煤矿局；1948 年，铁路、运河、道路搬运和电力公司被国有化；1951 年，钢铁工业和汽油提炼工业被国有化。[③] 一直到 20 世纪 80 年代中期，欧洲各国投资中公有部门的占比依然很高：奥地利达 65%，法国达 55%，英国达

---

① 莫如俭．中国留美学生政治意见测验统计[J]．观察，1948，4（20）．

② Tae-Gyun Park, "Different Roads, Common Destination: Economic Discourses in South Korea during the 1950s," *Modern Asian Studies*, Vol. 39, No. 3 (Jul., 2005), pp. 661 – 682.

③ Martyn Sloman, *Socialising Public Ownership* (London: Palgrave Macmillan, 1978).

25%，西德达 20%。[①] 到 80 年代末，私有化的声浪开始日渐高涨。1988 年，世界银行曾出版过三卷本的《国有企业私有化技巧》，据其统计，至少有 83 个国家已开始尝试私有化。[②] 需要指出的是，那时绝大多数苏联东欧国家还没有开始私有化。世界银行的这个报告从反面告诉我们，国有化在世界各国（包括那些非社会主义阵营国家）曾经达到什么样的广度与深度。

第三，苏联模式的影响。新中国要建设社会主义，却没有经验，当时唯一可以借鉴的社会主义模式是苏联模式。既然苏联社会主义是建立在国有制基础上的，中国当时必定会受到影响。但是，中国后来采取的公有制形式与苏联不完全相同。在中国，集体所有制的比重更大；另外，中国大量的国有企业是地方国企，并不由中央政府直接掌控。

第四，解放区公营经济的传统。中国与苏联另一个不同点是：苏联是革命后才开始建设新的经济、政治体制，而中国共产党在新中国成立以前，早已拥有大片根据地。在这些根据地，中国共产党早已建立了一些公营经济实体，并积累了运作经验。

新中国成立以后，国有企业开始出现，其来源至少有五个方面：（1）解放区创建的各类公营企业；（2）没收国民党政府资源委员会

---

① Steve H. Hanke, "Europe's Nationalized Industries," The Free Market, April 1985.

② Rebecca Candoy-Sekse and Anne Ruiz Palmer, *Techniques of Privatization of State-Owned Enterprises*, *Vol. III*, *Inventory of Country Experience and Reference Materials*, World Bank Technical Paper, No. WTP 90 (Washington, D.C.: The World Bank. 1988).

及各级政府经营的公营企业；（3）征收、接收的外国企业；（4）经过社会主义改造的私营企业；（5）新中国成立后新建的国有企业。

关于第一部分，定性的史料很多，但定量的统计似乎并不多见，很难估算这一部分的资本总量。①

第二部分是没收国民党政府资源委员会及各级政府经营的公营企业。在新中国初始阶段，它是国有企业的最大来源，后来其重要性相对下降。据史料记载，新中国成立之时，在金融方面，接收了国民党政府的“四行两局一库”及省市地方银行系统的银行 2 400 多家，官商合办银行中的官股；在商业方面，接收了复兴、富华、中国茶业、中国石油、中国盐业、中国蚕丝、中国植物油、孚中、中国进出口等十几家垄断性的贸易公司；在交通运输业方面，接收了国民党政府交通部、招商局等所属全部交通运输企业；在工矿方面，接收了工矿企业 2 858 家，职工 129 万人，生产工人 75 万人。1951 年，又将原国民党政府及其国家经济机构、前敌国政府及其侨民和国民党战犯、汉奸、官僚资本家在私营企业或公营企业中的股份及财产，均收归人民政府所有。②

从今天的视角看，国民党政府留下的国有企业规模并不大，

---

① 汪海波．新中国工业经济史：1949. 10—1957［M］．北京：经济管理出版社，1994：72—84.

② 吴太昌，武力等．中国国家资本的历史分析［M］．北京：中国社会科学出版社，2012：261；李定．中国资本主义工商业的社会主义改造［M］．北京：当代中国出版社，1997：40；许涤新，吴承明．中国资本主义发展史：第三卷［M］．北京：人民出版社，2003：717.

但放回当年，没收官僚资本意义重大。新中国成立前夕，官僚资本约占全国产业资本的三分之二，其中占全国工矿、交通运输业固定资产的80%，另外还有十几个垄断性的贸易公司。没收官僚资本，国有经济便集中了国民经济中绝大部分近代化的大工业，控制了社会生产力最先进、最强大的部分，树立了在国民经济中的主导地位。仅此一举，新中国成立不久，国营工业的固定资产已占全国工业固定资产的80.7%；[①] 国有工业产值占全国工业总产值的26.2%，占全国大工业产值的41.3%。[②] 在工业的重要领域，国有经济已经占据绝对优势地位；交通运输业更是几乎100%掌握在国有企业手里；银行业也不例外（见表5.7）。

表5.7　1949年国有经济在主要工业产品产量中的占比　　单位：%

工业	占比	交通运输	占比
电力	67	铁路	100
原煤	68	公路	100
石油	100	航运	100
生铁	92	轮船（吨位）	45
钢铁	97	**银行**	**占比**
有色金属	100	资本总额	59
水泥	68		

① 中共中央党史研究室．中国共产党历史：第二卷[M]．北京：中共党史出版社，2010：33.

② 汪海波．新中国工业经济史：1949.10—1957[M]．北京：经济管理出版社，1994：106.

（续表）

工业	占比
纺锭（设备）	40
织布机（设备）	60
棉纱	53
糖	90

资料来源：许涤新，吴承明．中国资本主义发展史第三卷[M]．北京：人民出版社，2003：730；汪海波．新中国工业经济史：1949.10—1957[M]．北京：经济管理出版社，1994：106。

第三部分是征收、接收的外国企业。新中国刚成立时，全国有1 192家外资企业，资产12.1亿元，职工12.6万人，大部分属英、美资本。对于这些企业，新政权并没有采取没收的办法。朝鲜战争爆发后，1950年12月16日，美国政府宣布管制中国在美国辖区内的公私财产，英国紧随其后。对此，中国政府不得不采取相应对策，于当月28日发布命令：对中国境内之美国政府和美国企业加以管制，进行清查，并对一切美国公私存款即行冻结。即便没有被没收，一旦失去了特权，大部分英资、美资企业便处于瘫痪状态。到1953年，外资企业数量降至563家，资产4.5亿元，职工只剩下2.3万人。外企还有一类，即苏联于1950—1952年向中方移交的位于大连的财产以及长春铁路。欧美与苏联两类企业加在一起数量不多，不是中国国有企业的重要来源，对壮大国有经济的作用有限。①

① 汪海波．新中国工业经济史：1949.10—1957[M]．北京：经济管理出版社，1994：109—110.

第四部分是经过社会主义改造的私营企业。现在很多人对此有误解，想当然地认为，中国的国有企业大部分是从资本家那里没收来的。其实，完全不是这么回事。1956 年，社会主义改造完成后，全国公私合营企业的私股股额一共是 24.2 亿元（包括此前公私合营的私股股额，约 10 亿美元），其中工业私股股额为 16.9 亿元，共 8.88 万户，职工 131 万人，总产值 72.7 亿元。这 24.2 亿元中，上海一地的私股便为 11.2 亿元，几乎占全国的一半。当时的资本家绝大多数没多少身家，因为这 24.2 亿元投资由 114 万人拥有；这 114 万人中，最后被定为资本家拿定息的大约 86 万人。拿 24.2 亿元除以 86 万人，每个资本家的投资平均不到 3 000 元。当然，86 万资本家中，绝大多数人的投资远远达不到 3 000 元，最多算得上是小业主。社会主义改造并不是没收资本家的财产，而是允诺给这些投资人每年 5% 的固定收益，叫作“定息”。大部分投资人的本金很小，定息当然也不多。不少人每个月拿到的定息买包香烟都不够。因此，当时他们就说：“我不要资本家帽子，请不要给我定息了。”不过，政府没有这么做。一直到 1979 年，政府才决定为其中 70 多万人摘帽，说他们的资本很小，算不上资本家。今天，不少人被不靠谱的电视剧误导，以为新中国成立前的资本家都是住豪宅、开豪车的。那种资本家不是没有，但放在中国人口中，他们寥若晨星。如此说来，私营工商业的改造也不是社会主义国有企业的重要来源，而是很小的组成部分。

第五部分是新中国成立后新建的国有企业。在整个公私合营过程中，仅就工业而言，私股股额总共只有 24.2 亿元。而在“第一个五年计划”期间（1953—1957），国家预算内投资即达到 531.2 亿元，加上预算外的投资，国家基本建设投资达到 588.5 亿元，是公私合营中私人股份的 24.3 倍。[①]

综上所述，中国国有企业资产的五个来源中：最大份额来自国家投资，这些投资被用于兴建新的国有企业、增资现有国有企业以及注资公私合营企业；其次是没收国民党政府资源委员会及各级政府经营的公营企业；其他三个来源都是比较次要的。

国营和公私合营工业企业不仅在生产规模和技术水平上优于私营工业，而且在资金供给、原材料供应、产品销售等方面也优于私营工业。表 5.8 给出了各类工业企业的工人劳动生产率。它可反映出，在 1949—1954 年间，国有企业在生产效益上也优于私营企业。1950 年以后，公私合营企业与国有企业的效率则一直遥遥领先于私营企业。这也是当时大家为什么支持国有化的重要理由：国有化更有效率，为什么不搞国有化？

表 5.8　全国工业企业工人劳动生产率　　单位：元/人/年

	1949	1950	1951	1952	1953	1954
公私合营	3 515	4 257	6 553	9 297	10 880	13 401
国营	4 933	6 218	7 118	7 919	8 894	10 218
合作社营	6 436	7 003	7 671	8 415	8 557	9 165

① 吴太昌，武力等．中国国家资本的历史分析[M]．北京：中国社会科学出版社，2012.

（续表）

	1949	1950	1951	1952	1953	1954
私营		4 357	5 928	6 801	7 848	7 222
总计	4 839	6 037	7 087	8 049	9 016	10 372

资料来源：吴太昌，武力等．中国国家资本的历史分析[M]．北京：中国社会科学出版社，2012。

经过对资本主义工商业的社会主义改造，经过了大规模投资国有企业，到1957年，中国经济的所有制结构发生巨大的变化。从表5.9可以看出，1952年，国有经济只占国民经济的19.1%；到1957年，它已占1/3。同一时期，资本主义经济的份额从6.9%降到0。个体经济从71.8%降到2.8%。在此期间，发展最快的是合作社经济，即我们后来叫作集体经济的这部分，它的比重从1.5%跃升至56.4%。这表明，在所有制结构上，中国的社会主义和苏联的社会主义很不一样：我们有大量社会主义性质或公有性质的集体所有制企业，而苏联则是以国有企业为主体。

表5.9　所有制结构的变化，1952—1957年　　单位：%

年份	国营经济	合作社经济	公私合营经济	资本主义经济	个体经济
1952	19.1	1.5	0.7	6.9	71.8
1953	23.9	2.5	0.9	7.9	64.8
1954	26.8	4.8	2.1	5.3	61.0
1955	28.0	14.1	2.8	3.5	51.6
1956	32.2	53.4	7.3	3.0	4.1
1957	33.2	56.4	7.6	0.0	2.8

资料来源：中国科学院经济研究所、中央工商行政管理局，《中华人民共和国私营工商业社会主义改造统计提要（1949—1957）》，1958年10月。

以上我们从经济、工业、资本、国企四个方面讨论了新中国的起点。无论从哪一方面看，这个起点都是非常低的。从这样低的起点起步，往前走每一步应该都不容易。的确，中国从农业国变成工业国是一个非常艰难的过程，因为缺乏工业基础，缺乏人才，缺乏资本，缺乏经验。今天世界上还有很多贫穷国家，不知如何实现经济上的飞跃。其实，新中国刚起步时，比它们还要难。只有路选对了，才能进入新天地！

从农业国变为工业国，1949—1984 年[①]

早在抗日战争结束前，毛泽东就已经在设想新中国未来的发展蓝图。在他看来，新中国“如无巩固的经济做它的基础，如无进步的比较现时发达得多的农业，如无大规模的在全国经济比重上占极大优势的工业以及与此相适应的交通、贸易、金融等事业做它的基础，是不能巩固的”。为此，新中国成立后，“中国人民及其政府必须采取切实的步骤，在若干年内逐步地建立重工业和轻工业，使中国由农业国变为工业国”。

当然，毛泽东深知，要实现这个经济发展目标，首先要在政治上创立“一个独立、自由、民主和统一的中国”，因为“在一

① 把这个时期的截至点放在 1984 年的理由很简单：虽然一般把改革开放的起始点放在 1978 年，但是直到 1984 年底党的十二届三中全会通过《中共中央关于经济体制改革的决定》以后，改革开放的重点才由农村转向城市。

个半殖民地的、半封建的、分裂的中国里，要想发展工业，建设国防，福利人民，求得国家的富强，多少年来多少人做过这种梦，但是一概幻灭了”。此前105年的历史告诉中国人民，“没有独立、自由、民主和统一，不可能建设真正大规模的工业。没有工业，便没有巩固的国防，便没有人民的福利，便没有国家的富强”。

随着中华人民共和国的成立，“一个不是殖民地半殖民地的而是独立的，不是半封建的而是自由的、民主的，不是分裂的而是统一的中国”已经实现，为创造“一个不是贫弱的而是富强的中国”奠定了坚实的政治基础（详见本书第二章）。[①]

新中国成立后，毛泽东更关心的是中国工业化道路的问题，也就是“重工业、轻工业和农业的发展关系问题”。他认为“我国的经济建设是以重工业为中心，这一点必须肯定。但是同时必须充分注意发展农业和轻工业”。[②]

“以重工业为中心”是学习苏联经验。毛泽东指出：“要把一个落后的农业的中国变成为一个先进的工业化中国，我们面前的工作是很艰苦的，我们的经验是很不够的。因此，必须善于学习。”他特别强调，“要善于向我们的先进者苏联学习”，[③] 因为

① 毛泽东．论联合政府（1945年4月24日）[M]//毛泽东选集：第三卷．北京：人民出版社，1991：1080—1081.

② 毛泽东．关于正确处理人民内部矛盾的问题（1957年2月27日）[M]//毛泽东文集：第七卷．北京：人民出版社，1999：240—241.

③ 毛泽东．中国共产党第八次全国代表大会开幕词（1956年9月15日）[M]//毛泽东文集：第七卷．北京：人民出版社，1999：117.

“苏联的建设经验是比较完全的”。但“所谓完全，就是包括犯错误。不犯错误，那就不算完全”。[①]

学习苏联经验，绝不意味着照搬苏联经验。“搬，要有分析，不要硬搬，硬搬就是不独立思考，忘记了历史上教条主义的教训”，“苏联经验是一个侧面，中国实践又是一个侧面，这是对立的统一。苏联的经验只能择其善者而从之，其不善者不从之”。[②] 苏联的做法片面发展重工业，忽视轻工业和农业，造成农、轻、重发展的不平衡。这在毛泽东看来是一条严重的教训，一定要引以为戒。他坚信，思考中国工业化的道路问题，必须从中国的实际出发，即从中国是一个大农业国这一基本情况出发，从满足人民的物质文化生活需要出发，探索一条与苏联有别的中国工业化道路。

为什么在以重工业为中心的同时，“必须充分注意发展农业和轻工业”？在《关于正确处理人民内部矛盾的问题》中，毛泽东做了详细的阐发：“发展工业必须和发展农业同时并举，工业才有原料和市场，才有可能为建立强大的重工业积累较多的资金。大家知道，轻工业和农业有极密切的关系。没有农业，就没有轻工业。重工业要以农业为重要市场这一点，目前还没有使人们看得很清楚。但是随着农业的技术改革逐步发展，农业的日益

① 毛泽东．做革命的促进派（1957 年 10 月 9 日）［M］//毛泽东选集：第五卷．北京：人民出版社，1977：473.

② 毛泽东．在成都会议上的讲话（1958 年 3 月）．［M］//毛泽东文集：第七卷．北京：人民出版社，1999：366.

现代化，为农业服务的机械、肥料、水利建设、电力建设、运输建设、民用燃料、民用建筑材料等等将日益增多，重工业以农业为重要市场的情况，将会易于为人们所理解……如果我们的农业能够有更大的发展，使轻工业相应地有更多的发展，这对于整个国民经济会有好处。农业和轻工业发展了，重工业有了市场，有了资金，它就会更快地发展。这样，看起来工业化的速度似乎慢一些，但是实际上不会慢，或者反而可能快一些。”①

简而言之，在毛泽东看来，发展重工业有两种办法：“一种是少发展一些农业、轻工业，一种是多发展一些农业、轻工业。从长远观点来看，前一种办法会使重工业发展得少些和慢些，至少基础不那么稳固，几十年后算总账是划不来的。后一种办法会使重工业发展得多些和快些，而且由于保障了人民生活的需要，会使它发展的基础更加稳固”。② 把发展农业放在重要位置是毛泽东关于中国工业化道路思想的一大特色。后来，毛泽东把他的思路概括为以农、轻、重为序安排国民经济的方针。③

道路确定了，但每向前一步都需要探索，都需要艰辛付出。探索就必然会走弯路。既然叫作“探索”，就不可能没有任何失

① 毛泽东．关于正确处理人民内部矛盾的问题（1957 年 2 月 27 日）［M］//毛泽东文集：第七卷．北京：人民出版社，1999：241.

② 毛泽东．论十大关系（1956 年 4 月 25 日）［M］//毛泽东文集：第七卷．北京：人民出版社，1999：25.

③ 毛泽东．庐山会议讨论的十八个问题（1959 年 6 月 29 日、7 月 2 日）［M］//毛泽东文集：第八卷．北京：人民出版社，1999：78.

误，更何况当时中国进行的是一次前无古人的划时代伟大探索。今天有些事后诸葛亮，对前人走过的路横挑鼻子竖挑眼，他们觉得前三十年有那么多失误，仿佛是一片漆黑。这是心智发育不良的表现。一个人从出生到成年，不知要说多少错话、摔多少跟头。如果不允许婴儿学话咿咿呀呀、学步跌跌撞撞，他也许永远要待在襁褓里。中国这样一个贫穷的农业大国，面对世界列强的封锁禁运，要探索一条工业化道路，没有现成的路线图，不走点弯路，不犯点错误，可能吗？上帝也做不到！虽然犯了些错，但中国居然做到了，中国人民有一万个理由为此感到骄傲！

国有企业的成长

1957 年，工商业社会主义改造完成后，全国国有工业企业约有 5 万家（见图5.3）。第二年“大跃进”，这类企业猛增至约 12 万家，达到空前绝后的极值。从 1959 年起，国有工业企业数量开始下滑；到 1964 年，降至谷底，约 4.5 万家，比 1957 年还少；然后开始恢复，到 20 世纪 70 年代末 80 年代初，国有工业企业的数量大概是 8.5 万家，约是同期集体工业企业数量（约 35 万家）的四分之一。

国有工业企业的职工也不是很多。1952 年刚刚超过 500 万，“大跃进”时期猛增至 2 300 多万。一下这么多人进城吃商品粮，那时的农业生产水平无力支撑。进入“调整、巩固、充实、提高”三年调整期后，大量工业企业关停并转，国有工业企业职工精简掉一半，剩下 1 100 多万人。1964 年后才逐步回升，到

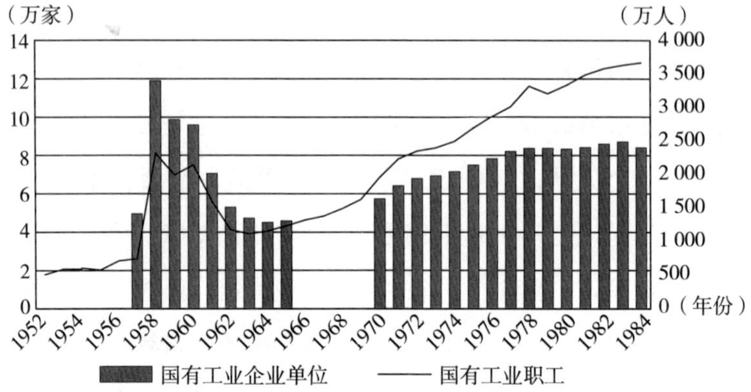

图 5.3　国有工业企业数与职工人数，1952—1984 年

注：除非另加注明，本节与下节所有图表的数据来源于中国知网提供的《中国经济与社会发展统计数据库》。

20 世纪 80 年代初，已超过 3 500 万人。

国有工业企业的职工人数在增长，与此同时城镇就业人口也在快速增长：1952 年只有不到 2 500 万人；到 1984 年，已超过 1.2 亿人。如此一来，除“大跃进”时期外，国有工业企业职工占城镇就业人口的比重从未超过三分之一。

国有工业企业的数目不多，职工占城镇就业人口的比重不高，也许会让人产生错觉：在工业与国民经济整体中，国企作用不大。实际情况恰恰相反，看看图 5.4 就很明白了。

从图 5.4 可以看出，除“大跃进”以后与“文革”初期外，中国的工业总产值与国有企业的工业总产值双双持续快速增长。即便以 1952 年（而不是 1949 年）作为参照点，前者增长了近 21 倍多，后者增长了 36 倍多。新中国刚成立时，在整个工业总产值中，国企的占比只有 26.3%；到社会主义改造完成后，占

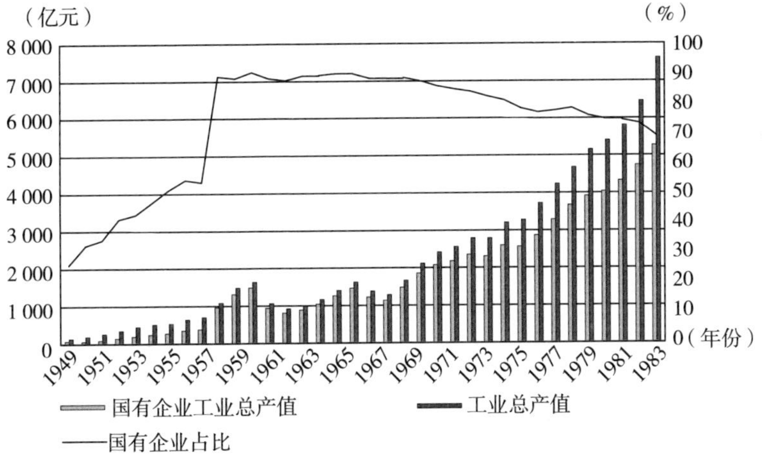

图 5.4　国企对工业增长的贡献，1949—1984 年

比已升至 50% 以上。“大跃进”将国企的占比拉高到 90% 左右，其后，这个水平一直维持到 20 世纪 60 年代末。70 年代，社队企业（后来人们所说的乡镇企业）的五小工业（小钢铁、小煤矿、小机械、小水泥、小化肥）兴起后，国企的占比才逐渐下滑；但到 80 年代初，仍占 70% 以上。可见，尽管国企数量、国企职工数不多，但其对工业的贡献非常大，对推动中国工业化发挥了关键性作用。

近些年来，有些人不断散布一种说法：凡是国有企业，效率必定低下。它误导了很多不明就里的人。表 5. 8 已经告诉我们，在 1949—1954 年间，国有企业的效率高于私营企业。表 5. 10 则告诉我们，在 1949—1984 年间，国企的全员劳动生产率不断提升。如果以 1952 年国企的全员劳动生产率为 100 的话，1984 年则为 336. 3，提高了 3 倍多。

表 5.10　国有工业企业全员劳动生产率的提升（按 1970 年不变价格计算）

年份	全员劳动生产率（元/人/年）	指数（以 1952 年为 100）
1949	3 016	72.1
1952	4 184	100.0
1957	6 362	152.1
1965	8 979	214.6
1980	12 080	288.7
1984	14 070	336.3

随着国企的工业总产值与劳动生产率不断提升，国企产生的利润与上缴的税金也水涨船高，每隔几年就上一个台阶。1952 年，两者相加不过 30 亿元；到 1984 年，已突破千亿大关，增长近 34 倍（见图 5.5）。在这个时段，政府对国企实行“统收统支”，即国企利润全部上缴，亏损国家弥补，扩大再生产费用由财政部门审核拨付。因此，国企实现的利润与税金都是对国家财政的贡献。

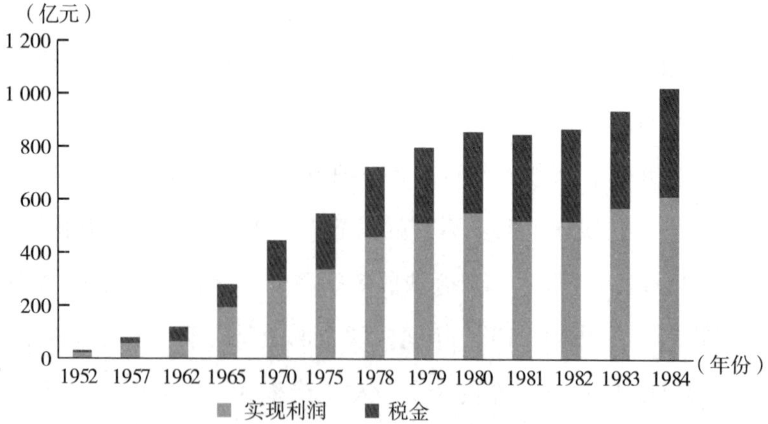

图 5.5　国有工业生产企业实现利润和税金，1952—1984 年

国家资本的成长

资本对落后国家发展经济至关重要。没有资本，就无法投资；没有投资，就无法扩大生产；没有扩大生产，经济就很难发展起来。早期资本主义国家能发展，它们的资本从哪里来？本书第一章引用马克思在《资本论》里的一段话，说西方资本主义国家的原始资本积累“是以最残酷的暴力为基础”，也就是以奴隶贸易、奴隶制、殖民主义以及对本国公民残酷无情的压迫剥夺为代价的。

新中国的资本积累不仅不能靠对外扩张，还要随时提防帝国主义的入侵。在这样的情况下，积累资本只能靠自己。上一节讲到，新中国成立前的 35 年，产业资本的总量一共增长了不到 4 倍。作为对比，新中国成立后的 35 年，即从 1949 年到 1984 年，全国工业固定资产原值增加了 47.71 倍。这些钱从何而来？几乎完全靠内资！内资从何而来？主要靠国家财力！国家财力从何而来？主要靠国企积累！以下几张图便是证据。

1952 年，国有固定资本投资为 43.56 亿元；其后 8 年高速增长，到 1960 年已达 416.58 亿元，几乎是 1952 年的 10 倍。“大跃进”遭遇挫折后，投资水平大幅下滑，但还是比新中国成立之初那几年要高。接下来的 10 年，国有固定资本投资起起伏伏，从未超过 1960 年的水平。随着“文革”疾风暴雨的阶段过去，1968 年后，国有固定资本投资持续攀升：1971 年超过 1960 年的水平；1984 年突破千亿大关，达到 1 185.2 亿元，是 1960

年的两倍多（见图 5.6）。

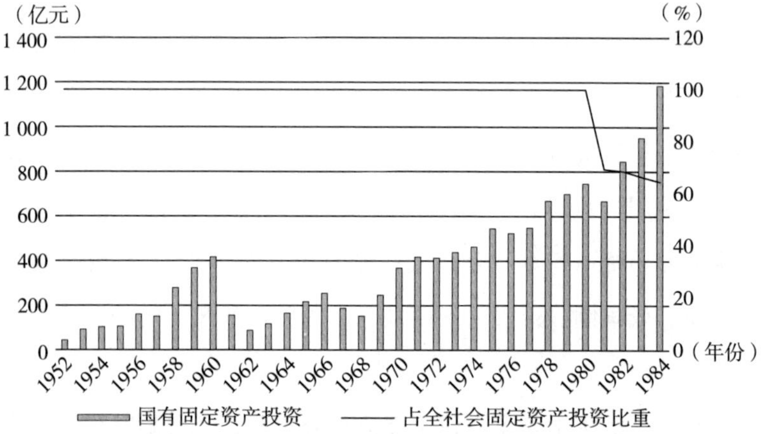

图 5.6　国有固定资本投资快速增长，1952—1984 年

图 5.6 另一个值得注意的地方是，国有固定资产投资占全社会固定资产投资的比重。从 1952 年到 1980 年，固定资产投资部分的统计范围仅为全民所有制单位。因此，现有统计数据显示，全社会固定资产投资百分之百由国有固定资产投资构成。1981 年以后，统计数据中才出现集体经济、个体经济及其他经济的固定资产投资。在 1952—1980 年间，集体经济肯定也有一些固定资产投资，但占全社会固定资产投资的比重不会很大，估计在 5%—10% 之间。[①] 毫无疑问，在全社会固定资产投资中，国有固定资产投资的比重占绝大部分。

---

① 依据 1980 年的数据估计，这一年全社会固定资产投资中，国有经济为 745.9 亿元，集体经济为 46 亿元。

国有固定资产投资的资金来自何处？图5.7告诉我们，有四个来源。从1953年到1979年，“国家投资”基本占60%以上。在1966年以前，国家投资的比重往往高达80%以上。国有企业的“自筹及其他投资”是第二大来源。1964年以后，“国内贷款”成为国有固定资产投资新的资金来源，但份额很小，微不足道。直到1980年以后，其重要性才开始显现，因为此时已进行“拨改贷”（国家财政拨款改为银行贷款）试点。“外资”首次在1977年出现，但直到1984年，其份额一直在5%上下。外资大规模进入中国，成为固定资产投资的生力军，则要等到1992年邓小平南方谈话以后。

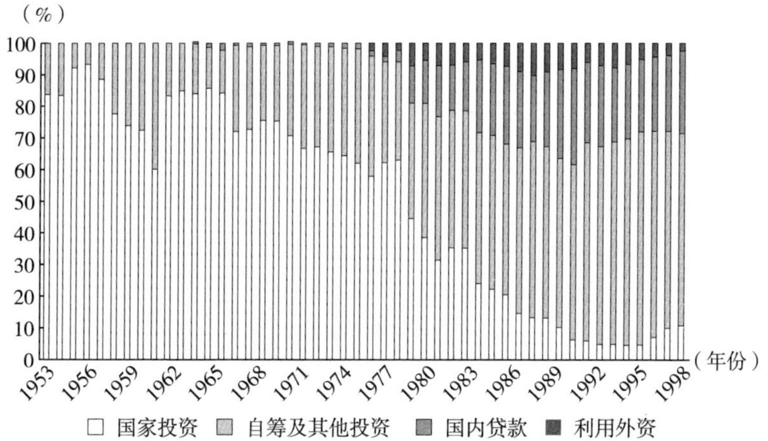

图5.7 国有经济固定资产投资的资金来源比重，1953—2000年

在前三十年，中国还是一个穷国。这么一个穷国却拿出那么多的钱进行投资，实在是不容易。当年有句话来形容这种节衣缩食、压低现有消费去投资未来的做法，叫作“勒紧裤带搞建设”。要了解当时的中国政府和人民有多拼，可以看看图5.8。当年说到投资，统计年鉴会用到一个术语“国家财力”，现在统计年鉴已经不再使用此词了。“国家财力”指政府掌握的可以支配的资金。具体而言，国家财力是国家财政总收入与预算外总收入的总和。图5.8描绘了国有单位固定资产投资占国家财力的比重。在1953—1984年的32年间，这个比重的最高值是63%（1959年），最低值是23.1%（1962年），平均43.4%。也就是说，中国每年拿到的财政总收入中有约43%投入到了新增固定资产投资里面。可见，当年中国人民和中国政府有多拼。

图5.8　国有单位固定资产投资占国家财力比重，1953—1984年

也许有人追问，国家财力的钱从哪里来呢？回答这个问题要借助图5.9。按经济类型划分，国家财政收入的来源有四大类：全民所有制、集体所有制、个体和其他。图5.9告诉我们，新中国刚成立时，财政收入的绝大部分来自私营经济，即“个体”

与“其他”。但到1952年时，财政收入的60%就来自全民所有制了。工商业社会主义改造完成后，财政收入的80%以上便来自全民所有制了，这种情形一直持续到1984年。也就是说，国家财力的钱来自国有企业；国家拿到钱后，又将绝大部分作为固定资产投资投入到国有经济，从而构成一个良性循环。

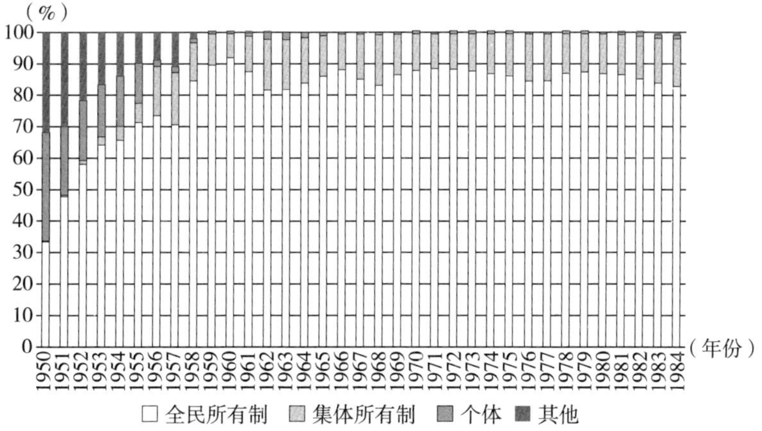

图5.9　国家财政收入中各来源占比，1950—1984年

中国有句成语：聚沙成塔，集腋成裘。这种良性循环持续运作了30年，日积月累的成效是惊人的：国有工业固定资产原值从1952年的148.8亿元增至1984年的5 170亿元（见图5.10），国有工业的底子越来越厚。

不用学什么高深的经济学，大家都知道，投资与消费是此消彼长的关系。一年之内生产出来的东西就那么多，用于投资的多了，用于消费就少了；用于消费的多了，用于投资的就得少一点。几十年累积下来，效果可以很惊人。对家庭而言，省吃俭

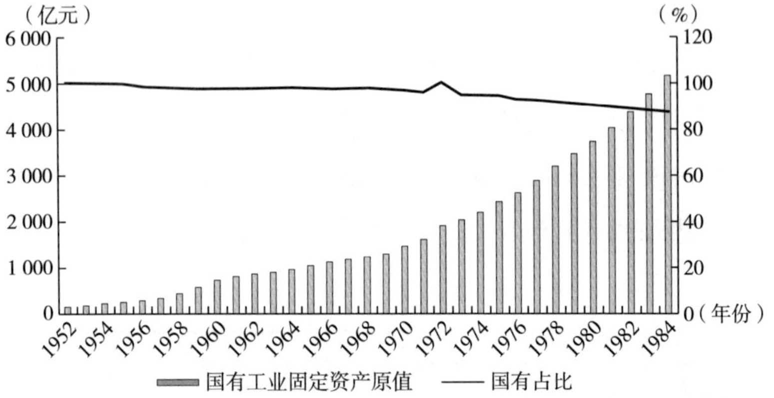

图 5.10　国有工业固定资产原值与国有占比，1952—1984 年

用、勤俭持家会比大手大脚、挥霍浪费强。对国家而言，也是如此。

1982 年，美国经济学家威尔弗雷德·马伦鲍姆发表了一篇论文，对比了中国与印度的发展状况。当时，中国和印度已经出现巨大的差异，为什么呢？他认为原因很简单：印度的年度投资率通常比中国低 10% 或更多。每年多投资的钱相当于 GDP 的 10%，累积几十年是多大一笔钱？多年积累的投资差距，使中国的经济增长速度远高于印度。换句话说，在推进工业化的过程中，中国暂时牺牲了当前消费，最终却极大地促进总体福利的快速增长。① 形象地说，在工业化的初级阶段，中国采取的是强行

① Wilfred Malenbaum, "Modern Economic Growth in India and China: The Comparison Revisited, 1950 - 1980," *Economic Development and Cultural Change*, Vol. 31, No. 1 (Oct., 1982), p. 66.

军方式。强行军对即刻的体能、意志力肯定是巨大的挑战，但正是这种方式使中国得以后来居上。

工业的成长

因为有国家大量投资，在前三十年，中国工业发展神速，这反映在以下几个方面。

首先，工业增加值增长迅速。工业增加值是工业企业全部生产活动的总成果扣除在生产过程中消耗或转移的物质产品和劳务价值后的余额，是在报告期内以货币形式表现的工业生产活动的最终成果。1949 年，中国的工业增加值不足 120 亿元。此后，中国的工业增加值快速攀升。即使在“大跃进”失败以后的 20 世纪 60 年代初那几年，每年也有 300 多亿元，相当于 1949 年的 3 倍。“文革”期间形势最严峻的 3 年（1967 年、1968 年、1976 年）里，工业增加值有小幅跌落；其他年份里，它一直呈上升态势，到 1984 年，中国的工业增加值已达 2 815.9 亿元，是 1949 年的 23.5 倍。

另外，工业增加值是 GDP 的一个组成部分，反映工业部门对国内生产总值的贡献。1949 年，工业增加值只占 GDP 的 17.6%，对 GDP 的贡献既小于农业，也小于服务业。到 20 世纪 70 年代中期，中国工业体量大增，占 GDP 的比重已超过 40%，成为国民经济各个部门中对 GDP 贡献最大的部门。

其次，工业内部构成更趋现代。工业总产值是以货币表现的工业企业在一定时期内生产的产品总量。考察一国工业的发展水平，不仅要看总量，也要看其内部构成。新中国成立之初，中国的工业部门不仅规模小，而且结构以生产简单的消费品为主。1952 年，仅纺织与食品两个行业的产值就占工业总产值的一半。1957 年，这种局面已经开始发生变化：两者产值的比重下降了 10%。到 1984 年，两者的占比又下降了 10% 以上。另一方面，电力、冶金、石油、化学、机械工业的比重大幅提升，1984 年，这几个现代工业行业在工业总产值中的占比已超过 50%（见表 5.11）。

表 5.11　工业总产值内部构成的变化　　单位：%

年份	1952	1957	1984	1984 年相对于 1952 年的增减
纺织工业	27.5	20.4	15.4	-12.1
食品工业	24.1	19.7	12.3	-11.8
森林工业	6.5	5.8	1.8	-4.7
缝纫工业	4.4	4.4	2.5	-1.9
造纸工业	2.2	2.2	1.3	-0.9
皮革工业	1.4	1.3	0.9	-0.5
文教艺术用品工业	2	2.1	2.2	0.2
煤炭及炼焦工业	2.4	2.9	2.8	0.4
建筑材料工业	3	3.2	4.1	1.1
电力工业	1.3	1.7	3.4	2.1
冶金工业	5.9	8.5	8.3	2.4
其他工业		2.6	3.4	3.4
石油工业	0.5	1.1	4.8	4.3
化学工业	4.8	6.8	11.8	7
机械工业	11.4	16.9	25	13.6
总计	100	100	100	

通常人们把工业内部各个行业归为“轻工业”与“重工业”两大门类，前者指提供生活消费品和制作手工工具的工业，后者指为国民经济各部门提供生产资料的工业。如果从这个视角看，新中国刚成立时，中国工业总产值的约四分之三由轻工业构成。此后，工业总产值的构成发生快速变化，重工业的比重在1951年超过30%，1955年超过40%，1958年超过50%，1960年达到巅峰值66.7%。“大跃进”后，重工业的比重降了下来。从20世纪60年代到80年代，该比重一直在50%—55%摆动。

重工业是实现社会扩大再生产的物质基础，其重要性不言而喻。从中国当时所处的历史条件考虑，优先发展重工业至少还有四个重要的理由。一是中国当时面临十分严峻的外部形势，必须发展国防工业。而国防工业属于重工业，不能吃，不能喝，甚至还不能用，但是以防万一，中国必须生产枪炮、坦克、原子弹。二是推动铁路、公路、内河航运、远洋海运、航空的发展，必须靠重工业。没有现代交通运输体系，中国各个地区的经济无法互联互通、协调发展。三是发展轻工业不能靠手工，而要靠机器，轻工业本身使用的机械必须由重工业生产。四是发展农业不能靠传统的人力、畜力，要有化肥、农药、电力、农业机械、水利设施，所有这些都得靠重工业。农村改革以后，农业生产上去了，有人说这是包产到户带来的成果。然而，假如化肥、农药、电力、农业机械、水利设施仍停留在新中国成立前的水平，恐怕再搞100次包产到户也成功不了。

作为重工业一部分的电力工业，整个现代工业都有赖于它。

1949 年，中国的发电量少得可怜，只有区区 43 亿千瓦时。20 世纪 50 年代，中国发电量年均增长速度超过 26%，到 1959 年已增加 10 倍。1984 年，中国的发电量达 3 770 亿千瓦时，零头也比 1949 年高，是 1949 年的 87.7 倍，跃居世界第六。

其实，岂止是电力，到 1984 年，中国的很多主要工业产品产量排名已经进入世界前列（见表 5.12），其中棉布产量已排世界第一。1949 年，中国生产 18.9 亿米棉布，人均棉布只有 7 尺。而到了 1984 年，中国生产 137 亿米棉布，是 1949 年的 7 倍多，外加 73.5 万吨化学纤维，人均布匹约为 20 米。1983 年 11 月 22 日，中国政府以商业部名义发布通告：从该年 12 月 1 日起全国临时免收布票、棉絮票，对棉布、棉絮敞开供应。1984 年不发布票。从此，我国纺织品结束了限制供应的时代，基本解决了全国人民“穿衣”问题。①

表 5.12　主要工业产品产量居世界位次的变化

产品名称	1949	1957	1965	1984	2000	2016
钢	26	9	8	4	1	1
煤	9	5	5	2	1	1
原油	27	23	12	6	5	5
发电量	25	13	9	6	2	1
水泥		8	8	2	1	1

① 袁乔.“衣被”中国：中国纺织工业 60 年［EB/OL］. 搜狐财经，（2009 - 10 - 23）. http://business.sohu.com/20091023/n267672597.shtml.

（续表）

产品名称	1949	1957	1965	1984	2000	2016
化肥		33	8	3	1	1
棉布		3	3	1	2	1
化学纤维		26		4	1	1

再次，工业生产的地区分布更加平衡。不论是整体看工业总产值，还是分开看轻工业、重工业，我们发现，沿海省份的比重下降，内地省份的比重上升（见表5.13），说明工业生产能力已经扩展到全国，而不再集中在少数几个点上。

表5.13　工业生产的地区分布，1952—1984年　　单位：%

比重	工业总产值		轻工业		重工业	
	沿海	内地	沿海	内地	沿海	内地
1952	69.4	30.6	71.5	28.5	65.5	34.5
1957	65.9	34.1	66.3	33.7	65.6	34.4
1962	63.8	36.2	66.6	33.4	61.3	38.7
1965	63.1	36.9	67.3	32.7	58.8	41.2
1970	63.1	36.9	68.2	31.8	59.3	40.7
1975	61	39	64.1	35.9	58.6	41.4
1984	59.8	40.2	64.9	35.1	54.8	45.2
1984年相对于1952年的变量	-9.6	9.6	-6.6	6.6	-10.7	10.7

最后，建立起一个独立的完整的工业体系。1980年，世界银行代表团第一次到中国考察，后来形成一个总计三卷的报告。让该考察团印象深刻的是，“几乎整个现代工业体系已经建成，尤其是那些与装备制造相关的行业。虽然在许多方面中国的产业

结构与其他发展中国家类似，但其机械和冶金产品的份额并不比工业化的市场经济体小多少。鉴于中国的耐用消费品生产水平较低，这一点尤其引人注目。可以说，中国目前在生产资料方面基本上是自给自足的（进口不到10%）”。[①] 这样，哪怕是外国专家也不得不承认，虽然中国仍是一个穷国，但它已实现了毛主席的一个愿望：建立起一个独立的完整的工业体系，为当时与后来的经济发展奠定了一个坚实的物质基础。

经济的成长

经济的成长可以从四个方面考察：经济增速、经济结构、就业结构以及收入水平。前两个方面在第二章已经有所涉及。

不少人有个错误的印象，好像GDP增长率在改革开放前是停滞的，只有改革开放以后才开始快速增长。图2.17告诉我们，实际上完全不是这么回事。在1950—1978年间，GDP的年均增速接近8%。从1950年一直算到1984年，GDP的年均增速则为8.09%，人均GDP的年均增速也达到6.08%。无论放在哪个历史阶段，与哪个经济体进行比较，新中国在前三十五年的经济表现都是相当突出的，只是与改革开放后三十五年比，略逊一筹。

从经济结构的演变看，新中国在前三十五年实现了毛主席的另一个愿望：由农业国变为工业国。如果我们把工业革命定义

---

① World Bank，*China*：*Socialist Economic Development*，*Vol.* 1.，*The Economy*，*Statistical system*，*and Basic Data*（Washington，DC：World Bank，1983），p. 12.

为，在国民经济中，工业（或加上建筑业的第二产业）的份额从无关紧要变为中流砥柱的过程，则中国的工业革命就发生在这一时期。新中国刚成立时，第二产业占国民收入的比重不到13%，第一产业的比重高达68.4%。那时的中国属于典型的农业国。1952年，第二产业占GDP的比重超过20%，1958年超过30%，1970年超过40%，1975年超过45%，之后长期维持在这个水平。到1984年时，可以有把握地说，中国实现了初步的工业化。

综上所述，在毛主席逝世前后，他的两个愿望都基本实现了。

然而从就业结构与收入水平看，那时中国离现代化还有不小差距，依然任重道远。

虽然第二产业增加值占GDP的比重已经不低，达到了45%，但第二产业的就业人数占整个就业人数的比重还非常低：1952年为7.4%，1958年一度达到26.6%，其后是一个先激降后缓升的过程，1984年为19.9%。服务业或第三产业就业人数的比重也不高，1952年为9.1%，1960年一度达到18.4%，其后也是一个先激降后缓升的过程，1984年为16.1%。在1984年，第二、三产业的就业人数加在一起占比约为36%，这意味着农业或第一产业的从业人员占就业总人口的比重仍高达64%。在这个意义上，工业化的中国还有一条腿陷在传统农业中。

另外，从人均国民收入看，一方面进步不小，另一方面水平仍然很低。20世纪80年代中期出版的统计资料显示，1949年，中国的人均国民收入只有可怜的66元。新中国成立后头十余年，它持续提升。“大跃进”后有两年，“文革”期间有三年，收入下滑；其余年份，收入都是稳步上升的。到 1984 年，人均国民收入达到 549 元，是 1949 年的 8.32 倍。新中国成立后的前三十五年，人均国民收入的年均增长率是 7.1%，可以说是相当高，带来了翻天覆地的变化（见图 5.11）。只是因为起点太低，哪怕经过 35 年的高速增长，1984 年人均 500 多块钱的收入水平在世界上还是属于穷国。也就是说，经过几十年的艰苦努力，中国虽然已经迈过了匮乏阶段，但在 20 世纪 80 年代初，也才刚刚进入温饱阶段（见本书第三章的讨论）。

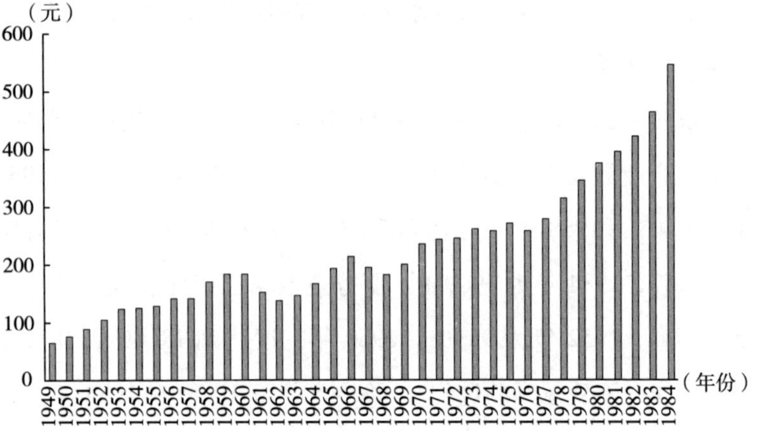

图 5.11　人均国民收入，1949—1984 年

资料来源：国家统计局国民经济平衡统计司．国民收入统计资料汇编 1949—1985［M］．北京：中国统计出版社，1987：10。

从工业国变为工业大国，1985—2019 年

1982 年，全国人大通过了新中国的第四部《宪法》。它“以

法律的形式确认了中国各族人民奋斗的成果，规定了国家的根本制度和根本任务”，被宪法学者许崇德称为“我国新的历史时期治国安邦的总章程”。[①]

《宪法》涉及工业化与国有企业。它宣布“社会主义制度已经确立”，“经济建设取得了重大的成就，独立的、比较完整的社会主义工业体系已经基本形成”。序言第七自然段确立今后国家的根本任务是集中力量进行社会主义现代化建设，“逐步实现工业、农业、国防和科学技术的现代化”。也就是说，中国当时已经是工业国，但工业整体还不够先进，需要逐步实现工业的现代化，从工业国变为工业大国。

《宪法》第六条规定：“中华人民共和国的社会主义经济制度的基础是生产资料的社会主义公有制，即全民所有制和劳动群众集体所有制。”第七条涉及国营经济，它进一步规定：“国营经济是社会主义全民所有制经济，是国民经济中的主导力量。国家保障国营经济的巩固和发展。”

1982 年《宪法》通过后，经过了五次修正，其中序言第七自然段被修正了四次。不过，“逐步实现工业、农业、国防和科学技术的现代化”的目标从未动摇。另外，《宪法》修正内容多与经济制度相关，有些修正直接与国企相关。例如，1993 年的修正案将第七条中的“国营企业”改为“国有企业”；1999 年的修正案在第六条后加了一段话：“国家在社会主义初级阶段，

① 许崇德．中华人民共和国宪法史[M]．福州：福建人民出版社，2005：477.

坚持公有制为主体、多种所有制经济共同发展的基本经济制度，坚持按劳分配为主体、多种分配方式并存的分配制度。”这意味着，在现阶段以及今后很长一段时期，社会主义经济制度不可能纯而又纯，只能坚持公有制为主体，不能要求只实行公有制、不允许其他所有制存在。除了运行多种所有制外，分配方式也需随之做出调整：在坚持按劳分配为主体的同时，允许其他分配方式的存在，包括按资分配。

在过去的30多年里，随着《宪法》的修正，国企、资本、工业与经济都发生了脱胎换骨的变化。

国有企业的壮大

自1978年中国实行改革开放以来，国有企业经历了多轮改革，其中重大改革往往与党的历届三中全会有关。

1978年底，党的十一届三中全会提出要“调整国家与企业的责权利关系”。在1978—1984年间，国企改革偏重国企的外部关系，如与政府财政的关系、与银行的关系。这个时期出台的重大改革包括“拨改贷”“利改税”等。以前国家对企业实行统收统支，企业的投资、技术改造等所需经费是由国家财政拨的，现在不再无偿拨付，而是改由银行贷款，企业要还本付息，这就是“拨改贷”。“利改税”是指，以前企业的利润要上缴国家财政，没有什么留成，现在企业不用上缴利润，而是依法纳税，税后利润归企业支配。两项改革都是为了扩大企业的自主性，提高企业和职工的积极性。

1984 年底，党的十二届三中全会通过《中共中央关于经济体制改革的决定》。其后，在 1984—1993 年间，国企改革的重点转向国企的内部关系。当时有句流行的话，叫作“包字进城”，即把农村的家庭联产承包责任制思路运用于企业改革。当时的想法很简单，以为工厂让厂长、经理、车间主任、班组长层层承包起来，就会产生活力，就可以提高其效率与利润。具体的做法是进一步扩大企业的生产经营自主权，推行厂长（经理）负责制，等等。但实际上哪有那么简单，现代工业与农村的小生产毕竟不同。

1993 年底，党的十四届三中全会通过《中共中央关于建立社会主义市场经济体制若干问题的决定》。其后，在 1994—2013 年间，国企改革的思路偏重转换国企经营机制，建立现代企业制度。在此期间，国资委组建起来了；影响更大的是“抓大放小”，采取了改组、联合、兼并、股份合作制、租赁、承包经营、出售、破产等多种形式，对一大批中小国有企业进行改制，让国企与集体企业几千万职工“下岗分流”，直接推向市场。

2013 年底，党的十八届三中全会通过《中共中央关于全面深化改革若干重大问题的决定》。从那时到现在，国企改革的思路是以管资本为主，推动国有企业进行混合所有制的改革。

这几轮改革，每一步都对国企产生了极其深刻的影响。其影响之大之剧烈，通过图 5. 12 中呈现的历史数据，还会让我们感受到强烈的冲击感。

图 5. 12 描绘了在 1950—2010 年间，国家财政收入三种形态的变化轨迹。第一种形态是企业收入，即企业向国家财政上缴的

利润。第二种是各项税收，企业与个人向国家财政缴纳的税赋。第三种是其他，包括各种非税财政收入。三者占比是此消彼长的关系。即使完全不懂财政学，一看图5.12就会注意到，从1978年开始，发生了一项趋势性变化，即企业收入的份额减少，各项税收的份额增加。起初，变化是逐步的，每年增减一点；到1985年，出现断崖式变化，企业收入的份额缩至微不足道；1993年以后，企业收入彻底消逝，各项税收几乎成为财政收入的唯一形态。整个演变过程就是企业"利改税"逐步实施的过程：改革以前，企业向政府财政上缴利润，没有什么留成；改革以后，企业按章纳税后，剩下的利润归企业自己支配。这项改革的目的是破除软预算约束，一方面让企业有更强的动力去创造利润，另一方面迫使企业在使用利润时更精打细算。

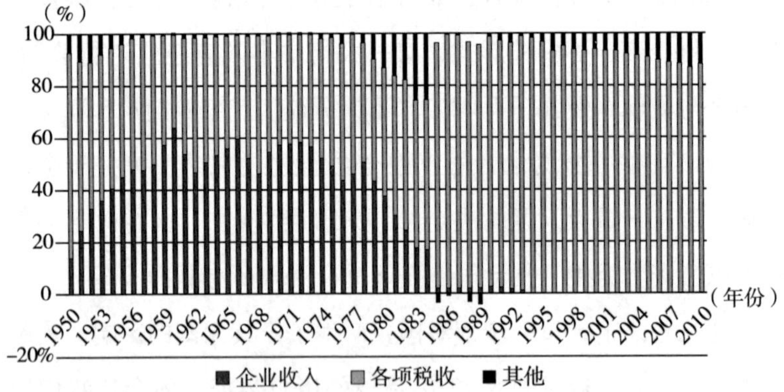

图5.12　国家财政分项目收入占比，1950—2010年

"利改税"让企业留下了更多的钱，但"拨改贷"让企业不能再从国家财政那里轻易拿到钱。看看前面的图5.7，我们会发现，一直到1979年，国企用于固定资产投资的钱，约三分之二来自“国家投资”。改革者认为，这样依靠“国家投资”的体制，会鼓励企业染上“投资饥渴症”，千方百计争取尽可能多的“国家投资”，而不考虑投资效益。图5.7显示，1979年以后，国有经济固定资产投资资金来源中的“国家投资”份额迅速下滑，到20世纪90年代中期，其份额已经小到5%左右；取而代之的是企业“自筹及其他投资”，即“利改税”让企业留存的那部分利润。与此同时，“国内贷款”部分异军突起，成为国企固定资产投资的重要组成部分。贷款与财政拨付的“国家投资”很不一样，需要还本付息。拿银行贷款投资要还本付息，企业不得不认真考虑成本收益。这也正是“拨改贷”的目的。

不过，“利改税”“拨改贷”等加大企业自主权责的改革措施很快导致一种未曾预料到的后果：全社会固定资产投资的分布偏向东部沿海地区。其实，原因也不难理解。以前，全社会固定资产投资按国家计划进行，可以运用“国家投资”这个杠杆调节各地区的平衡。现在，投资在很大程度上是企业的自主行为。东部沿海地区的企业设备较为先进，管理水平较高，职工素质较好，零部件配套比较容易，产品销售市场较近，进出口比较方便。相比中西部地区的企业，“利改税”可以让东部企业有更多的留利，“拨改贷”可以让东部企业更容易获得银行贷款。结果，投资便慢慢向东部沿海地区倾斜。这在图5.13中能看得很清楚：20世纪80年代初，全社会固定资产投资只有大约一半分布在东部；而到了90年代初，这个比重已经上升到约三分之二。投资集中到东部，中西部投资匮乏的后果是，地区差距逐步拉大。①

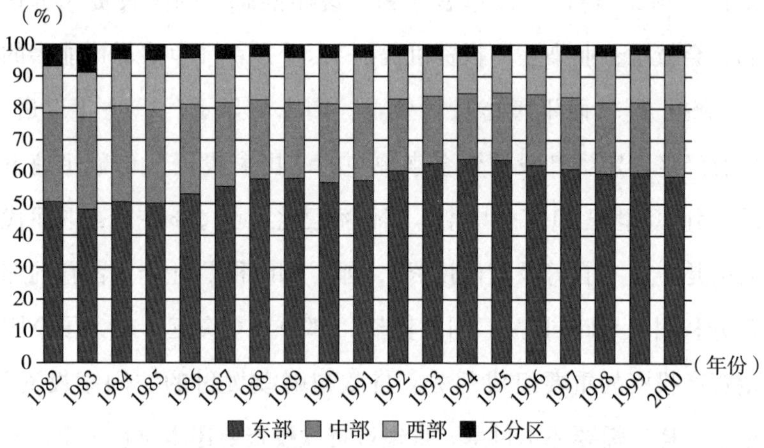

图 5.13　全社会固定资产投资比重的地区分布，1982—2000 年

“利改税”与“拨改贷”都可以看作是意在打破“大锅饭”的改革。打破“大锅饭”也许还相对比较容易，端掉“铁饭碗”就比较难了。从 20 世纪 80 年代中期到 90 年代初，试图端掉“铁饭碗”的改革都不太成功。早在 1986 年，国务院便颁发了关于改革国企劳动制度四个规定，标志着政府开始推行劳动合同制，即对国企新招收的工人不再提供“铁饭碗”。同年，全国人大常委会通过《中华人民共和国企业破产法（试行）》，并于两年后开始实施，但一直争议不断。直到 20 年后的 2006 年，全国

① 胡鞍钢，王绍光，康晓光．中国地区差距报告[M]．沈阳：辽宁人民出版社，1995；王绍光，胡鞍钢．中国：不平衡发展的政治经济学[M]．北京：中国计划出版社，1999.

人大常委会才通过《中华人民共和国企业破产法》。20 世纪 80 年代末 90 年代初，破产的国企并不多。1991 年底到 1992 年初，举国上下曾一度推行企业改革“砸三铁”，有些地方还提出“用三铁砸三铁”，即用铁心肠、铁面孔、铁手腕砸破“铁饭碗”、铁工资、铁交椅，口号很响亮，但阻力太大，实在砸不动，几个月后便戛然而止。1993 年，党的十四届三中全会通过了《中共中央关于建立社会主义市场经济体制若干问题的决定》，明确指出建立“现代企业制度”是国企改革的核心任务，并提出了“抓大放小”的思路：“一般小型国有企业，有的可以实行承包经营、租赁经营，有的可以改组为股份合作制，也可以出售给集体或个人。”但如果看图 5.14 可发现，1993 年后，国有工业企业的单位数量和职工数量不仅没有减少，反倒在继续上涨：前者增加了 1.3 万个，后者增加了 340 万人。这说明，仅靠改革政策设计或政策宣示本身，能带来的变化其实是有限的。

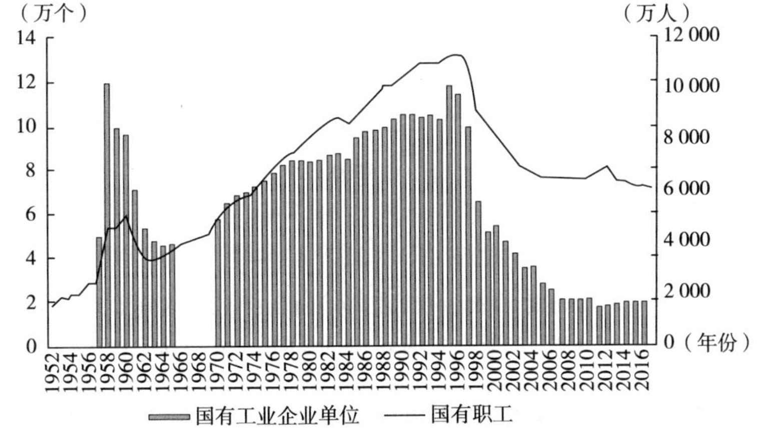

图 5.14　国有工业企业单位数和国有职工人数

真正导致国企砸掉“铁饭碗”的恰恰是国企造就的一项历史性转折。多年来中国经济一直是短缺经济，大多数商品，包括日常生活的必需品，都无法满足全国人民的需求。然而，到了20世纪90年代初，新情况出现了。1990年底，中国社科院的学者何新敏锐地觉察到，中国面临的主要经济问题不再是“需求大于供给”，而是生产过剩。① 当时，很多经济学家都认为他这种说法是“胡说八道”，因为按照匈牙利著名经济学家科尔奈的说法，社会主义经济必定是短缺经济。这些经济学家坚信，中国经济当时依然是短缺经济，不存在过剩问题。

但是，理论拗不过现实。到20世纪90年代中期，越来越多的领域出现过剩，买方市场取代了卖方市场。1999年，中国社科院工业经济研究所编写的《中国工业发展报告》带有一个醒目的副标题“告别短缺经济的中国工业”，它正式宣告：“20世纪90年代中期以来，我国工业品和供给关系发生了重大变化，即从严重短缺转向了相对过剩，工业的增长由供给约束转向需求约束。”②

需要指出的是，告别短缺经济是国有企业在工业领域占据压倒性优势的情况下实现的。20世纪90年代中期，国有工业企业

---

① 何新．论世界经济形势与中国经济问题：与日本经济学教授S的谈话录（1990年12月11日）［M］//何新．中华复兴与世界未来：上篇．成都：四川人民出版社，1996：134.

② 中国社会科学院工业经济研究所．中国工业发展报告——告别短缺经济的中国工业［M］．北京：经济管理出版社，1999：1.

数量和国有职工数量都达到峰值，国有企业实现利润达到前所未有的高度（超过1 600亿元）。在工业总产值中，国有企业与集体企业仍占70%以上，当时还没有太多的私营企业和外国企业。据此，我们可以说，告别短缺经济是国企造就的一项历史性转折。

《老子》云“福兮祸所伏，祸兮福所倚”。的确如此，一旦告别短缺经济，随之而来的便是竞争加剧、盈利困难。压垮骆驼的最后一根稻草是亚洲金融危机。1997年下半年开始，外贸出口增速大幅回落，2002年才恢复持续增势。一方面是国内市场过剩，另一方面是东西很难卖到国外去，或者增长率很低，双重压力叠加，国有企业（包括集体所有制企业）利润大幅下滑（从1993年的1 667.3亿元下跌到1998年的213.7亿元），亏损面迅速扩大（从1992年的22.7%扩大到1999年的53.5%），破产案急剧增加，[①] 其表现是国有工业企业单位数、国有职工人数出现断崖式的下降。图5.14将此呈现得一清二楚。“铁饭碗”就是在这种形势下被端掉的。

如果在国企职工之外加上集体所有制企业职工，在20世纪90年代中期以后的10年中，人数从1.4亿下降到7 000万，减少了约一半。在如此短的时间里，如此之多的人下岗、失业或提

① 在20世纪90年代初，中国法院审结破产案件的数量每年只有几十件，后来增加到每年几百件，1994年以后是每年几千件，到2001年前后达到峰值9 110件。见广东省高级人民法院编写的《中国跨境破产研究综述》。需要注意的是，经过法院审结的破产案件只是实际破产数量的冰山一角。

前退休，几乎涉及中国的每个城市家庭，却没有引发大规模的社会动荡，这也算是一个世界奇迹。付出这么高的代价，换来的是国有企业的浴火重生。如图 5.15 所示，1998 年跌入谷底后，国有企业的盈利水平开始快速回升，到 2018 年国有企业利润已高达 33 877.7 亿元，是国企改制前极值（1993 年）的 20.3 倍。与此同时，国有企业的盈利面也开始上升，近 10 余年里一直维持在 55% 上下。

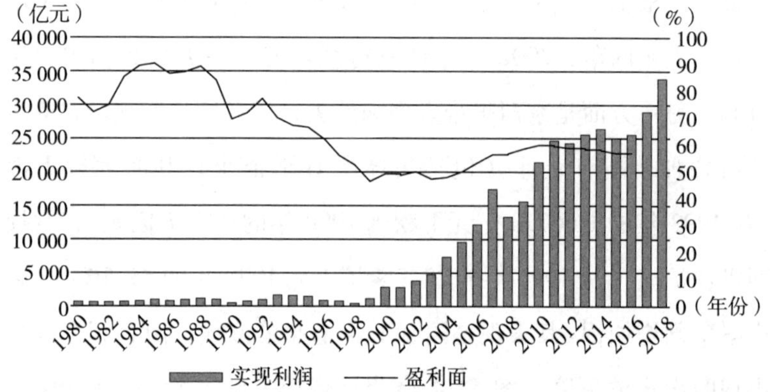

图 5.15　国有企业的利润额与盈利面，1980—2018 年

国有工业企业数量于 2011 年降至谷底后，不再继续此前 16 年不断下滑的趋势，且增加了约 2 000 家。2005 年后，国有职工人数的下滑势头也有所缓解（见图 5.14）。虽然从这两个指标来看，国有企业确已失去了往日的霸主地位；但换个角度看，国企是更强了、更壮大了。随着每年创造的利润上升到前所未有的高度，国有控股工业企业拥有的资产也上升到前所未有的高度：从 1999 年的 8.05 万亿元猛升至 2018 年的 42.5 万亿元，年均增长率高达 9.8%（见图 5.16）。

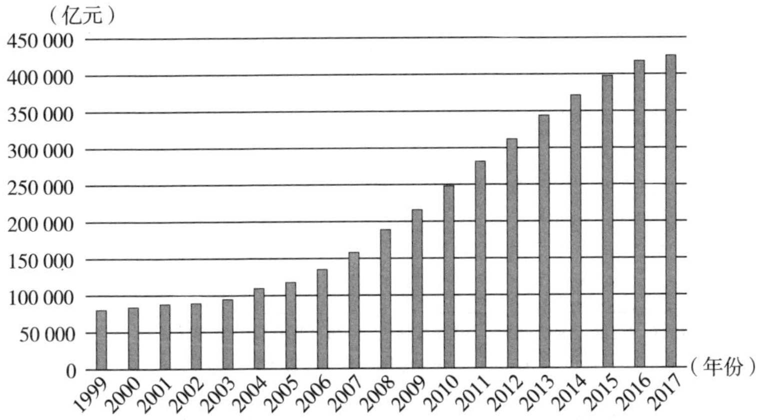

图 5.16　国有控股工业企业资产总计，1999—2017 年

在这种背景下，越来越多的国企进入《财富》世界 500 强排行榜。1990 年，中国唯一进入这个排行榜的企业就是一家国企。在过去 30 年间，上榜的中国企业数目猛增（见图 5.17）。到 2018 年，已有 120 家中国企业进入《财富》世界 500 强，远超日本，仅次于美国的 126 家。如果过去 30 年的趋势持续，中国超过美国应该就是几年之内的事。在 120 家上榜的中国企业中，83 家是国有企业，约占 70%。

国家资本的壮大

虽然国有企业经历了脱胎换骨式的改制，但国有固定资产投资并没有萎缩，而是持续增长。不错，自 20 世纪 90 年代中期以来，国有固定资产投资占全社会固定资产投资的比重下滑了不

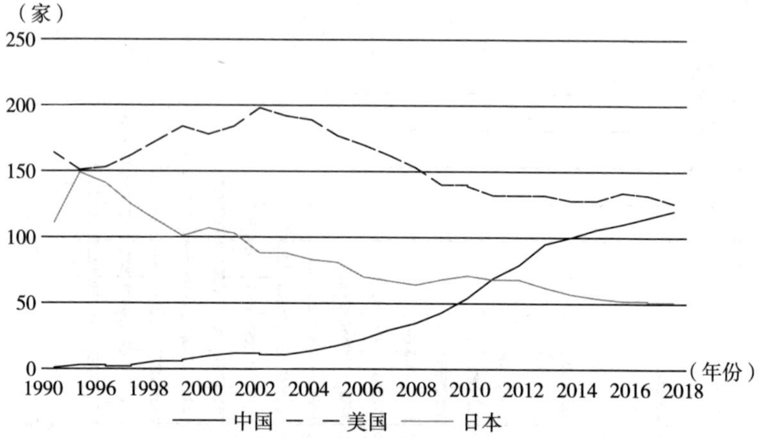

图 5.17　《财富》世界 500 强排行榜中中国、美国、日本的企业数量，1990—2018 年

少，但国有固定资产投资本身的体量已今非昔比，增长了 20 多倍（见图 5.18）。更重要的是，国有固定资产投资不仅是壮大国有经济的手段，也是进行宏观经济调控的手段。仔细观察图 5.18 会发现，在亚洲金融危机爆发后的 1998 年、世界金融危机爆发后的 2009 年，国有固定资产投资的增幅比一般年份要高许多。图 5.18 还显示，2013 年中国经济增速放缓后，国有固定资产投资占全社会固定资产投资的比重止跌企稳，出现反弹，尤其是 2016 年经济增长率下滑至 6.7% 后，该比重大涨约 10%。这也许让有些人意外。其实，之所以出现这个反弹，很重要的原因是，在社会投资意愿不足的背景下，必须由政府运用国家投资刺激经济增长。由此可见，在社会主义中国，政府掌握一定规模国家投资的必要性与重要性。

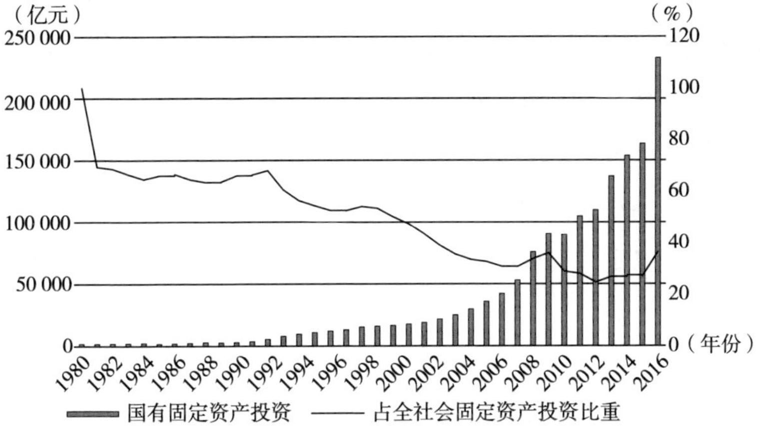

图 5.18　国有固定资产投资与占比，1980—2017 年

也许，更出乎很多人意料的是：在 1952—1984 年间，国有固定资产投资下降的年份有 8 个；而在 1985—2017 年间，国有固定资产投资下降的年份只有 2 个（1989 年与 2011 年）。前一个时期，国有固定资产投资年均增长 16.1%；后一个时期，国有固定资产投资年均增长 18.1%，比前一时期高出两个百分点。

在国企改制的同时，国有固定资产投资的增速不减，累计形成的国有工业固定资产原值也快速增长：1985 年不到 6 000 亿元，1989 年破 1 万亿元，2007 年破 10 万亿元，2016 年已接近 30 万亿元，在这些年里，增长了 49.3 倍（见图 5.19）。固定资产原值反映的是企业在固定资产方面的投资和企业的生产规模、装备水平等。很明显，国有工业整体的生产规模与装备水平如今已经跃过了好几级台阶，站到了一个新的高地上。

国有工业固定资产原值占全国独立核算工业固定资产原值的比重，在过去30多年里下降了近一半。20世纪80年代初，在全国独立核算工业固定资产原值中，国有工业一枝独秀；经历了30多年的改革，民营、外资工业已经增长了很多，国有工业的份额相应缩小，到2014年以后，该份额稳定在45%的水平上。在这个意义上，到目前为止，国有企业仍然占据着中国工业经济的主导地位。

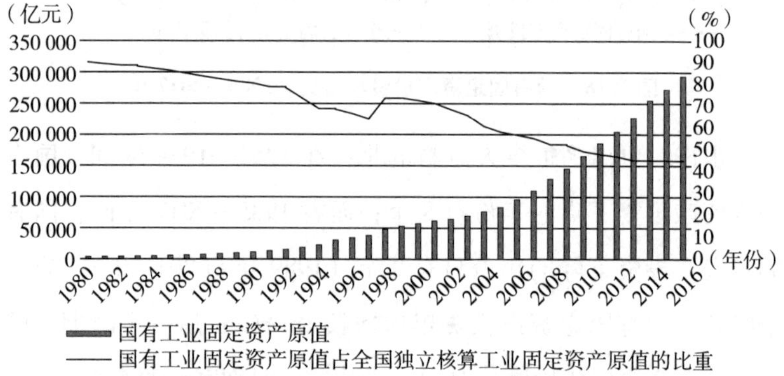

图5.19　国有工业固定资产原值与占比，1980—2016年

国家资本壮大了，但现在它的投资方向与以前已大不相同。近年来，中国政府按照“有进有退、有所为有所不为”，“进而有为、退而有序”的原则，沿着竞争性行业和战略性、垄断性行业两条线，加快国有经济布局和结构调整的步伐。在一般竞争性行业，国有经济只是选择性地保留了少部分国有企业；除此之外，则按照市场化原则，适当收缩战线，退出、退足、退够，尽量为民间资本和民营经济发展创造广阔市场空间。不过，在关系国家安全和国民经济命脉的重要行业和关键领域，国有资本投入力度不减；同时也放宽行业准入，引导社会资本、民间资本进入，提高相关行业竞争性业务的市场竞争程度，提高行业运行质量和效率。

表 5. 14 表明，“有进有退、有所为有所不为”不再仅仅是政策指导原则，而是在相当大的程度上已变为现实。中国工业分为三大门类，即“采矿业”、“制造业”以及“电力、热力、燃气及水生产和供应业”，再细分为 50 个大类，509 个中类，5 090 个小类。[①] 如果我们查看工业各个领域的“实有资本”构成，就会发现有些领域“国家资本”的比重比较高，其他领域则是“集体资本”、“法人资本”、“个人资本”、“港澳台资本”或“外商资本”的比重比较高。实收资本是指企业实际收到的投资人投入的资本。以各领域实收资本中国家资本的比重是否大于 45% 为指标，表 5. 14 将国家资本的大类投资重点凸显出来。我们看到，在“采矿业”门类中，有 3 个大类由国家资本主导，即“煤炭开采和洗选业”、“石油和天然气开采业”以及“黑色金属矿采选业”。在“制造业”门类的众多大类中，由国家资本主导的只有 3 个，即“烟草制造业”、“石油加工、炼焦和核燃料加工业”和“铁路、船舶、航空航天和其他运输设备制造业”。而整个“电力、热力、燃气及水生产和供应业”门类都是由国家资

① 中华人民共和国国家质检总局和国家标准委. 国民经济行业分类：GB/T 4754—2017 [S/OL]. http://www.stats.gov.cn/tjsj/tjbz/201709/P020171009408912690353.pdf.

本主导的。很明显，这些由国家资本主导的产业恰恰就是关系国家安全和国民经济命脉的重要行业和关键领域，而其他领域则是竞争性行业。“有所为有所不为”不是空话，已经成为现实。

表 5.14　国有资本主导的行业，2016 年

采矿业	木材加工和木、竹、藤、棕、草制品业	专用设备制造业
煤炭开采和洗选业	家具制造业	汽车制造业
石油和天然气开采业	造纸和纸制品业	*铁路、船舶、航空航天和其他运输设备制造业*
黑色金属矿采选业	印刷和记录媒介复制业	电气机械和器材制造业
有色金属矿采选业	文教、工美、体育和娱乐用品制造业	计算机、通信和其他电子设备制造业
非金属矿采选业	*石油加工、炼焦和核燃料加工业*	仪器仪表制造业
其他采矿业	化学原料和化学制品制造业	其他制造业
制造业	医药制造业	废弃资源综合利用业
农副食品加工业	化学纤维制造业	金属制品、机械和设备修理业
食品制造业	橡胶和塑料制品业	**电力、热力、燃气及水生产和供应业**
酒、饮料和精制茶制造业	非金属矿物制品业	*电力、热力生产和供应业*
烟草制品业	黑色金属冶炼和压延加工业	*燃气生产和供应业*
纺织业	有色金属冶炼和压延加工业	*水的生产和供应业*
纺织服装、服饰业	金属制品业	
皮革、毛皮、羽毛及其制品和制鞋业	通用设备制造业	

工业的壮大

在国有企业的引领下，在国有资本投入的推动下，过去70年，中国工业突飞猛进。与新中国成立前相比，今天中国的工业可以说是已有云泥之别。对比表5.12中工业主要产品产量在世界位次的变化：在世纪之交，中国已在钢、煤、水泥、化肥、化纤领域产量居世界首位；到2016年，除受自然资源禀赋限制的原油外，中国已在七大类产品的产量方面位居第一。

表5.12展示的只是中国工业的几种主要产品而已。事实上，在世界500多种主要工业产品当中，中国有220多种产品的产量在全球稳居第一。1990年，我国制造业占全球的比重为2.7%，居世界第九位；2000年上升到6.0%，位居世界第四；2007年达到13.2%，居世界第二；2010年占比进一步提高到19.8%，超过美国，跃居世界第一。此后中国制造业连续多年稳居世界第一。[①] 到2017年，中国已经占到全球制造业增加值的28.6%。[②]

发电量可以作为中国工业发展的一个缩影。图5.20对比了中国与美国自1949年以来各自的发电量。1949年，中国的发电量仅仅相当于美国的1.5%。一直到1975年，中国的发电量才

---

① 贾涛. 全球制造业的几个特点与中国的应对[J]. 经济导刊，2018（7）.

② 卓贤，黄金. 制造业岗位都去哪了：中国就业结构的变与辨[J]. 财经，2019（9）.

相当于美国的10%。此后直到2000年，中国以大约每年一个多百分点的速度追赶美国。2001年，中国的发电量相当于美国的40%。在接下来的9年间，中国进入蛙跳式追赶阶段，每年进步六七个百分点。就这样，到2010年，中国的发电量已超过美国，成为世界第一。过去9年，中国进步更快。到2018年，中国的发电量已超过美国63%。

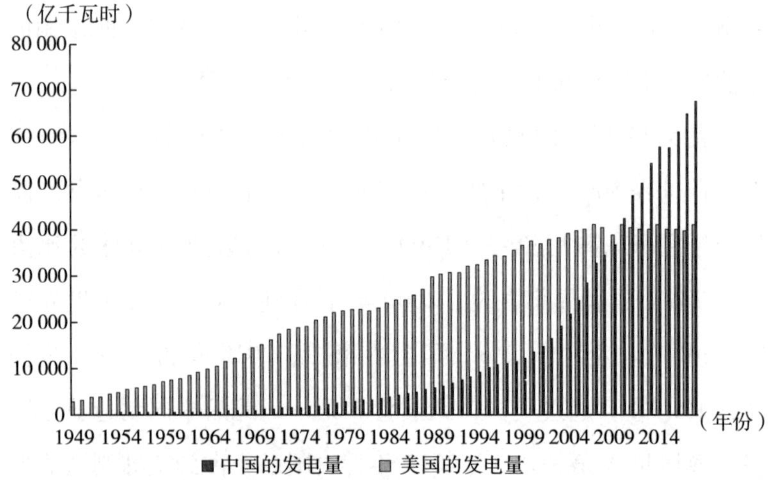

图5.20　中国与美国的发电量对比，1949—2018年

资料来源：美国数据来自U. S. Energy Information Administration，Annual Energy Review，https://www.eia.gov/totalenergy/data/annual/index.php。

发电量进展神速，中国的整体工业也是如此。按照联合国工业发展组织的工业竞争力指数（the Competitive Industrial Performance Index，CIP）衡量，1990年，中国在世界排第32位。此后，中国的排名平均每年至少前进一位。2015年中国超过韩国，排全球第四位；2016年（2019年公布的最新数据）超过美国，排第三；在排名领先的10个经济体中，中国是唯一的发展中国家。这一年，中国的得分是0.376 4，与排第二位的日本（得分0.399 8）相差0.023 4，已是很小的差距。在工业竞争力指数方面，中国超过日本，应该指日可待。与排名第一的德国（得分0.523 4）相比，中国还有较大差距，赶超德国应该是中国工业未来十年的目标。①

工业竞争力指数是一个综合性的指数，它还可以细分为其他一些分项指数，它们从不同角度评判各国工业的发展水平（见表5.15）。“国家总量份额”衡量制造业在各国经济中的分量。在中国，“制造业增加值占GDP比重”高达0.32，高于爱尔兰、韩国、德国、日本，更高于其他国家；“制造业产品出口占全部出口比重”达0.96，仅低于韩国的0.97，高于其他经济体。

“全球份额指标”衡量各国制造业在全球经济中的分量。我们看到，中国遥遥领先于其他9个经济体，无论是“对全球制造业增加值的影响”，还是“对全球制造业产品贸易的影响”都是如此，充分凸显了中国作为世界制造业大国的地位。

上述两类指标衡量的是各国制造业的量级，它们明确无误地显示，今天的中国已是当之无愧的世界性工业大国。

---

① United Nations Industrial Development Organization, *The Competitive Industrial Performance: Biennial CIP Report*, *Edition* 2018 (March 2019), https://www.unido.org/sites/default/files/files/2019-05/CIP_Report_2019.pdf.

表 5.15　排名前十的经济体的工业竞争力指数及其分项指数，2016 年

	德国	日本	中国	美国	韩国	瑞士	爱尔兰	比利时	意大利	荷兰
CIP 排序	1	2	3	4	5	6	7	8	9	10
CIP 得分	0. 52	0. 4	0. 38	0. 37	0. 37	0. 32	0. 32	0. 28	0. 27	0. 27
国家总量份额										
制造业增加值占 GDP 比重	0. 21	0. 19	0. 32	0. 11	0. 29	0. 18	0. 3	0. 14	0. 14	0. 11
制造业产品出口占全部出口比重	0. 89	0. 9	0. 96	0. 74	0. 97	0. 68	0. 95	0. 89	0. 92	0. 85
全球份额指标										
对全球制造业增加值的影响	0. 06	0. 09	0. 24	0. 16	0. 03	0. 01	0. 01	0. 01	0. 02	0. 01
对全球制造业产品贸易的影响	0. 1	0. 05	0. 17	0. 08	0. 04	0. 02	0. 01	0. 03	0. 04	0. 03
中高技术活动份额										
中高技术制造业增加值占全部制造业增加值的比重	0. 61	0. 56	0. 41	0. 48	0. 64	0. 65	0. 54	0. 5	0. 43	0. 49
中高技术制造业产品出口占全部制造业产品出口的份额	0. 74	0. 81	0. 59	0. 66	0. 76	0. 71	0. 56	0. 55	0. 56	0. 56
制造业增加值指数（MVA）										
人均 MVA 指数	0. 48	0. 45	0. 11	0. 3	0. 36	0. 69	1	0. 31	0. 25	0. 27

资料来源：United Nations Industrial Development Organization，Competitive Industrial Performance Index 2018，https：//stat. unido. org/database/CIP% 202018。

不过，第三类指标“中高技术活动份额”却揭示出中国工业的短板。这类指标衡量的不是各国工业的“量”而是“质”。从表5.15看，用“中高技术制造业增加值占全部制造业增加值的比重”衡量，中国低于其他9个经济体；用“中高技术制造业产品出口占全部制造业产品出口的份额”衡量，虽然中国得分略高于爱尔兰、意大利、荷兰、比利时，但远低于其他5个工业强国：美国、瑞士、德国、韩国、日本。同样，如果用“人均MVA（制造业增加值指数）指数”衡量，中国与其他9个经济体的差距也相当大。能够位列全球“工业竞争指数”前十，说明中国已经进入了工业强国俱乐部；但与强中之强相比，我们还不是最强，“革命尚未成功，同志仍需努力”。百尺竿头更进一步，迈向工业强国是我们的光荣使命。

经济的壮大

在现代世界，工业弱则经济弱，工业强则经济强。由壮大起来的工业做支撑，今天的中国已成为世界数一数二的经济体。

图5.21告诉我们，新中国刚成立时，中国这么大一个国家（人口占世界四分之一）的GDP总量（按购买力平价计算）只占世界总量的4.2%；而美国当时是毋庸置疑的霸主，一家独占26.4%。虽然经历了第二次世界大战，但其他老牌帝国主义、殖民主义国家当时依然是百足之虫死而不僵，欧美澳各国加总的占比高达35.8%。70年后，世界经济格局发生的变化可以用“天翻地覆”来形容：中国的全球占比已增加到18%，是日本占比

的4倍，超过美国的16.8%，距欧美澳各国的总和18.4%只有一步之遥。

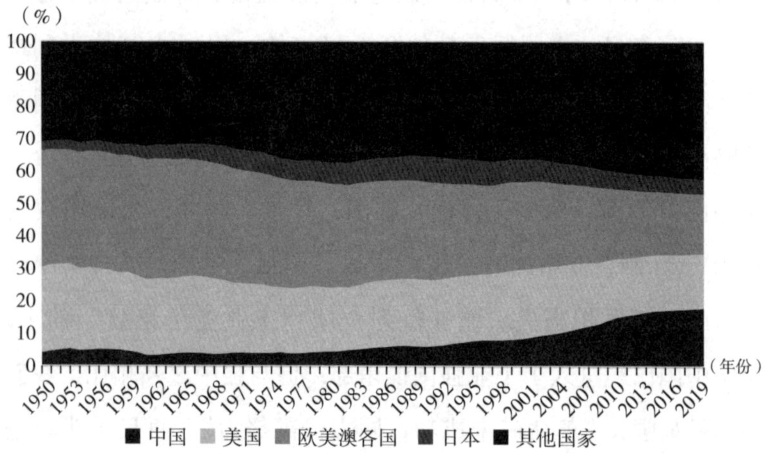

图5.21　各国GDP占全球总量的比重，1950—2019年

资料来源：The Conference Board，Total Economy Database，April 2019，https://www.conference-board.org/data/economydatabase/TED1。

中国经济整体增大了，受惠的是全体中国人。按照世界银行的划分，中国从来都属于“低收入国家”，且1949年时，中国是“低收入国家”中的低收入国家。1999年，中国终于从“低收入国家”毕业，进入“中低收入国家”之列。2010年，中国进入更高的“中高收入国家”序列。[①] 图5.22用世界银行的数据，描绘了自1960年以来，中国的人均国民收入一步步超越低

① World Bank，“Classifying Countries by Income 2019，” http://databank.worldbank.org/data/download/site-content/OGHIST.xls.

收入国家平均值（1991 年）、中低收入国家平均值（1995 年）、中高收入国家平均值（2016 年）。目前，中国正在向高收入国家的目标迈进。值得注意的是，高收入门槛并不是持续提高的。事实上，世界银行 2019 年设定的高收入门槛比 8 年前还低。按照过去 10 余年的趋势，未来 5 年左右，中国跨入高收入国家行列应该是大概率事件。如果这真的如期而至，世界经济的版图会大不一样：世界上，生活在高收入国家的人口会首次超过生活在低收入国家的人口。

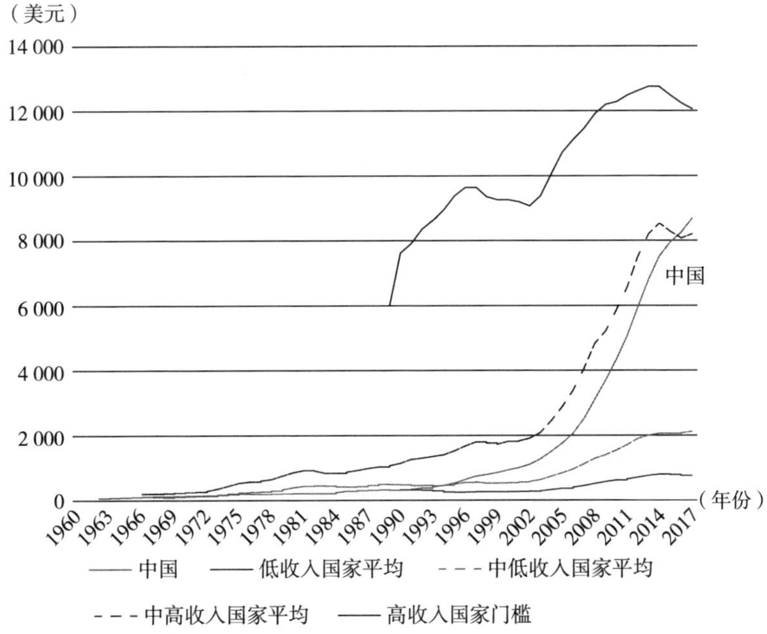

图 5.22　中国：迈向高收入经济体

小结

可以用四句话总结国企对中国工业化的贡献：推动中国从农业国转型为工业国；推动中国从短缺经济过渡到过剩经济；助力中国从工业国转型为工业大国；控制国家经济命脉，主导经济发展，助力中国迈向工业强国。

第六章
方向：从经济政策到社会政策

党的十一届三中全会于1978年底召开，开启了一次伟大的历史性转变。从此，中国共产党抛弃了“以阶级斗争为纲”的错误方针路线，将其工作重心转移到社会主义现代化建设上来。

以经济建设为中心

从1978年开始到20世纪90年代中期，可以说中国只有经济政策，没有社会政策。在此期间，“效率优先”是一切工作的指导思想，政府一直坚持以经济建设为中心，试图抓住一切机遇加快发展，用发展的办法解决前进中的所有问题。发展被作为硬道理。在经济大发展的这些年，虽然谈到“效率优先”时总会加上“兼顾公平”，但在实践中，各级政府（包括中央政府）的主要注意力集中在经济发展或经济增长上，说是“兼顾”，其实是顾不上。为了追求效率或整体经济增长速度的最大化，不仅难以兼顾公平，也难以兼顾生态环境和国防建设。之所以出现这样的局面，也许有以下三个原因：

- 改革以前，存在着“铁饭碗”和“大锅饭”带来的效率低下问题。提出“效率优先、兼顾公平”与人们的经验判断似乎不矛盾。
- 在20世纪80年代，由于大幅度提高农产品收购价格和实行家庭联产承包责任制，农民的生产积极性空前高涨，他们的收入水平也迅速上升。结果，城乡差距和地区差距双双下滑。
- 直到20世纪80年代末，中国的改革是全赢游戏（win-win game）。所有人都从改革中受益，差别只是有些人受益多一点，有些人受益少一点。在这种情况下，即便城市内部、乡村内部和地区内部的收入差距有所扩大，只要差距不过大，人们还是可以接受的。

然而，随着时间的推移，片面强调效率、发展和经济增长的恶果逐渐凸显出来。如果说20世纪80年代的改革还是全赢游戏的话，90年代的改革越来越像零和游戏（zero-sum game），亦即某些人受益是以其他人利益受损为代价的。到1992年，城乡差距和地区差距已超过1978年的水平。此后，这两类差距更是急剧扩大，尤其是东南沿海与中西部之间的地区差距大幅攀升，达到了前所未有的程度。[①] 与此同时，城市内部和农村内部社会各阶层之间的收入差距也在快速拉开。到20世纪90年代中期，中国的总体基尼系数已上升到0.45的高度，按照国际通行的标准，已达到收入差距较大的程度。

更为严重的是，20世纪90年代中期以后，正规部门（指国有单位和城镇集体单位）就业人数大幅度下降：10年中，人数从1.4亿人下降到7 000万人，减少了约一半。在人类历史上，也许还没有过一个国家，在如此短的时间里，这么大规模地裁减正规部门的就业人口。随着大量人员下岗失业，城市贫困问题突现出来。

在农村，20世纪90年代后期，粮食和其他各类农产品都出现供过于求的情况。"谷贱伤农"，由此造成农民收入总体增长缓慢。在相当多的地区，农民收入不是增长，而是下滑。与此同时，长期困扰中国农村的"三乱"（乱收费、乱摊派、乱罚款）问题进一步加剧，农民负担过重，激化了农民与政府之间的矛盾。

在社会财富大量涌现的同时，社会各种不稳定的因素也在快速增加，使得上上下下都感到中国面临着重重危机。为什么在综合国力大大增强的同时，会出现如此严重的发展不平衡、收入不平等问题呢？片面地坚持"效率优先"大概是一个重要原因。不错，邓小平曾鼓励一部分地区、一部分人先富裕起来。但他说

① 胡鞍钢，王绍光，康晓光．中国地区差距报告［M］．沈阳：辽宁人民出版社，1995；王绍光，胡鞍钢．中国：不平衡发展的政治经济学［M］．北京：中国计划出版社，1999.

得很清楚，“社会主义的目的就是要全国人民共同富裕，不是两极分化。如果我们的政策导致两极分化，我们就失败了”。[①] 他还警告，“如果搞两极分化……民族矛盾、区域间矛盾、阶级矛盾都会发展，相应地中央和地方的矛盾也会发展，就可能出乱子”。[②] 到20世纪90年代末期，出乱子的迹象越来越多。这使得越来越多的人认识到，效率也好，发展也好，经济增长也好，它们无非是提高人们福祉的手段，我们不能本末倒置，把手段当作目的来追求。更准确地说，经济增长的成果必须让最广大的人民群众分享，而不能被一小部分人独享；经济改革的成本必须由社会各阶层分担，而不应仅仅落到普通工农的肩头。

在这种大背景下，中国政府的政策导向出现松动，在坚持“效率优先”的同时，开始花更大的气力来“兼顾”公平，这时的“兼顾”终于有了实质内容。[③] 到2004年召开党的十六届四中全会时，中央最终放弃了“效率优先、兼顾公平”的提法。如果说改革开放头二十年中国政府只有经济政策、没有社会政策的话，进入21世纪以后，中国政府已经开始将更多的注意力转移到社会政策上来，并将更多的资源投入这个领域。

社会矛盾的凸现是出现社会政策的背景，它只能说明社会政策迟早会出现，但不能解释为什么社会政策会出现在21世纪初。

① 中共中央文献研究室．邓小平思想年谱[M]．北京：中央文献出版社，1998：311.

② 同上，第453页。

③ 王绍光．顺应民心的变化：从财政资金流向看中国政府近期的政策调整[J]．战略与管理，2004（2）.

社会政策不是政府表表态就算数的，每项社会政策都需要雄厚的财政资金支撑，没有财政资金支撑的社会政策不过是空中楼阁而已。在21世纪初，中国政府之所以能够将更大的注意力转移到社会政策上来，得益于财政体制的改革大大提高了国家的汲取能力，使政府有可能将更多的财力和资源投入这个领域。从20世纪80年代初开始，中国政府的汲取能力一路下滑，到90年代初已跌入谷底。不要说支撑社会政策，当时连维持国防、治安和政府日常运作的经费都严重不足，到了政治上十分危险的地步。① 有鉴于此，中国政府不得不在1994年对财政体制做出重大调整。

回顾过去的25年，很明显分税制取得了超乎预料的巨大成功：政府的综合财政收支（预算内收支、预算外收支与社保基金收支之和）飞速增长，在25年中从7 000亿—8 000亿猛增至近28万亿，翻了34—35倍。从图6.1可以看出，综合财政收支占GDP比重也发生了巨大变化。在1978—1995年间，这两个比重从30%—40%跌至16%—17%。1994年财政体制改革见效后，情况迅速改善。到2018年底，这两个比重回升到30%上下。虽然与很多发达国家和东欧转型国家相比，中国财政收入占GDP的比重还不算高，但至少与一般发展中国家相比，这个表现已相当不易。

如果说20世纪90年代中国政府未能在社会政策方面有所作为是因为“巧妇难为无米之炊”，那么今天政府在汲取能力方面

① 王绍光，胡鞍钢．中国国家能力报告[M]．沈阳：辽宁人民出版社，1993.

的问题已大致解决了，为社会政策的实施奠定了财力基础。

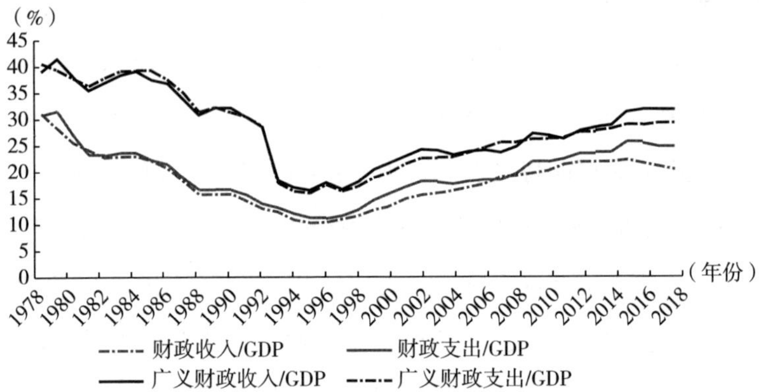

图 6.1　综合财政收支占 GDP 的比重

如果有人说在 2000 年前后中国是“低福利”国家，那是有依据的。① 但如果今天仍有人一口咬定中国是“低福利”、“零福

① 这里的“福利”是指客观意义上的福利，而不是主观意义上的福利；是指社会福利，而不是个人福利。社会福利是一个非常复杂的概念，卷入与此相关的理论之争与方法论之争超出了本书的范围。不过，无论怎样定义社会福利，它都可以从投入（社会福利支出）与产出（如婴儿死亡率、人均预期寿命）两方面加以度量。在讨论社会福利的文献中，公共社会支出（public social spending）占国内生产总值的比重通常被用作比较各国福利水平的指标。见 Adema W.，P. Fron and M. Ladaique，“Is the European Welfare State Really More Expensive? Indicators on Social Spending，1980 – 2012；and a Manual to the OECD Social Expenditure Database（SOCX），” *OECD Social*，*Employment and Migration Working Papers*，No. 124 （2011），http：// dx. doi. org/10. 1787/5kg2d2d4pbf0 – en，p. 10。本文作者曾用这方面的数据证明在 2000 年前后，中国在卫生领域存在低福利的问题。见王绍光．中国公共卫生的危机与转机[J]．比较，2003，7：52 – 88。当然，也有学者对使用投入指标来衡量福利水平持保留态度，如 Gosta Esping-Anderson，*Decommodification and Work Absence in the Welfare State*（San Domenico，Italy：European University Institute，1988），pp. 18 – 19。

利”甚至“负福利”国家，那就是无的放矢了。本章提供的大量数据表明，在过去 20 年中，中国出现了一次新跃进：社会保障力度的大大增强。这个新跃进已静悄悄地给中国社会带来了翻天覆地的变化：一方面，它阻止了不平等进一步恶化的趋势；另一方面，它为降低人类不安全创造了有利条件。没有这两方面的变化，让全体人民共享经济发展的成果只是一句空话，坚持和发展社会主义制度也只是一句空话。

缩小不平等

从收入差距的构成上看，中国的收入差距可以分解为城镇内部收入差距、农村内部收入差距、城乡之间收入差距以及地区之间收入差距。研究表明，中国整体收入差距的很大一部分源自地区之间的差距和城乡之间的差距。因此，缩小整体收入差距的关键是尽量缩小地区差距与城乡差距。

缩小地区差距

缩小地区差距的主要措施是，中央政府加大对各省尤其是中西部经济相对落后省份的财政转移支付。1993 年以前，中国财政体制实行“分灶吃饭”的包干制，这种体制对东南沿海发达省份十分有利，因为它们的财政资源相对充裕，且不必与别省分享来自本地的税收。但对财政资源贫乏的中西部省份来说，没有外来的财政转移支付，它们便难以为本地居民提供像沿海省份那样的公共服务，更没有能力像沿海省份那样拓建基础设施、投资产业项目。20 世纪 80 年代中期以后，地区差距不断扩大，其中一个重要原因便是财政包干制。①

1994 年，中国政府对财政体制做出重大调整，将包干制改为分税制。这次改革从根本上扭转了“两个比重”② 连续 15 年的下滑趋势，从而增强了中央政府的财政汲取能力，为它加大对各省的财政转移支付奠定了制度基础。从图 6.2 可以看得很清楚，自 1994 年以来，中央对各省财政转移支付的总量一直呈快速增长的态势，尤其是 1999 年以后，几乎是一年上一个大台阶，到 2018 年已达到近 7 万亿元的水平，是 1993 年转移支付总量的 128 倍！

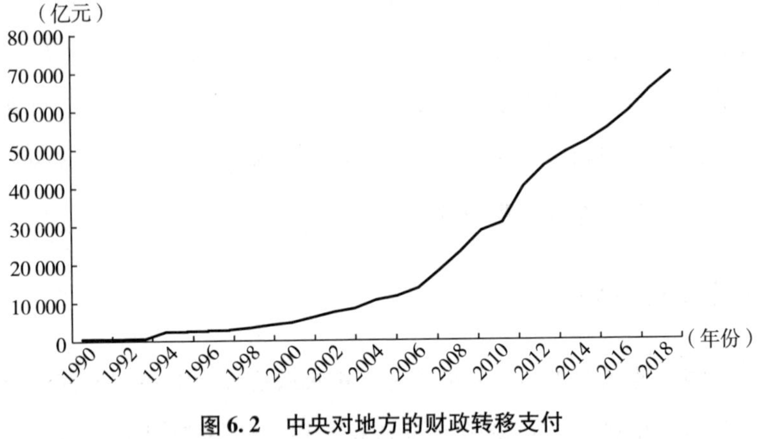

图 6.2　中央对地方的财政转移支付

① 王绍光，胡鞍钢．中国：不平衡发展的政治经济学［M］．北京：中国计划出版社，1999.

② “两个比重”是指政府财政总收入占 GDP 的比重和中央政府财政收入占财政总收入的比重。

大规模的中央财政转移支付之后，地区之间人均财力水平的差距大大缩小，缓解了各地区间财政收支的不平衡，有助于公共服务的均等化，也有助于促进全国各地区协调发展。

在实行分税制以前，东部、中部、西部和东北四大板块经济之间 GDP 增速存在着很大的差异，东部沿海省份遥遥领先，导致地区差距扩大。1994 年以后，各板块的增速开始逐渐趋同。[①] 近年来，中国各省 GDP 的增速格局更是发生了根本性的逆转：中西部省份的 GDP 增速普遍高于东部沿海省份，其结果是地区差距开始缩小。从图 6.3 可以看出，2002 年以后，中国人均 GDP 的省际差距出现了下降的势头。图 6.3 用来衡量地区差距的尺度是变异系数（Coefficient of Variation），实际上即使换用泰尔指数（Thiel Index）、基尼系数（Gini Coefficient）或阿特金森指数（Atkinson Index），地区差距下降的趋势都是一致的。[②] 在这么短的时间里，地区差距已出现显著下降，不能不说是一个奇迹。虽然，不少因素发挥了作用，但大规模中央财政转移支付功不可没。

---

① 国务院发展研究中心"中国区域协调发展研究"课题组．我国区域增长格局和地区差距的变化与原因分析[R]//国务院发展研究中心调查研究报告．第 138 号（总 2653 号），2006-07-14.

② Masashi Hoshino, "Measurement of GDP Per Capita and Regional Disparities in China, 1979-2009," paper presented at Workshop on Poverty and Inequality in China and India, March 13, 2012. 不少其他学者得出与星野真教授相同或类似的结论。

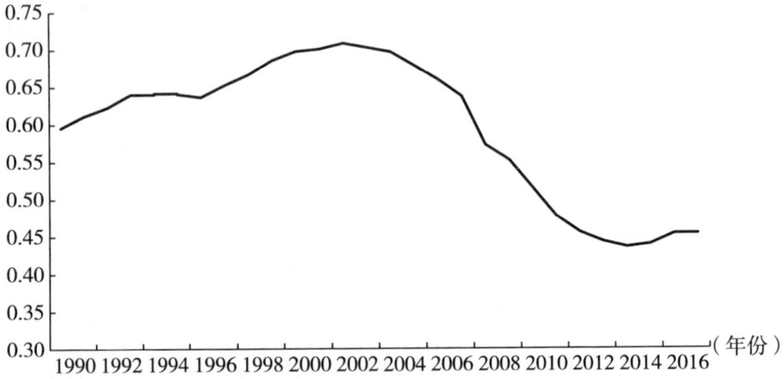

图 6.3 省际人均 GDP 变异系数（CV），1990—2017 年

缩小城乡差距

众所周知，中国城乡之间的收入差距一直比较大。与其他一些发展中国家相比，如按总体基尼系数来衡量，中国全国的收入差距并不是最高的，低于拉丁美洲和非洲的一些国家；然而，中国城乡差距也许是世界上最大的，这构成中国收入分配格局的一个最为重要的特点。①

为了缩小城乡之间的收入差距，中国政府近年来对农村居民采取了“少取”和“多予”两套策略。“少取”最主要体现在取消农业税上。农业税是最古老的税种之一，其历史可以追溯到几千年以前。改革开放以后，农业在中国国民经济中的份额不断下降，

① 联合国开发署．中国人类发展报告 2005：追求公平的人类发展［R/OL］. http://ch. undp. org. cn/downloads/nhdr2005/c_NHDR2005_complete. pdf.

但在1986—1996年间，各种农业税收（包括农业税、农业特产税、牧业税、耕地占用税和契税）占财政总收入的比重却不降反升。2004年，中国政府宣布“取消除烟叶外的农业特产税，五年内取消农业税”，实际上，全面取消农业税的目标到2006年就提前完成了。

“少取”的任务完成以后，“多予”方面的政策力度持续加强。1997年，中央财政用于“三农”资金（包括农产品政策性补贴支出、农村中小学教育支出、农村卫生支出等15大类）不过区区700余亿元。[①] 进入21世纪以后，这类资金开始快速增长，在2003年跨过2 000亿元的台阶，2011年跨过1万亿元大关，到2018年已超过2万亿元。

“少取”和“多予”双管齐下的成效明显。如图6.4所示，在经历了20世纪90年代中期以来的急剧恶化后，从2003年起，城乡人均收入与消费差距已稳定在一个狭窄的区间，其中城乡人均消费的差距呈现下滑的趋势。更可喜的是，从2010年起，农村居民收入增速连续多年快于城镇，城乡居民收入差距也有所缩小。

地区差距与城乡差距是中国总体不平等的主要组成部分。既然这两方面的差距都已出现缓解甚至缩小的态势，中国总体不平等水平恶化的趋势也应得到遏制。图6.5表明，反映总体收入分配不平等水平的基尼系数在1996—2008年间上升，其后逐步回落。虽然2017年的基尼系数0.467依然很高，但基尼系数连续下降是20

① 丁学东，张岩松. 财政支持三农政策：分析、评价与建议[J]. 财政研究，2005(4).

世纪 80 年代中期以来少见的，这可能预示着一个新时代的到来。①

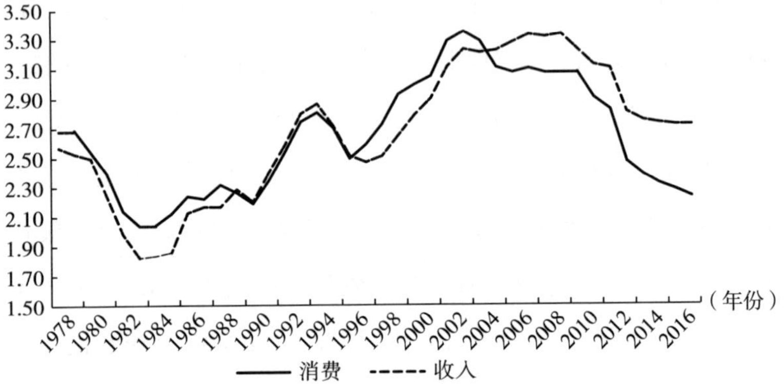

图 6.4　城乡收入与消费的差距（农村为 1），1978—2017 年

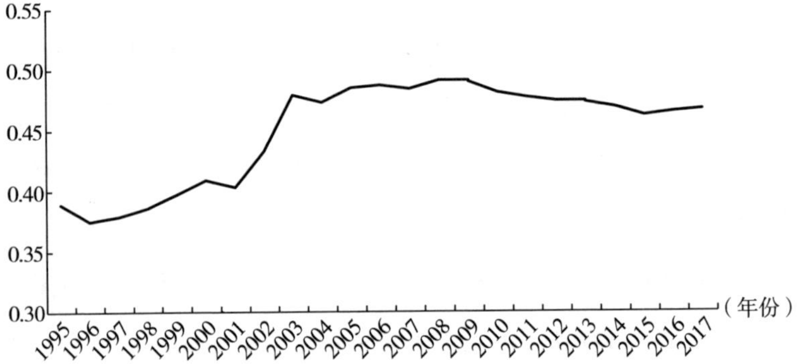

图 6.5　中国全国居民基尼系数，1995—2017 年

---

① 早在 2010 年初，OECD 的一份研究就得出结论，“近年来，中国的总体不平等水平已停止上升，或许已经下滑”。见 Richard Herd，“A Pause in the Growth of Inequality in China?” *OECD Economics Department Working Papers*，ECO/WKP，2010 - 4（February 1，2010）。OECD 于 2012 年发表的另一份研究报告得出了与本节几乎相同的结论，见 OECD，*China in Focus*：*Lessons and Challenges*（Paris，OECD，2012），Chapter 2 “Inequality：Recent Trends in China and Experience in the OECD Area，” pp. 16 - 34。

降低不安全感

改革开放以前的中国，虽然收入与生活水平不高，但“大锅饭”与“铁饭碗”让人们有一种安全感，因为农村的社队和城镇的单位为抵御各种风险（如失业、患病、养老）提供了保障。改革开放以后，人们的收入与生活水平不断提高。不过，与此同时，社队和单位逐步瓦解，“铁饭碗”被打破，“大锅饭”被端走。在这种新格局下，中高收入群体也深感各种不确定性风险威胁巨大，低收入群体就更不用说了。在 20 世纪八九十年代，中国政府曾一度误认为，市场导向的改革意味着个人与家庭可以而且应该承担这类风险，从而漠视了自己在这方面的责任。进入 21 世纪以后，这种状况开始改变。在涉及绝大多数民众福祉的最低生活保障、医疗保障、养老保障、住房保障、工伤保险、失业保险等方面，政府出台了一系列社会政策，其保障范围越来越广，保障水平越来越高，保障体制越来越健全。

最低生活保障制度

城市居民的最低生活保障（低保）制度最初在上海市设立。1997 年，在大规模“减员增效、下岗分流”启动之时，国务院颁布了《关于在全国建立城市居民最低生活保障制度的通知》，开始在全国范围内推行城市低保制度，但各级地方政府当时似乎没有什么紧迫感。此后三年，全国低保覆盖面扩展缓慢。到

2000 年，全国只有 403 万城镇居民获得低保补助。次年，由于前几年大规模、持续性下岗引发的城市贫困现象开始搅动社会治安，各级政府才开始扩大对国有大中型企业特困职工低保的覆盖面。[①] 2002 年，覆盖面进一步扩展，中央政府要求对各地城市贫困人口做到“应保尽保”。到该年底，城市低保覆盖总人数猛增至 2 065 万人。其后 10 年，低保人数一直在 2 200 万上下浮动，基本上将全国城镇符合条件的低保对象都纳入了保障范围。最近几年，随着大量下岗人员进入退休年龄，并开始拿社保，城市低保人数骤降，2018 年只剩下 994 万左右（见图 6.6）。

城市贫困问题固然麻烦，更严重的贫困问题存在于农村。21 世纪以前，由于农村贫困仍是普遍现象，中国政府农村扶贫政策的重点不得不放在扶持贫困地区的发展上。这种扶贫战略功效卓著，在 1981—2004 年间，使中国 5 亿人摆脱了贫困。[②] 进入 21 世纪后，中国政府开始把目光转向贫困人口，包括居住在贫困地区以外的那些贫困人口。

从 1997 年开始，中国东部沿海地区部分有条件的省市首先

---

① 例如，2001 年 9 月，黑龙江大庆千余名下岗、退休工人上街游行；2002 年 3 月，辽宁省辽阳市 1 万多名工人上街示威。

② World Bank, *From Poor Areas to Poor People: China's Evolving Poverty Reduction Agenda-an Assessment of Poverty and Inequality in China* (Washington D. C.: The World bank, 2009), http://documents.worldbank.org/curated/en/2009/03/10444409/china-poor-areas-poor-people-chinas-evolving-poverty-reduction-agenda-assessment-poverty-inequality-china-vol-1-2-main-report.

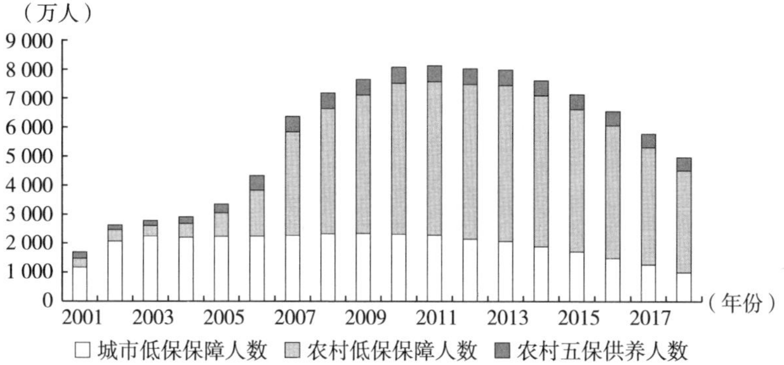

图 6.6　城乡低保覆盖面，2001—2018 年

开始逐步建立农村最低生活保障制度。但直到 2004 年，中央政府才要求全国范围内有条件的地方探索建立农民最低生活保障制度。[①] 经过三年的试点，2007 年，国务院在《关于在全国建立农村最低生活保障制度的通知》（国发〔2007〕19 号）中明确要求，在 2007 年内，在全国范围内建立农村最低生活保障制度，将符合条件的农村贫困人口纳入保障范围，重点保障病残、年老体弱、丧失劳动能力等生活常年困难的农村居民，并确保在年内将最低生活保障金发放到户。[②] 这意味着，农民村落内部的互助共济体制向国家财政供养体制过渡，是中国历史上的一次划时代转变。结果，当年纳入农村低保范围的人口就猛增了近 2 000

① 中共中央、国务院. 关于促进农民增加收入若干政策的意见［EB/OL］.（2003 - 12 - 31）. http://www.gov.cn/test/2006 - 02/22/content_207415.htm.

② 建立农村最低生活保障制度以地方人民政府为主，实行属地管理，中央财政对财政困难地区给予适当补助。

万，达到近 3 600 万。[①] 此后，农村低保的覆盖范围逐步扩展，如果加上集中供养与分散供养的五保户（保吃、保穿、保医、保住、保葬），总人数在 2013 年底达到 5 900 多万。此后，随着扶贫力度的加大，农村的这两部分人数也开始下滑。到 2018 年底，城乡低保的总覆盖人口降至 5 000 万以下（见图 6.6）。

医疗保障制度

改革开放以前，中国有三套医疗制度，即为政府机关、大专院校和事业单位雇员建立的公费医疗制度，为国有企业和部分集体企业职工建立的劳动保险制度，以及农村以社队为基础的合作医疗制度。它们为绝大多数城镇和农村居民提供了廉价、平等的基本医疗保障。

20 世纪 80 年代初，随着人民公社制度的取消，曾广受国际赞誉的农村合作医疗制度迅速崩溃。在城镇地区，20 世纪 90 年代，大规模的企业转制、职工下岗使得公费医疗和劳动保险制度双双萎缩。结果，到世纪之交，八成以上的农村居民以及半数以上的城镇居民陷入了没有任何医疗保障的境地。[②]

为了回应社会民众对“看病难、看病贵”的关切，中国政府于 1999 年开始推广城镇职工基本医疗保险制度。新制度涵盖

---

① 民政部 . 2007 年民政事业发展统计报告［R/OL］.（2008 – 05 – 26）. http：//cws. mca. gov. cn/article/tjbg/200805/20080500015411. shtml。

② 卫生部统计信息中心 . 第三次国家卫生服务调查分析报告［R］. 2004：85.

离退休人员，使这个健康状况相对脆弱的人群得以享受基本医疗保障，但不再覆盖职工的亲属，也未将个体从业者、非正规部门的职工和流动人口纳入保障范围。因此，尽管新制度发展得很快，但到2006年它的覆盖面仅占城镇人口的四分之一，如果把流动人口考虑进去，覆盖率实际更低。

针对农村的卫生危机，中共中央、国务院于2002年10月出台《关于进一步加强农村卫生工作的决定》，明确提出“逐步建立新型农村合作医疗制度”（简称新农合），目标是“到2010年，新型农村合作医疗制度要基本覆盖农村居民”。为了实现这个目标，中央政府决定，从2003年起，由各级财政对参加新农合的农民进行补贴。[①] 新农合改变了合作医疗的性质，它不再是以村、乡社区为单位的互助组织，而是由政府组织、引导、支持的统筹层次更高的农村医疗保障制度。[②]

尽管针对城乡的卫生危机推出了这些举措，但人们对它们的力度与进度并不满意。2005年3月，国务院发展研究中心课题组在该中心出版的《中国发展评论》上发表了一篇长达160多页的报告——《对中国医疗卫生体制改革的评价与建议》，对此前的医改提出了严厉的批评。[③] 4个月后，这份报告引起了《中

① 中共中央、国务院：《关于进一步加强农村卫生工作的决定》（2002年10月19日）。

② 朱庆生．推进中国新型农村合作医疗制度建设：ISSA第28届全球大会中国特别全会发言之五［C］．（2004－09－17）．

③ 国务院发展研究中心课题组．对中国医疗卫生体制改革的评价与建议［J］．中国发展评论，2005（增刊1）．

国青年报》的注意，[①] 并迅速在媒体上掀起巨大的波澜，一时间“中国（此前的）医改基本上不成功”变为搅动全国上下的话题，并由此拉开了中国新一轮医疗体制改革的序幕。2006 年，在广大民意的推动下和最高决策层的主导下，中央政府形成了“恢复医疗卫生公益性，加大政府财政投入”的指导思想，正式启动了新医改的政策制定工作。三年后，中共中央、国务院于 2009 年 3 月最终出台了《中共中央国务院关于深化医药卫生体制改革的意见》及《医药卫生体制改革近期重点实施方案（2009—2011）》，其总体目标是“建立健全覆盖城乡居民的基本医疗卫生制度，为群众提供安全、有效、方便、价廉的医疗卫生服务”。

新医改方案出台后，城乡医疗保障的范围迅速扩大了。针对农民工，国务院于 2006 年发布了《国务院关于解决农民工问题的若干意见》，强调要“抓紧解决农民工大病医疗保障问题”。次年，中国政府又开始试点为城镇居民（包括婴幼儿、中小学生与其他非从业城镇居民）提供医疗保险。这两项措施着眼于解决城镇在职职工以外人群的医保问题。2002 年底，城镇居民中只有不到 1 亿人享有医疗保险；而到 2012 年结束时，这个数目已猛增至约 6 亿人（相当于当年 6.9 亿城镇常住人口的约九成），10 年间增加了 5 倍。

---

① 王俊秀．国务院研究机构称我国医改工作基本不成功［N］．中国青年报，2005－07－29.

在农村，公共财政的参与有力地推动了新农合的快速发展。随着各级财政对参加新农合的补助标准不断提高，参加新农合的人数迅速攀升，到2008年已突破8亿大关，此后几年稳定在8.3亿人上下，基本实现了全覆盖。①

就这样，在短短几年的时间里，中国构筑起世界上最大的医保网。2003年，全国人口中，只有不到15%的城乡居民或不到2亿人口享受某种医疗保障；而到2012年，城镇与农村两张医保网覆盖人口超过13亿。

2016年，国务院出台《国务院关于整合城乡居民基本医疗保险制度的意见》，目的是在城乡完成医保“全覆盖”之后，整合城镇居民医保和新农合，建立统一的城乡居民基本医疗保险制度，实现“六统一”，即统一覆盖范围，统一筹资政策，统一保障待遇，统一医保目录，统一定点管理，统一基金管理，预计城乡居民医保的制度整合将在2019年完成。

在快速扩大覆盖率的同时，中国新医改也致力于降低卫生总费用中的个人支出部分。从图6.7我们可以清晰看到发生在医疗卫生领域的显著变化。在进入21世纪之初，中国卫生总费用中的60%一度是由个人支出的。也就是说，当时，医疗费用的负担主要压在居民个人肩上。当时人们普遍感到“看病贵”，之所以出现这种现象，是因为在20世纪最后十几年间，

---

① 对于部分城乡低保对象，政府还出钱资助他们参加城镇医保或新农合，并为他们中的因病致困户提供大病救助。

政府削弱了提供公共产品的职能，弱化了为民众提供医疗保障的责任。令人欣喜的是，新医改政策出台前后这10余年，医疗卫生领域出现了引人注目的反向运动：政府财政与医疗保险支付的份额越来越大，个人支出的份额越来越小。到2018年，个人支出的份额已降至28.7%。需要指出的是，就个人卫生支出占卫生总费用的比重而言，中国现在不仅低于世界的平均水平，也低于高收入国家的平均水平，已接近欧洲国家的平均水平。①

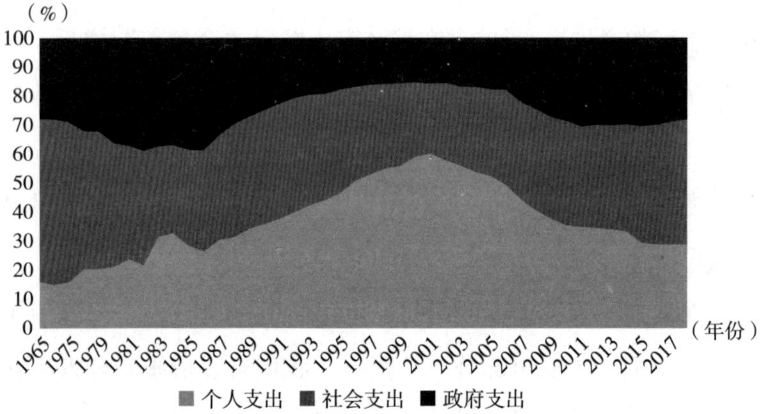

图6.7 中国卫生总费用的结构，1965—2018年

各种指标显示，中国正稳步迈向“人人享有公共卫生和基本医疗服务”的目标。对一个超过13亿人口的发展中大国而

① World Health Organization, Global Health Expenditure Database, 2019, https://apps.who.int/nha/database/Select/Indicators/en.

言，这实在是一项了不起的成就！

养老保障制度

改革开放前，国家通过单位向机关事业机构的工作人员、城镇国有企业职工及部分集体企业的职工提供养老保障。单位体制的解体以及所有制结构的多元化促使中国探索新型养老保障模式。

国务院于1997年颁布《国务院关于建立统一的企业职工基本养老保险制度的决定》，标志着中国现代城镇职工养老保险制度的正式建立。城镇职工基本养老保险（简称城职基保）最初主要覆盖国有企业或集体所有制企业职工，但目标是逐步扩大到城镇所有企业及其职工，并延伸至城镇个体劳动者。其后10来年，扩大城职基保的覆盖面一直是中国养老保险制度建设的重点之一。1997年以后，城职基保覆盖人口稳步增加，到2007年超过2亿人，2017年超过4亿人。如果以城镇就业人口为基数计算参保率，其参保率于2009年超过70%，2018年超过95%（见图6.8）。需要指出的是，城职基保覆盖人口中包括农民工。

扩大养老保障覆盖面的更大挑战是，如何将城镇就业人员以外的人群纳入其中，尤其是广大农村居民。从20世纪90年代初开始，中国一些地区便以不同的方式在探索如何在农村推行社会养老保险。由于只有部分地区可以提供有限的公共财政补贴，农村养老保险的参保人数在5 400万上下徘徊了许多年（见图6.8）。这种状况一直到2009年才出现转机。为了填补农村居民和城镇非

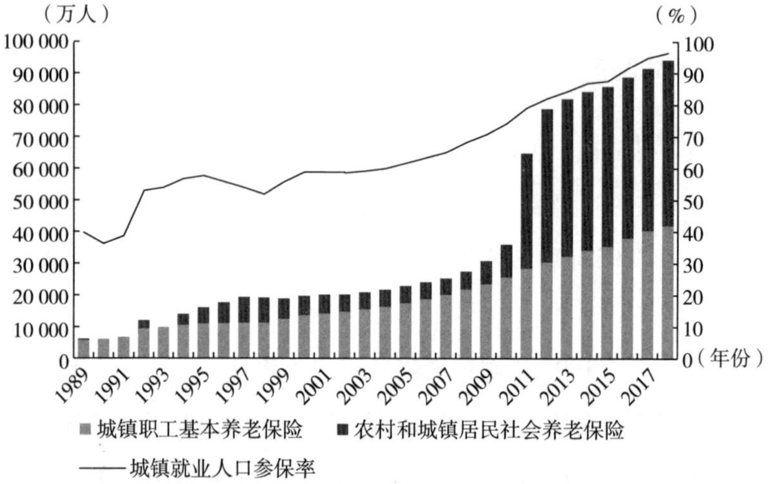

图 6.8　中国养老保险参保情况

就业居民养老保险长期以来的制度空白，那一年，中央政府决定从当年起开展新型农村社会养老保险（简称新农保）试点。年满 16 周岁（不含在校学生）、未参加城镇职工基本养老保险的农村居民，可以在户籍地自愿参加新农保。新农保制度最大的特点是明确国家对农民负有“老有所养”的责任，其体现的是政府资金的投入。当时确定的目标是在 2020 年之前基本实现对农村适龄居民的全覆盖。新农保试点启动以后，社会各界反映良好，试点进度不断加快。到 2011 年，新农保试点覆盖人口已达到 3.26 亿农村居民。

在这个背景下，2011 年中央政府决定从当年起开展城镇居民社会养老保险（简称城居保）试点，采取与新农保同样的财政补助政策。年满 16 周岁（不含在校学生）、不符合职工基本养老保险参保条件的城镇非从业居民，可以在户籍地自愿参加城镇居民社会养老保险。当时确定的目标是在 2012 年基本实现城镇居民养老保险制度全覆盖。

从 2009 年到 2011 年，三年间各级财政共为两项养老保险拨付补助资金超过 1 700 亿元，手笔不可谓不大。① 更重要的是，2012 年上半年，中央政府决定在全国全面开展新农保与城居保工作，即当年基本实现社会养老保险制度全覆盖，比原来预期的 2020 年大大提前。至此，可以说，覆盖城乡居民的社会养老保障体系已在中国基本建立，人人享有养老保险正在成为现实。这是继城乡低保制度、基本医疗保险制度实行全覆盖后，又一项覆盖全民的社会保障制度，是中国社会保障事业发展的重要里程碑。

从图 6. 8 我们可以看到，新农保、城居保再加上原有的城职基保，覆盖人口在 2010 年后猛增，到 2018 年已达 9. 43 亿人。考虑到中国 16 岁以上的人口约为 10 亿，社会养老保险体系的参保率应已接近 95%。② 中国的社会养老保险体系无疑已成为世界上最大的社会养老保险体系。

住房保障制度

改革开放刚开始时，无论是城市还是农村，住房条件都不

① 温家宝. 在全国新型农村和城镇居民社会养老保险工作总结表彰大会上的讲话[EB/OL]. (2012 - 10 - 12). http://politics.people.com.cn/n/2012/1013/c1024 - 19248968.html.

② 王保安. 切实做好新型农村和城镇居民社会养老保险两项制度全覆盖的财力保障工作[J]. 中国财政，2012 (13).

好。1978 年，城市人均住宅建筑面积只有 6.7 平方米，农村人均住房面积只有 8.1 平方米。那时，住房保障的重点是为绝大多数城乡居民改善居住环境创造条件。过去 40 年，中国经济快速增长，城乡居民的总体居住条件也获得了极大的改善。城镇居民家庭住房自有率达到九成以上,① 人均住宅建筑面积跃升至约 38 平方米（2018 年数据）。在农村，住房自有率几乎是百分之百，人均住房面积现已达到 46 平方米。②

然而，自 1998 年推行住房商品化后，快速攀升的房价成为相当大一部分城镇居民进一步改善住房条件的拦路虎。为此，中国政府采取了多管齐下的方式，探索如何为民众提供住房保障。

首先，政府着眼于稳定就业的人群，要求所有国家机关、国有企业、城镇集体企业、外商投资企业、城镇私营企业和其他城镇企业、事业单位及其在职职工共同缴存住房公积金，存入公积金个人账户，供职工家庭日后用于解决与自住住房相关的问题。截至 2018 年底，全国缴存住房公积金的职工达到 1.44 亿人，缴存总额为 14.6 万亿元，提取总额为 8.8 万亿元。③ 公积金已帮助

---

① 国家统计局．全国城镇居民收支持续增长，生活质量显著改善［EB/OL］.（2011 - 03 - 07）. http://www.stats.gov.cn/tjfx/ztfx/sywcj/t20110307_402708357.htm；社科院：目前家庭住房自有率达 93.5%［EB/OL］. 中国新闻网，（2013 - 12 - 25）. http://finance.sina.com.cn/20131225/102517745814.shtml.

② 中国住房："蜗居"到"适居"华丽转身［N/OL］. 经济参考报，2018 - 12 - 12. http://www.xinhuanet.com/2018 - 12/12/c_1123839239.htm.

③ 王优玲.2018 年末我国住房公积金缴存总额逾 14 万亿元［EB/OL］. 新华社，（2019 - 05 - 31）. http://www.xinhuanet.com/fortune/2019 - 05/31/c_1124569932.htm.

上亿职工家庭实现了自己的安居梦。[①]

其次，为了解决特困城乡社会群体的住房问题，由政府出资进行各类棚户区和农村危旧房改造，并协助游牧民定居。[②] 棚户区主要存在于矿区、林区、垦区，也包括各地的“城中村”。[③] 农村危房改造的补助对象重点是居住在危房中的农村分散供养五保户、低保户、贫困残疾人家庭和其他贫困户。[④] 之所以要协助游牧民定居，是因为直到2000年，青海、四川、甘肃、云南四省的藏区，以及西藏、新疆、内蒙古等边远牧区仍有约44万户200多万游牧民沿袭着传统游牧方式，居无定所，生产生活条件落后，饱受自然灾害侵袭。政府于2001年在西藏启动了游牧民定居工程试点，2008年后加大了对游牧民定居工程的投入力度。[⑤]

最后，为解决城市中低收入家庭的住房需求，政府出台政策，建立了包括经济适用房、两限房（“限套型”和“限房价”）、廉租房、公租房在内的保障性住房体系。

---

① 乌梦达，扶庆．三问住房公积金：是保障，还是福利？［EB/OL］．半月谈，（2013－01－15）．http://news.xinhuanet.com/politics/2013－01/15/c_124231971.htm.

② “改造”往往意味着在原有住房的基础上进行翻修，而不一定是提供新房。

③ 杜宇．加快改造步伐，惠及更多百姓：住房城乡建设部有关负责人谈棚户区改造［EB/OL］．新华社，（2012－09－28）．http://www.gov.cn/jrzg/2012－09/28/content_2235709.htm.

④ 杜宇．2013年我国计划完成农村危房改造任务约300万户［EB/OL］．新华社，（2013－02－15）．

⑤ 国家发展和改革委、住房和城乡建设部、农业部：《全国游牧民定居工程建设“十二五”规划（公开稿）》（2012后5月30日）。

在1994—2002年间，保障性住房体系以经济适用房为主、廉租房为辅。这期间经济适用房发展得很快，其竣工面积占同期商品住宅竣工总面积的比重较高。但保障性住房政策在2003年出现偏差。当年国务院《关于促进房地产市场持续健康发展的通知》（国发〔2003〕18号）把房改的目标改为："逐步实现多数家庭购买或承租普通商品房；同时，根据当地情况，合理确定经济适用住房和廉租住房供应对象的具体收入线标准和范围。"结果导致经济适用房和廉租房建设数量的急剧下降，等于把绝大多数需要改善住房条件的家庭推向了房价疯涨的市场。

这种住房商品化的偏差在2005年开始得到纠正，国务院连续出台多个文件再次强调保障性住房建设，并明确提出，在进一步完善经济适用住房制度的同时，把廉租住房作为解决低收入家庭住房困难的主要渠道。政府纠偏的力度在以后几年逐步加强。如国务院于2007年8月发表《关于解决城市低收入家庭住房困难的若干意见》，要求把解决城市（包括县城）低收入家庭的住房困难作为维护群众利益的重要工作和住房制度改革的重要内容，并首次提到逐步改善农民工等其他住房困难群体的住房。2010年，保障性住房的重点再一次调整，公共租赁住房成为实现住房保障的主要形式。

2011年通过的《"十二五"规划纲要》和2016年通过的《"十三五"规划纲要》在保障性安居工程方面提出了更宏伟的目标，前者已经超额完成，后者也有望超额完成。从2006年算起，到2018年，各种保障性安居工程共为约8 500万户家庭解决了住房问题。以每家平均三口计算，中国的保障性住房政策受惠者达2.5亿人，是日本人口的两倍，相当于美国人口的大半，几乎相当于德、英、法、意四国人口的总和。

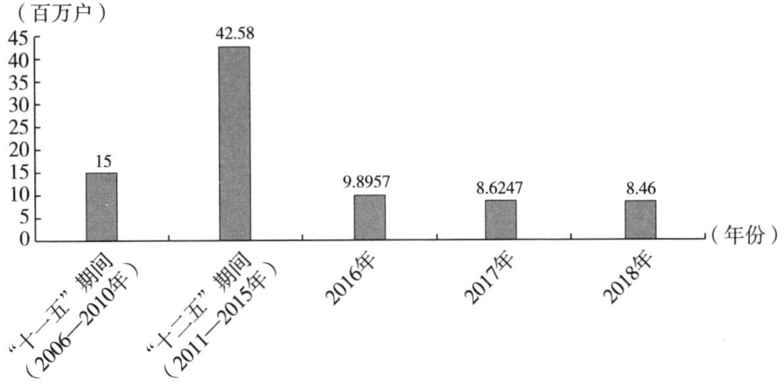

图 6.9　保障性安居住房覆盖家庭数，2006—2018 年

其他保障

最低收入、医疗与养老三方面的保障适用所有人，而还有其他几类社会保险则只适用于城镇就业人口（至少目前如此），即失业保险、工伤保险与生育保险。

改革开放前，城镇就业人口捧有“铁饭碗”，不存在失业问题。1986 年实行劳动合同制和试行《破产法》后，出现了国有企业职工下岗待业的现象。那时政府关注的只是国有企业职工的“待业保险”问题。①

① 如国务院于 1986 年发布的《国营企业职工待业保险暂行规定》，于 1993 年发布的《国有企业职工待业保险规定》。

20世纪90年代中后期，几千万本来捧有“铁饭碗”的国有和集体企业职工被“下岗分流”；与此同时，快速扩张的非公有经济从一开始就不提供“铁饭碗”。这两方面的发展都使失业问题凸显出来。1999年初，国务院颁布了《失业保险条例》，把失业保险的覆盖范围从国有企业扩展至集体企业、外商投资企业、港澳台投资企业、私营企业等各类企业及事业单位。[①] 从图6.10我们可以看出，《失业保险条例》的颁布一下使失业保险的参保人数从1998年的7 928万增至2000年的1.04亿。不过，2000年以后，失业保险的发展仿佛失去了动力，到2018年底，失业保险只覆盖了1.96亿人。失业保险之所以扩展乏力，是因为失业保险金只比本地居民最低生活保障线略高一点，况且失业保险的待遇最长不得超过24个月。[②] 在城镇低保于2002年基本实现“应保尽保”的目标以后，现行失业保险的生活保障功能不由黯然失色。由于失业保险费要由用人单位和职工按照国家规定共同缴纳，它对城镇居民缺乏吸引力，流动性很强的农民工更没有参保的意愿了。

工伤保险是指劳动者因公受伤、患病、致残或死亡，依法从国家和社会获得经济补偿和物质帮助的社会保险制度。工伤保险实行“无过失补偿”的原则，由用人单位缴纳工伤保险费，职

---

① 社会团体及其专职人员、民办非企业单位及其职工、有雇工的城镇个体工商户及其雇工是否参加失业保险，由省级人民政府确定。

② 张时飞．中国的失业保障政策[M]//王卓祺、邓广良、魏雁滨．两岸三地社会政策：理论与实务．香港：香港中文大学出版社，2007：288.

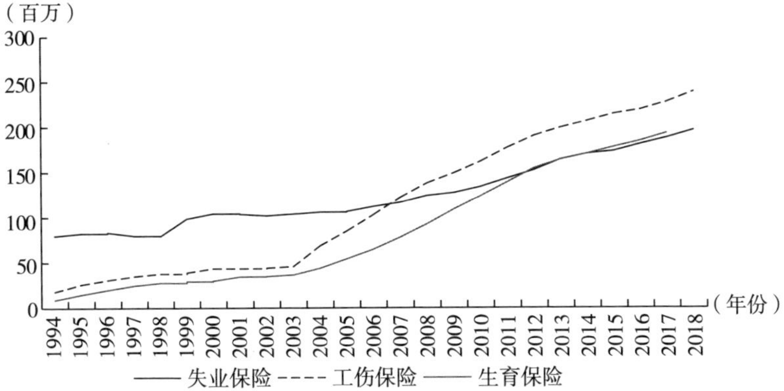

图 6.10　失业保险、工伤保险与生育保险参保人数，1994—2018 年

工无须缴纳。1995 年开始实施的《中华人民共和国劳动法》第七十三条规定，“因工伤残或者患职业病”时，劳动者依法享受社会保险待遇。为了贯彻《劳动法》，劳动部于 1996 年 8 月 12 日公布了《企业职工工伤保险试行办法》，它规定，工伤保险制度统一适用于我国境内的各类企业及其职工，城镇个体经济组织中的劳动者参照适用。但在其后 7 年里，工伤保险进展不大。直到 2004 年实施国务院颁布的《工伤保险条例》后才出现转机。此后，我国的工伤保险新增参保人数直线上升，从 2003 年底的 4 575 万人猛增至 2018 年底的 2.39 亿人，超过城镇就业人口的一半以上（见图 6.10）。

设立生育保险的目的是向职业妇女提供生育津贴、医疗服务和产假，帮助她们恢复劳动能力，重返工作岗位。生育保险费由用人单位按照国家规定缴纳，职工无须缴纳。从图 6.10 可以看得很清楚，生育保险在各类社会保险中发展得最为滞后，一直到

2017 年底，它的参保人数才达到 1.93 亿人，略微超过了失业保险。这也许与它的主要受惠者只是就业人口中的一部分（妇女）有关。2019 年初，国务院办公厅发布了《关于全面推进生育保险和职工基本医疗保险合并实施的意见》，预计到2019 年底前实现两项保险合并。

小结

1989 年，日裔美国人弗朗西斯·福山发表了《历史的终结》一文，认为西方资本主义国家实行“经济与政治自由”制度已是“人类意识形态发展的终点”。[①] 2009 年，英国广播公司委托两家民调机构在全球 27 个国家（包括中国）对随机抽样的29 000人进行了一次大规模调查，调查结果表明福山的判断是虚妄的、完全站不住脚的。这项调查显示，对“自由资本主义”的不满遍布全球，在 27 国民众中平均只有 11% 的人认为，这种制度运转良好，无须政府干预。[②] 相反，平均有 23% 的人认为，资本主义制度带有致命的缺陷，需要一种新的制度来取代它。持这种看法的人在法国高达 43%，墨西哥高达 38%，巴西高达 35%，乌克兰高达 31%。在各国人民中，最普遍的观点是资本主

① Francis Fukuyama, "The End of History?" *The National Interest*, No. 16 (Summer 1989).

② 美国认可资本主义制度的人最多，达 25%。

义制度的问题要靠改革与监管来纠正，而改革的方向是政府应该在拥有或直接控制的本国主要产业、财富再分配、企业监管等方面发挥更积极的作用。① 换句话说，“自由资本主义”不得人心。

在这样的全球背景下，才能真正体验出探索中国式社会主义3.0版的意义。中国人民从不相信历史已经终结，仍然在不懈地探索社会主义道路；同时，中国人民也绝不会故步自封，跨越上一个发展阶段后，会通过丰富多彩的实践和试验不断探索如何为中国式社会主义“升级换代”。②

在“匮乏阶段”与“温饱阶段”，中国已经创造了辉煌的中国式社会主义1.0与2.0版，并取得了举世瞩目的成就。进入“小康阶段”后，衣食或温饱不再是绝大多数中国人面临的主要问题。中国式社会主义3.0版大幅度增加了对公共产品与服务的投入，进一步提高了全社会的福利水平。前面提供的大量数据证明，为了实现共同富裕的梦想，在社会保障方面，中国在过去十几年确确实实经历了一次史无前例的大跃进。为了使这个大跃进一目了然，图6.11展现了2000—2018年间的两组数据：一组是中国在社会保障方面的公共支出③，另一组是该支出占GDP的比

① BBC, “Wide Dissatisfaction with Capitalism: Twenty Years after Fall of Berlin Wall,” November 9, 2009.

② 王绍光．学习机制与适应能力：中国农村合作医疗体制变迁的启示[J]．中国社会科学，2008（6）：111—133.

③ 社会保障方面的公共支出＝财政预算内社会保障支出（含社会保障和就业、医疗保障、住房保障三方面）＋社会保险支出＋社会卫生支出－社保基金财政补助。注意公共教育支出并未包含其中。

重。我们看到，在不到 20 年的时间里，前一组数据从不到 6 000 亿元增至近 14. 3 万亿元，增长为原来的 24. 7 倍。也许有人会说，这组数据增长率之所以高，是因为中国经济在此期间快速增长。这固然没有错，中国的经济总量确实在此期间翻了好几番，但社会保障方面的公共支出与 GDP 并不是同步增长的，而是比本来就增长很快的 GDP 增长速度高得多。这使得该支出占 GDP 的比重从 2000 年的 5. 77% 猛增至 2018 年的 15. 84% 。

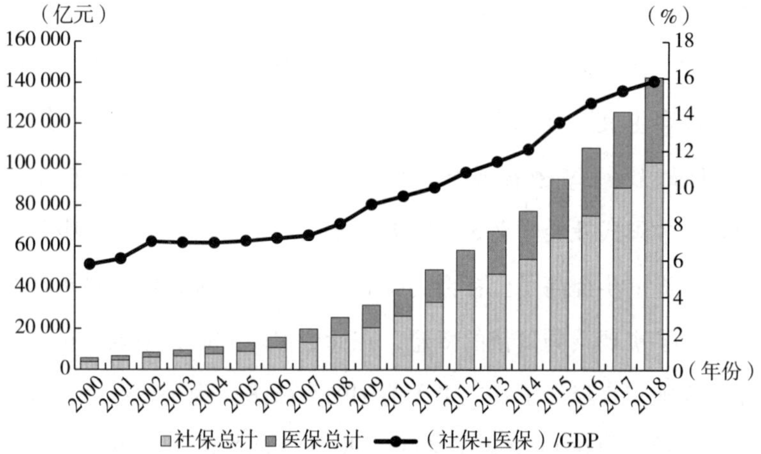

图 6. 11　社会保障方面的公共支出，2000—2018 年

图 6. 11 用当今的中国与十几年前的中国进行对比，显示中国在社会保障方面经历了一场大跃进。这个大跃进还可以从中国与其他国家的比较中看出。图 6. 12 中就社会保障方面的公共支出占 GDP 的比重，比较了中国与其他国家和地区的数据。2000 年时，中国社保支出占 GDP 的比重与阿拉伯国家现在的情形相仿；到 2018 年，中国超越几乎所有发展中国家和地区，甚至超越

发展水平高于自己的韩国与俄罗斯。目前，中国在社会保障方面的支出仅低于两类经济体，即欧美日发达经济体与前苏东经济体。

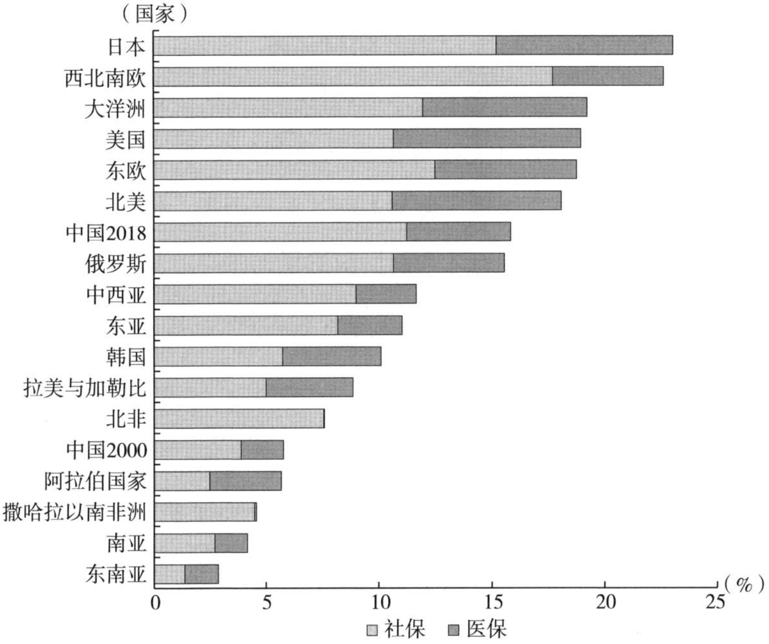

图 6.12 社会保障方面的公共支出占 GDP 的比重

资料来源：中国数据由作者自己根据各种资料计算；各国数据来自 International Labor Organization，*World Social Protection Report Data 2017 – 2019*，https://www.social-protection.org/gimi/gess/AggregateIndicator.action#expenditure。

这样，中国无论是与自身的历史做纵向比较，还是与其他国家进行横向比较，都无可争辩地表明，中国在社会保障方面经历了一次波澜壮阔的大跃进。有人在 2000 年前后说中国是“低福利”国家，那是有依据的，因为当时中国在社会保障方面的公共支出确实比较低。但如果这些人今天依然说中国是“低福利”

国家，那就等于说，全世界绝大多数国家都是“低福利”国家。问题是，如果世界上绝大多数国家都是“低福利”国家，多低才是低，多高才算高呢？高低总是相对的，没有一个客观的衡量标准去奢谈“高”“低”，无异于信口开河。

西方那些不了解中国的人会想当然地认为，中国是“低福利”国家，因为西方有关社会保障与福利的文献往往将竞争性的选举看作决定社会保障广度与力度的关键因素，似乎只有在竞争性选举的条件下，政府才可能回应选民的呼声，似乎只有引入竞争性选举才构成加强社会保障的必要条件。[①] 图 6.12 告诉我

① 例如，Nader Habibi，“Budgetary Policy and Political Liberty：A Cross-Sectional Analysis，” World Development Vol. 22，No. 4（1994），pp. 579 –586；又见在西方学术界享有盛誉的 Peter Lindert，*Growing Public：Social Spending and Economic Growth Since the Eighteenth Century*，Volume 1，the Story and Volume 2：Further Evidence（Cambridge：Cambridge University Press，2004）。不过，在这种主流看法以外，也有经验性研究得出不同的结论。有些研究发现，政体形式与社会保障水平没有什么关系，如 Casey B. Mulligan，Ricard Gil，Xavier Sala – i – Martin，“Do Democracies Have Different Public Policies than Nondemocracies?” *The Journal of Economic Perspectives*，Vol. 18，No. 1.（2004），pp. 51 –74。还有一些研究发现，“威权主义”国家，尤其是社会主义国家，至少在某些方面的社会保障（如基本医疗、基础教育）比其他国家做得好，如 John R. Lott，Jr. “Public Schooling，Indoctrination and Totalitarianism，” *The Journal of Political Economy* Vol. 107，No. 6，Part 2（December，1999），pp. 127 –157；Varun Gauri and Peyvand Kaleghian，“Immunization in Developing Countries：Its Political and Organizational Determinants，” Washington DC：World Bank，2002。关于政体与社会保障之间关系的各种经验研究，请参见 Stephan Haggard & Robert R. Kaufman，*Development*，*Democracy*，*and Welfare States*：*Latin America*，*East Asia*，*and Eastern Europe*（Princeton，NJ：Princeton University Press，2008），Appendix One Cross-National Empirical Studies of the Effects of Democracy on Social Policy and Social Outcomes，pp. 365 –369。

们，这种看法毫无依据。否则便无法解释，在社会保障方面，为什么一大批被贴上“民主”标签的国家（如印度、菲律宾、印度尼西亚、韩国等）却落到了中国的后面。因不能否认中国社会保障水平有所提高，用西方主流思维方式思考的人也许会争辩说，中国之所以这么做仅仅是为了保住政权。保住政权当然对各种政体都至关重要，但如果仅仅是为了一己之私而保住政权，当权者理性的选择应当是缓步提高社会保障水平，因为在社会保障方面，开弓就没有回头箭，一旦享受了某种程度的社会保障，民众是难以接受倒退的。“保住政权说”也许可以用来解释那些社会保障缓慢、逐步扩大的例子，但它显然无法解释中国过去 10 余年在社保方面的大跃进。

其实，只要不受西方主流思潮束缚，要解释这个大跃进并不难。社会保障是人类生活的内在需求，① 也是中国广大老百姓的热切期盼，“学有所教、劳有所得、病有所医、老有所养、住有所居”是现阶段中国梦的重要组成部分。中国在 2000 年前后处于“低福利”状态，并非如有些人所说，是中国的制度特征。中国改革是个试错过程，“新自由主义”曾一度影响中国的政策思路，使得中国在 20 世纪 90 年代短暂地经历了“市场社会”的梦魇，导致“低福利”局面的出现，但“低福利”局面也催

① 有关这种需求的阐述，请参见卡尔·波兰尼．大转型：我们时代的政治与经济起源[M]．刘阳，冯钢译．杭州：浙江人民出版社，2007。

生了此后蓬勃的反向运动。[①] 自21世纪以来，一个人口如此众多、内部差异如此巨大的国家，能在如此短的时期里，推动如此广泛深刻、顺应民心的变局，这表明中国的政治体制对变化的环境具有相当强的适应力，[②] 对民众的需求具有相当强的回应性。今天，中国在社会保障方面还存在大量严重的问题，民众对进一步加强社会保障还有十分强烈的愿望。只要这种压力继续存在，只要中国体制的适应力与回应性不退化，可以预期，中国梦未来定会一步步变成惠及亿万百姓的现实。

① 参见王绍光《大转型：1980年代以来中国的双向运动》。数据显示，20世纪90年代中后期是社会保障方面公共支出占GDP比重跌入谷底的时期，因为在此期间，无数国有企业与集体企业“转制”，国有企业与集体企业的几千万职工下岗，导致他们中的许多人及其家属被抛出社会保障网。

② 有关中国体制适应能力的讨论，请参见王绍光．学习机制与适应能力：中国农村合作医疗体制变迁的启示[J]．中国社会科学，2008（6）：111—133。

第七章
跨越：从中等收入迈向高收入

在过去10年里，国际上一种新的提法——“中等收入陷阱”引起了经济学者、新闻媒体、政府官员、国际组织甚至普通民众的关注，成为流行概念。百度指数或谷歌趋势显示，对这个提法的关注度从2007年起不断攀升，直到2015年后才有所回落。如果搜索两个主要英文学术论文库（Web of Science，EBSCOhost）和一个主要中文学术论文库（中国知网），就会发现，至今有关“中等收入陷阱”的研究仍是方兴未艾。①

在经济发展研究领域，“陷阱”并不是一个新词，“马尔萨斯

① Linda Glawe and Helmut Wagner, “The Middle-Income Trap: Definitions, Theories and Countries Concerned—A Literature Survey,” *Comparative Economic Studies*, Vol. 58, No. 4 (December 2016), pp. 507–538.

陷阱”“纳尔逊低水平均衡陷阱”“贫困陷阱”便是耳熟能详的例子。严格地讲，“陷阱”至少应该具备三个特征：（1）存在一种自发延续与自我加强机制；（2）处于持续的稳定状态；（3）难以突破。①

如果说在经济发展过程中有过什么陷阱的话，低收入或贫困肯定是一种陷阱。人类历史已长达300万年，但直到大约200年前，经济增长极为缓慢，人均收入几乎没有多大变化，除极少数靠剥削、压迫他人为生的富人外，绝大多数人恐怕一直都生活在贫困状态。②18世纪下半叶爆发工业革命后，世界各地才出现“大分流”，其标志是有些国家和地区经济增长开始加速。③ 荷兰是1827年率先从“低收入”跨入“中低收入”门槛的经济体，也许是全球第一例。在随后半个世纪里，英国（1845年）、澳大利亚（1851年）、比利时（1854年）、新西兰（1860年）、美国（1860年）、瑞士（1868年）、乌拉圭（1870年）、丹麦（1872年）、法国（1874年）、德国（1874年）、奥地利（1876年）也相继进入了“中低收入”俱乐部。④ 低

① Linda Glawe and Helmut Wagner, “The Middle-Income Trap: Definitions, Theories and Countries Concerned—A Literature Survey,” p. 512.

② Robert William Fogel, *The Escape from Hunger and Premature Death*, 1700 – 2100: *Europe, America, and the Third World* (Cambridge: Cambridge University Press, 2004).

③ Angus Maddison, *Contours of the World Economy 1 – 2030 AD: Essays in Macro-Economic History* (Oxford: Oxford University Press, 2007).

④ Jesus Felipe, Utsav Kumar and Reynold Galope, “Middle-Income Transitions: Trap or Myth?” Journal of the Asia Pacific Economy, Vol. 22, No. 3 (2017), pp. 429 – 453. 这份研究以购买力平价计算人均GDP（1990年国际美元），如果低于2 000美元，属低收入；如果在2 000—7 250美元之间，为中低收入；如果在7 250—11 750美元之间，为中高收入；如果在11 750美元或更高，则为高收入。

收入陷阱或贫困陷阱明显符合上述三个特征，因为人类花费了几百万年才摆脱它，的确是地地道道的陷阱。

那么是否存在严格意义上的“中等收入陷阱”呢？如果我们回看西方发达国家曾经走过的路（但今天往往被人遗忘）会发现，这种陷阱似乎也是存在的。以荷兰为例，它于 1827 年跨入“中低收入”门槛，但直到 128 年后的 1955 年才进入“中高收入”群组。美国在“中低收入”阶段停留的时间短一些，不过也足足花费了 81 年（1860—1941 年）。

对这些国家而言，从“中高收入”阶段进一步过渡到“高收入”阶段也十分艰难。美国花费了 21 年（1941—1962 年），加拿大花费了 19 年（1950—1969 年），澳大利亚花费了 20 年（1950—1970 年），新西兰花费了 23 年（1949—1972 年）。也就是说，西方发达国家都曾经落入“中等收入陷阱”（包括中等收入与中高收入两个阶段），长达百年之久，甚至更长。① 不过，这些国家历尽艰辛，最终还是跳出了陷阱，进入了高收入阶段。

西方发达国家的经验未必具有普世价值。它们曾经一度落入“中等收入陷阱”，是否意味着后发经济体也一定会重蹈覆辙？在一篇于 2004 年发表在《外交事务》的文章里，当时在美国任教的澳大利亚学者杰弗里·格瑞特（Geoffrey Garrett）提出一个论点：中等收入国家处于两面夹击的境地——技术上比不过富

① Jesus Felipe, Utsav Kumar and Reynold Galope, “Middle-Income Transitions: Trap or Myth?” *Journal of the Asia Pacific Economy*, Vol. 22, No. 3 (2017), pp. 429–453.

国，价格上拼不赢穷国。为了论证其观点，格瑞特按1980年人均GDP将世界各经济体分为高、中、低三组，然后计算各组在其后20年（1980—2000年）的人均收入增长情况。结果他发现：中等收入组的增长速度（不到20%），既慢于高收入经济体（约50%），也慢于低收入经济体（超过160%）。[①] 3年后，在题为《东亚复兴：有关经济增长的看法》的长篇报告中，世界银行的两位研究人员引用了格瑞特的文章，并首次使用了“中等收入陷阱”的提法。[②] 几年后，这个概念一下子火爆起来，不少人听到它便想当然地认为，高收入经济体已修成正果，低收入经济体的“起飞”相对容易，只有中等收入经济体很可能会落入增长陷阱，且很难跳出陷阱。

其实，格瑞特和世界银行报告的作者都不曾在严格意义上使用“陷阱”这个概念，前者根本没有提及这个词，后者在10年后发表的反思文章中解释：他们原本的意思只是，中等收入经济体可能落入增长停滞的陷阱，而不是说中等收入经济体一定会比低收入和高收入经济体更容易落入增长陷阱；这种陷阱存在于各种收入水平，从低收入到高收入。他们澄清，“中等收入陷阱”只是一种说法、一种预警，为的是激发有关中等收入经济体发展方式

---

① Geoffrey Garrett, “Globalisation’s Missing Middle,” *Foreign Affairs*, Vol. 83 No. 6 (November/December 2004), pp. 84 – 96.

② Indermit Gill and Homi Kharas, *An East Asian Renaissance: Ideas for Economic Growth* (Washington, DC: World Bank, 2007), pp. 18 – 19, 68 – 69.

的讨论，但这个提法缺乏严谨的定义，也没有像样的数据支撑。①

中等收入经济体之所以在21世纪初引起研究者的高度关注，原因有二。一是与战后初期相比，世界经济的格局发生了巨大的变化。以124个有连续数据的经济体为例：1950年时，其中80个是低收入经济体，41个是中等收入经济体，高收入经济体只有3个；而到2013年时，低收入经济体的数量降至37个，高收入经济体增至33个，中等收入经济体的数量成为大头，达到54个。② 尤其是在亚洲，中等收入经济体的比例更高，涵盖了亚洲发展中国家95%以上的人口。③

二是现有经济理论存在一个巨大的空白。理解低收入经济体（大约10亿人口）的发展，有索罗增长模型；理解高收入经济体（大约10亿人口）的发展，有内生增长理论；但对理解中等收入经济体（大约有50亿人口）的发展，到目前为止并没有什么令人满意的理论或模式。因此，世界银行2007年报告的执笔者10年后说，“中等收入陷阱”与其说是中等收入经济体注定

---

① Indermit Gill and Homi Kharas, “The Middle-Income Trap Turns Ten,” *Policy Research Working Paper* No. 7403, World Bank, August 2015.

② Jesus Felipe, Utsav Kumar and Reynold Galope, “Middle-Income Transitions: Trap or Myth?” Table 1. “Change in the Distribution of Economies by Income Categories, 1950 - 2013,” p. 436.

③ Gemma Estrada, Xuehui Han, Donghyun Park, and Shu Tian, “Asia's Middle-Income Challenge: An Overview,” *ADB Economics Working Paper Series*, No. 525 (November 2017), pp. 1 - 2.

的命运，不如说是经济理论上“一个无知的陷阱”。①

如果“中等收入陷阱”的始作俑者都不曾在严格意义上使用“陷阱”的概念，严格意义上的陷阱是不是根本就不存在呢？格瑞特提供的证据事后被证明不足为凭。有研究者用更新的数据重新计算了各类经济体在1980—2000年间的增长率，发现中等收入经济体与高收入经济体之间的差距并不像格瑞特描绘的那么大。如果采用与格瑞特不同的指标划分高、中、低三类经济体，这种差距则会完全消失。② 可见数据与尺度的选择可能严重影响研究的结论。更重要的是，即使沿用格瑞特的划分指标，无论是在1990—2010年间，还是在1995—2015年间，中等收入经济体的增长速度都比高收入经济体更高。也就是说，从某个时段看，陷阱似有还无；换成别的时段，根本不存在什么增长陷阱。③

世界银行在上述2007年的报告根本没有为“中等收入陷阱”提供任何证据。不过，它在2013年出版的《2030年的中国：建设现代、和谐、有创造力的社会》中展示了一张图（见图7.1），作为存在“中等收入陷阱”的证据，后来被很多人广为引用。该图依各经济体相对于美国人均GDP（按照购买力平

---

① Indermit Gill and Homi Kharas, “The Middle-Income Trap Turns Ten,” p. 4.

② 格瑞特划分高、中、低收入国家的方式十分粗糙。没有使用学界通常使用的绝对收入法或相对收入法，而是简单地把所有国家按人均收入高低进行排列，将顶端25%的国家叫作“高收入国家”，将底端30%的国家叫作“低收入国家”，将其余45%的国家叫作“中等收入国家”。

③ The Economist, “The Middle-Income Trap Has Little Evidence Going for It,” The Economist, October 7, 2017.

价计算）的比重将它们划分为低、中、高三类经济体，它试图告诉读者：世界上在 1960 年时已有 101 个中等收入经济体，到 2008 年，只有 13 个经济体成功进入高收入行列。

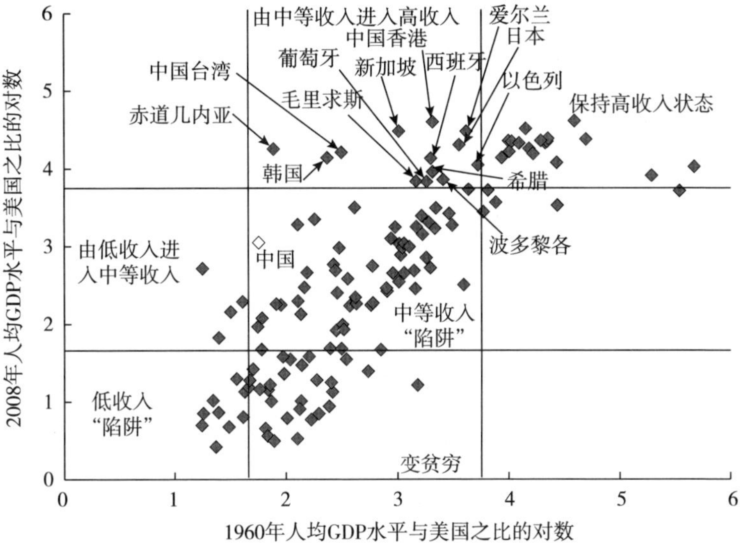

图 7.1　“中等收入陷阱”的证据

然而，只要对这张图稍做推敲，就会发现其立论基础十分脆弱。

首先，它对“中等收入”的定义过于宽泛，包括所有人均 GDP 相当于美国水平 5.2%—42.74% 的经济体。结果，1960 年时，全世界只有区区 12 个低收入经济体，其中还有两个已站在中等收入的门槛上。而到了 2008 年，低收入经济体的数量却增加到 30 余个，完全有悖常理。更让人匪夷所思的是，1960 年时中国已经被划入中等收入的行列，从而推导出中国从 1960 年到现在一直受“中等收入陷阱”困扰的结论。

其次，在成功跨越“中等收入陷阱”的 13 个经济体中：毛里求斯（126 万人）与赤道几内亚（74 万人）其实“仍具有典型的发展中经济体特征”；① 以色列只有 836 万人，而中国香港（740 万人）、新加坡（585 万人）、爱尔兰（484 万人）、波多黎各（370 万人）的人口更少，葡萄牙与希腊人口也刚刚勉强超过 1 000 万，都属于小型经济体；且早在 1960 年，以色列、爱尔兰、日本离高收入的边界已经只有咫尺之遥。如果排除这 10 个经济体，中等收入经济体的“毕业生”只剩下中国台湾、韩国与西班牙。这恐怕并不是世界银行这份报告起草者希望看到的结论。

最后，低、中、高是相对概念，采用相对标准不无道理，但必须清醒认识到，世界银行这张图的参照系是美国的人均 GDP。换句话说，在这张散点图中，凡是 2008 年的点位比 1960 年提高的经济体，其人均 GDP 增长速度都快于美国；只有点位下滑的经济体，其人均 GDP 增长速度才慢于美国。用 1950—2017 年的数据计算，② 在此期间，美国的人均 GDP 年均增长速度是 2.05%，与其他 100 个有连续数据的经济体相比，其速度居中，

---

① 按世界银行 2018 年对各经济体的分类，毛里求斯从未变为高收入经济体，赤道几内亚已倒退至中高收入经济体。见 World Bank Data Team，“New Country Classifications by Income Level：2017－2018，”July 1，2017，https：//blogs. worldbank. org/opendata/edutech/new-country-classifications-income-level-2017-2018。

② The Conference Board，Inc.，“Total Economy Database，”2018，https：//www. conference-board. org/retrievefile. cfm? filename = TED_1_NOV20171. xlsx&type = subsite.

列第 52 位，增速等于或低于 0 的经济体只有 7 个。除非认定美国在这几十年间落入陷阱，否则，我们似乎没有任何理由断言，那 51 个人均 GDP 增长速度快于美国的经济体落入了某种陷阱：如果美国和这些经济体的增长速度保持不变，后者逼近、跨过高收入标线甚至超越美国都是可能的，只是时间长短问题。

前面提到今天那些高收入国家曾经长期停留在中等收入阶段，大多数后发国家并没有重蹈覆辙。很多人一谈到中等收入国家，马上就会联想到那些落入“中等收入陷阱”的拉美国家，仿佛这几个国家的经历就是所有后发国家的宿命。拉丁美洲确有几个国家很早就进入中低收入阶段，如乌拉圭（1870 年）、阿根廷（1890 年）、智利（1891 年）、委内瑞拉（1925 年）、墨西哥（1942 年）、巴拿马（1945 年）、哥伦比亚（1946 年）、巴西（1958 年）。到目前为止，只有乌拉圭和智利于 2012 年迈入高收入的门槛，阿根廷也曾短暂进入这个门槛，其余国家仍停留在中高收入群组。但拉丁美洲只是世界的一个区域，其经验未必具有代表性。

有研究表明，总体而言，后发国家的增长速度普遍比西方资本主义国家快。在 124 个有连续数据的经济体中，到 2013 年，共有 45 个完成了从中低收入到中高收入的过渡，其中 36 个经济体在 1950 年或之前已完成过渡，剩下 9 个在 1950 年以后完成过渡。前一组经济体的过渡时间，最长的是荷兰（128 年），最短的是以色列（19 年）；后一组经济体的过渡时间，最长的是哥斯达黎加（54 年），最短的是中国（17 年）。① 如果把 45 个经济体放在一个散点图上，横轴是进入中低收入的时间（年份），纵轴是过渡时间的长短（年数），然后画一条回归线，可以清楚看到两者呈负相关，具有统计意义，斜率达 -0.6，表明进入中低收入的时间越晚，过渡期越短：前一组过渡期的中位数是 64 年，后一组过渡期的中位数是 28 年，不到前者的一半。如果把这 45 个经济体一并考察，过渡期的中位数则为 55 年（见图 7.2）。

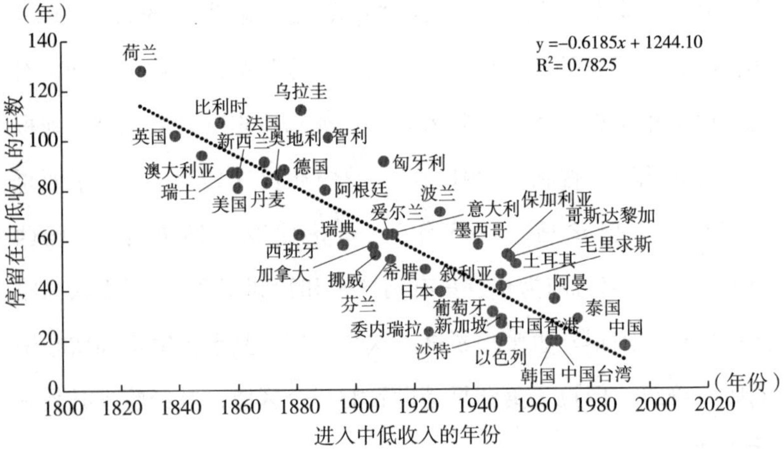

图 7.2 进入中低收入的年份与停留在中低收入的年数

资料来源：Jesus Felipe，Utsav Kumar and Reynold Galope，“Middle-Income Transitions：Trap or Myth?” *Journal of the Asia Pacific Economy*，Vol. 22，No. 3（2017），pp. 429 - 453。

在这 45 个经济体中，到 2013 年，共有 30 个（绝大多数是欧美国家）完成了从中高收入到高收入的过渡，其中 5 个经济

① 这份研究的判断与世界银行的判断不一定完全吻合。

体在 1950 年或之前已完成过渡，剩下 25 个在 1950 年以后完成过渡。前一组经济体的过渡时间，最长的是新西兰（23 年），最短的是瑞士（14 年）；后一组经济体的过渡时间，最长的是阿根廷（41 年），最短的是中国香港和韩国（7 年）。用这 30 个经济体做出散点图，也可显示一条具有统计意义的负相关回归线，斜率是 -0.24，表明进入中高收入的时间越晚，过渡期越短：前一组过渡期的中位数是 20 年，后一组过渡期的中位数是 14 年，这 30 个经济体的过渡期中位数则为 15 年（见图 7.3）。①

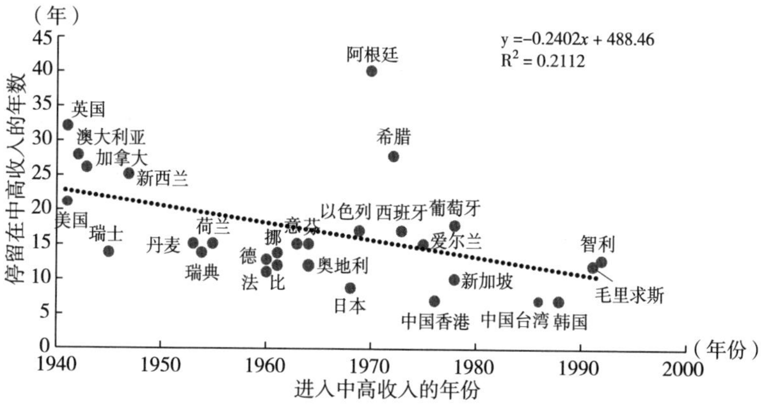

图 7.3　进入中高收入的年份与停留在中高收入的年数

对这 45 个经济体的分析有助于我们澄清在理解“中等收入陷阱”方面的误区。有些人会不经意把日本与“亚洲四小龙”

---

① Jesus Felipe, Utsav Kumar and Reynold Galope, “Middle-Income Transitions: Trap or Myth?” 如果把考察时段局限在 1960 年以后，可能得出不同的结论。见 Gemma Estrada, Xuehui Han, Donghyun Park, and Shu Tian, “Asia's Middle-Income Challenge: An Overview,” pp. 8 – 17。

作为是否落入“陷阱”的标杆，似乎只要过渡期比它们长，就表明已进入“陷阱”。其实，正如拉美国家是特例一样，这些东亚经济体也是特例。欧美国家在中等收入阶段（包括中低收入与中高收入阶段）普遍停留很长时间，但这并不妨碍它们最终进入高收入阵营。后发经济体的过渡期普遍比欧美国家短，我们有什么理由认为现在那些后发国家一定会落入陷阱呢？如果硬要为落入陷阱设定时间标准（持续的稳定状态），恐怕应该考察一个经济体从中低收入到中高收入的过渡期是否比55年还长，从中高收入到高收入的过渡期是否比15年还长。拿这两把尺子衡量，的确可以找到一些久陷中低收入或中高收入阶段的例子（如一些但并非所有拉美国家）。不过，更多的经济体（如大多数亚洲国家和一些非洲国家）虽然仍未过渡到下一阶段，但一直在砥砺前行。既然落入“中等收入陷阱”并非大概率事件，完全没必要谈虎色变，认为中等收入就是一道难以迈过的坎儿。[①]

中国的崛起是一部当代世界的伟大史诗。在新中国成立之初的1950年，中国曾是世界上最贫穷的国家之一，不要说与周边的国家与地区比，就是与以贫穷落后著称的非洲国家比，也远远落在后面。当时，在有数据的25个非洲国家中，21个国家的人

① 最近几年，一批最新实证研究都质疑“中等收入陷阱”的存在，它们的作者来自学术界或国际组织（包括世界银行），利用不同的数据，使用不同的方法，涵盖不同的时段，得出大同小异的结论。

均 GDP 比中国高，且不是高出一点点，而是高出很多。例如，当时安哥拉的人均 GDP 是中国的 10 倍之多。[①] 改革开放前三十年为改革开放后四十年奠定了坚实的政治、社会、经济基础。不过，即便到 1978 年，中国的人均国民总收入仍然不足低收入国家平均水平的一半。

依据世界银行的数据，中国终于在 1999 年摆脱了困扰中国人几千年的贫困陷阱，从低收入迈入中低收入阶段。[②] 十几亿人摆脱贫困本是值得大书特书的历史性事件，但国际上总有一些人希望看到并预测中国会跌入“中等收入陷阱”。中国是否会陷入“中等收入陷阱”？一方面，我们应该承认，从中等收入国家跃升为高收入国家是一个国家经济发展比较特殊的阶段，要比从低收入国家过渡到中等收入国家更加复杂，中国在这一阶段将面临方方面面的挑战。从这个意义上讲，“中等收入陷阱”这一概念对现阶段的中国发展具有警示意义。另一方面，本书列举了中国跨越“中等收入陷阱”的大量有利条件，我们完全有理由坚信，中国完全可以跨越“中等收入陷阱”，完成从中等收入阶段向高收入阶段的跨越。

从 1999 年中国进入中低收入阶段后，时间已过了 20 年。站在这个节点上，展望中国迈向高收入的前景，我们有十足的信

① The Conference Board，Inc.，“Total Economy Database，” 2018.

② World Bank Data Team，“New Country Classifications by Income Level：2017－2018，” July 1，2017.

心，未来的基本方向就是进入高收入阶段，在未来10年内跨越“中等收入陷阱”，成功进入高收入国家行列。中国人的这份自信绝不是虚幻缥缈的玄想，而是靠扎实的数据支撑的。按照世界银行的分类标准，中国在中低收入阶段仅停留了12年（1999—2011年）便跨入了下一阶段——中高收入阶段。[①] 前面引述的另一份研究也表明，与其他任何有历史数据的经济体相比，中国从中低收入到中高收入的过渡期最短。[②] 在过去100多年的世界经济发展史中，从中低收入到中高收入的过渡期一般会比从中高收入到高收入的过渡期长：前一个过渡期的中位数是55年，后一个过渡期的中位数是15年。近年来，中国经济的增速虽然有所放缓，但依旧保持着中高速增长的态势。这让我们有充分的理由相信，中国完成从中高收入到高收入的过渡期不会超过15年。换句话说，从2012年中国迈入中高收入阶段算起，到2025年左右，中国就将完成跨越，进入高收入国家行列。

其实，中国的很多省份已经为这种成功跨越提供了范例。众所周知，中国31个省区市中有27个人口超过1 500万，其中最大的3个省（广东、山东、河南），人口达到一亿上下，放到世界范围，这些省区市的人口规模都相当于中型国家或大型国家。判断中国整体能不能跨越中等收入阶段，可以先看看各个省区市

① World Bank Data Team, “New Country Classifications by Income Level: 2017－2018,” July 1, 2017.

② Jesus Felipe, Utsav Kumar and Reynold Galope, “Middle-Income Transitions: Trap or Myth?” p. 439.

的表现。截至2015年，中国已有5个省区市（江苏、浙江、上海、北京、天津）达到高收入水平，其中江苏、浙江人口规模超过韩国，上海人口规模超过台湾。与此同时，广东、山东、辽宁、福建、内蒙古等省区市的人均GDP也已经超过10 000美元，接近高收入的门槛。这两类省区市按常住人口计算合计为5.078亿人，占中国总人口（13.746亿人）的比重为36.9%，相当于欧盟的总人口（5.096亿人），相当于美国总人口（3.214亿人）的1.58倍。既然占中国人口三分之一以上的地区已经成功跨越"中等收入陷阱"，进入或接近高收入阶段，那么其他省区市跨越中等收入水平、迈向高收入阶段，是没有任何问题的。[①]

因此，我们有理由说，"中等收入陷阱"对中国而言是一个伪命题。不用说世上根本不存在什么"中等收入陷阱"，即使有这种陷阱，中国人民也会引用毛泽东的诗句回应："雄关漫道真如铁，而今迈步从头越。"

实现中华民族的伟大复兴绝非易事。二战结束以来，世界上出现过一些"经济奇迹"，但一般发生在规模较小的经济体（如瑞典、希腊、前南斯拉夫），或持续时间不超过25年（如日本、巴西）。像中国这样一个超大型经济体，持续70年高速增长，在人类历史上是绝无仅有的。它是一项前人从未经历、没有现成模式可循、极其惊心动魄的伟大探索。中国仿佛是在没有航标的大海中急速行驶的一艘巨轮，面对惊涛骇浪、急流险滩，不断地

---

① 周绍杰，胡鞍钢．中国跨越中等收入陷阱［M］．杭州：浙江人民出版社，2018.

乘风破浪，勇往直前。

在过去 70 年的历程中，国内外自始至终总有那么一些自以为高明的人，对我们的成就指手画脚，对我们的挫折幸灾乐祸。他们常常断言，中国将迈不过这道坎儿，跨不过那道沟，并不时咬牙切齿地诅咒：中国的经济、中国的体制即将崩溃。我们与他们的立场不同，看问题的方式也不同。在我们看来，一个上 10 亿人口的大国，持续 70 年快速发展，这不可能是偶然的，也不是随便找个理由可以抹杀的，必有其制度上的优势。中国之路一不是靠老祖宗的经验，二不是靠洋人的理论，而是靠当代中国人摸着石头过河，深一脚、浅一脚蹚出来的。这正是中国故事的独特之处，也是精彩之处。

“两岸猿声啼不住，轻舟已过万重山”，中国已经从昔日积贫积弱的“东亚病夫”变成了今天意气风发的东方巨人，实现了历史性的跨越，并将继续在前行的道路上大踏步奋进。

附录：从历史和比较视角看“大饥荒”

在1958年1月12日召开的南宁会议上，毛泽东讲过一个故事。战国时期，楚国有位大夫名叫登徒子，他在楚襄王面前说，宋玉“体貌闲丽，口多微辞，又性好色”，希望楚襄王不要让宋玉出入后宫。宋玉知道以后，在楚王面前为自己辩解：“体貌闲丽，所受于天也。口多微辞，所学于师也。至于好色，臣无有也。”他声称，一个绝代佳丽勾引他三年，他都没有上当，可见自己并非好色之徒。接着，宋玉攻击登徒子，说后者非常喜欢他那奇丑无比的老婆，并生了五个孩子。宋玉反问“王熟察之，谁为好色者矣”。宋玉是著名辞赋家，将这件事写入《登徒子好色赋》。该文后被收入中国现存的最早一部诗文总集——《昭明文选》。结果，对爱情专一的登徒子从此成为喜好女色、品行不端的代名词，至今不得翻身。毛泽东对此的评论是，“宋玉终于打赢了这场官司。他采取的方法就是攻其一点，尽量扩大，不及其余的方法。我们不能搞这种方法”。①

说到新中国的历史，国内外一些人往往采取这种“攻其一点，尽量扩大，不及其余的方法”。“大跃进”以后发生的“大饥荒”就是他们揪住不放的话题。无论中国在其他方面取得多么傲人的成就，他们都会搬出“大饥荒”来证明，“中国体制是世界上最糟糕的”。

这篇附录不是去估算“大饥荒”的死亡人数，而是讨论如何从历史与比较的视角看中国的“大饥荒”。

历史与比较的视角为什么重要，先看一本有关“大饥荒”的书，其作者是香港大学荷兰籍教授冯克（Frank Dikötter）。这本《毛泽东的大饥荒》，有英文版，也有中文版。两种版本的封面都带有饥民的照片，很悲惨，让人心酸。

两种版本的封面让不明就里的人误以为这些照片真实反映了“大跃进”以后中国的情况。但是这两个封面实际上反映了作者在使用“证据”方面极不负责的态度。因为这两张照片与“大饥荒”毫无关系，它们不是拍摄于“大跃进”之后，而是拍摄于 1946 年 5 月，画面中是湖南醴陵的饥民。熟悉中国灾荒史的人都知道，新中国成立前，饥荒时常出现，而 1946 年中国没有什么值得一提的灾荒。但即使在这样的年份，还是出现了这么多

① 吴冷西．忆毛主席：我亲身经历的若干重大历史事件片段[M]．北京：新华出版社，1995：51—52.

饥民。拿新中国成立前一个普通年份里的饥民作为新中国成立后“大饥荒”的证据，这一方面是误导读者，另一方面也可以看作是一种比较，即新中国成立前后的比较。①

冯克的书中有一句话我觉得说得很正确。他说：“人口学家会区分‘自然’与‘非自然’死亡，为的是估算大概有多少人本不会死，却因为饥荒而丧命。”他接着说：“为了估算有多少‘额外’死亡，就必须设定一个平均死亡率。那么什么是比较合理的平均死亡率呢?”

这是一个相当好的问题，但对它的回答恐怕并不简单。凡是讲统计与政治关系的书都会讲到使用平均值的问题。大家知道马克·吐温有一句著名的话：“世界上有三种谎言：一种是谎言，一种是无耻的谎言，第三种叫统计。”有一本有趣的书，书名为《统计数字会撒谎》（*How to Lie with Statistics*）。这本书就是揭露有些人怎么用统计数字说谎。该书第二章专门讲平均值的问题，标题为“精心选择的平均值”。作者说，“因为平均值的含义非常宽泛，它时常被人用作影响公众看法的小把戏”。作者还说，“因为平均值对复杂的现象做出过于简单的描述，它往往比无

① Frank Dikötter, *Mao's Great Famine*: *The History of China's Most Devastating Catastrophe*, 1958 – 1962 (New York: Walker, 2010). 也是这位冯克曾出版过另一本书《麻醉文化：中国毒品史》——*Narcotic Culture*: *A History of Drugs in China* (Chicago: University of Chicago Press, 2004)，意在“系统地质疑”“中国曾是鸦片的奴隶”（2016 版序言）这一观点，强调了消费端对毒品市场形成的推动作用。其潜台词是，林则徐禁鸦片毫无道理，英国发动鸦片战争不过是为了维护“自由贸易”。

用更糟糕”。[①]

2007 年出版了一本书，书名是《狐假虎威》（*The Tiger That Isn't*）。[②] 这个书名的意思是，摆弄数字看起来很不得了，其实往往不过是借数字来唬人而已。这本书的第五章也专谈平均值，标题是“平均值：白色的彩虹”。这是什么意思呢？本来彩虹由七色组成：红、橙、黄、绿、青、蓝、紫，多彩多姿；但如果你把彩虹弄出个平均值来，各种颜色一平均就是一片白了，黯然失色。也就是说，如果用平均数来分析彩虹，彩虹就不再是彩虹了，变得毫无意义了。作者说，玩弄平均值有两种手法：一种是把生活中的起起伏伏全部抹掉，使它变得平淡无奇；二是把平均值当作“典型”，当作“正常”，当作“合理”。冯克说要找到一种“合理”的平均值，而这本书的作者告诫我们，要避免把平均值当作“合理”，当作“正常”。

还有一本书值得一提，它已有中译本，书名为《统计数据的真相》，其第五章的标题“受操纵的平均值”很醒目。[③] 作者一针见血地指出，“平均值通常模糊了事实上所存在的巨大差异，原因在于它完全掩盖了平均值的离散度……在这里可能存在两种不同的情形：一种情形是，所有这些数值非常紧密地集中在平均数的周围；另一种情形是它们四处分散，而不是集中在平均数的周围。

① Darrell Huff, *How to Lie with Statistics* (New York: Norton, 1954).

② Michael Blastland and Andrew Dilnot, *The Tiger That Isn't: Seeing through a World of Numbers* (London: Profile Books, 2007).

③ 瓦尔特·克莱默．统计数据的真相[M]．北京：机械工业出版社，2009.

然而，人们仅仅根据平均值指标是看不到这两种情形的区别的”。

正是因为平均值具有简化复杂现实的功能，它经常被政客引用，也经常出现在学术讨论中，因此我们常常看到由平均值引起的争议。有笑话说，一位聚会的主持人向来宾介绍了比尔·盖茨后宣布了一个好消息：由于盖茨的到来，所有与会者的平均收入瞬间翻了无数倍。但这个好消息有任何实质意义吗？

回到冯克的问题，为了计算“大饥荒”产生的“超额”死亡人数，先得有一个“合理”的平均死亡率。那么，如何得出这个“合理”的平均死亡率呢？无非有两种方法。

第一种方法是进行历史比较，根据饥荒前各年的死亡率来计算平均死亡率。这样做的话，需要确定要包括饥荒前几年。我看到，有些人直接用1957年的死亡率，把它当作“合理”的平均值，还有人拿1957年、1962年、1963年的数据进行平均。这里的关键是，用哪些年份进行平均，这本身就是政治性的选择，因为选哪些年进行平均，关系到分子和分母。

第二种方法是进行跨国比较，根据一组参照国家的死亡率计算平均死亡率。如果这么做，关键在于包括哪些国家，哪些国家才算得上可比国家。

计算平均死亡率听起来很简单，其实未必如此。如果把芬兰从1751年到现在的死亡率变化情况放在一张图上，我们会看到芬兰在1866—1868年饥荒时期死亡率接近80‰（见图8.1），这个死亡率是非常高的。中国灾荒的死亡率一般没有那么高，有千分之四五十。计算芬兰这次饥荒前的平均死亡率比较容易，因为灾荒前各年的平均死亡率呈上下波动状，没有明显的趋势。

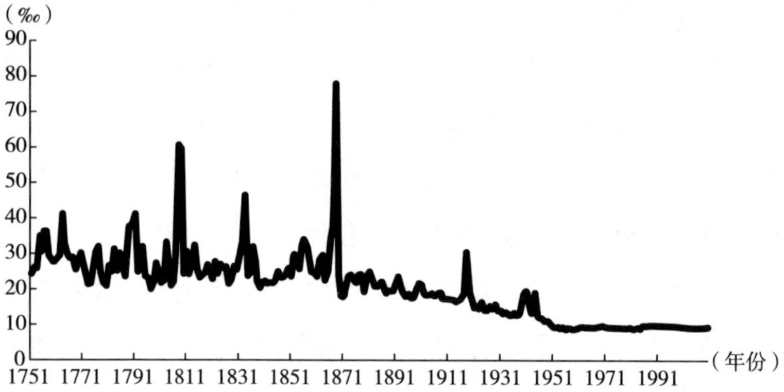

图 8.1　平均粗死亡率的变化：芬兰

资料来源：Palgrave Macmillan Ltd. , *International Historical Statistics* (Basingstoke: Palgrave Macmillan; April 2013)。

但是，换一个国家，如德国，情况就不同了。德国在 1916—1918 年也出现一次饥荒，死了不少人，死亡率攀升至 25‰。但德国在 1877 年以后，死亡率长期持续大幅下降。1916—1918 年间 25‰的死亡率虽然比前几年高出很多，但低于下降趋势出现前的正常死亡率（见图 8.2）。这样，如要计算德国以前的平均死亡率就不容易了，取决于选多少年进行平均。

再看希腊的例子。希腊 1941—1944 年经历饥荒，死亡率超过 25‰。不过在饥荒前那些年，希腊的死亡率只是在短期内有所下降（见图 8.3）。在这种情况，应该如何计算平均死亡率呢?

美国的例子可能更加复杂。在 1918 年大流感发生时，美国黑人的死亡率是 25‰以上，白人的死亡率是 18‰（见图 8.4）。但什么是“正常”的平均死亡率呢？是用黑人此前各年的死亡

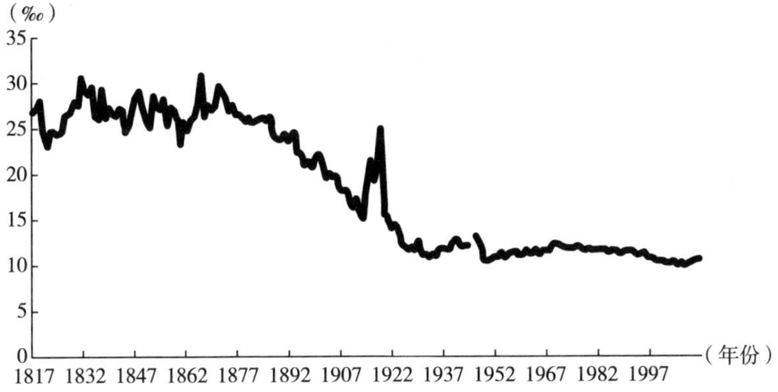

图 8.2　平均粗死亡率的变化：德国

资料来源：Palgrave Macmillan Ltd.，*International Historical Statistics*（Basingstoke：Palgrave Macmillan；April 2013）。

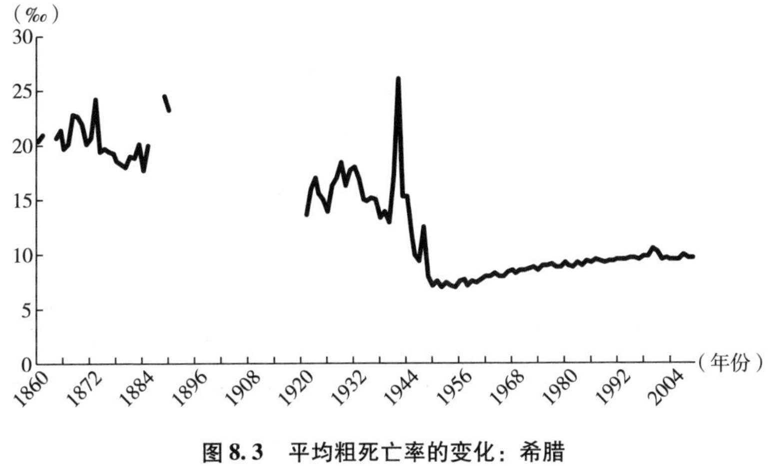

图 8.3　平均粗死亡率的变化：希腊

资料来源：Palgrave Macmillan Ltd.，*International Historical Statistics*（Basingstoke：Palgrave Macmillan；April 2013）。

率计算“正常”，还是用白人同期的死亡率作为参照“正常”，还是用白人此前各年的死亡率计算“正常”？如果用后两个指标，黑人的超额死亡简直太高了。事实上，美国黑人与白人在死亡率上的差别一直持续到20世纪60年代末。人们完全有理由得到这样一个结论：在20世纪60年代民权运动以前，黑人在美国一直是大规模超额死亡，也就是非正常死亡太多。

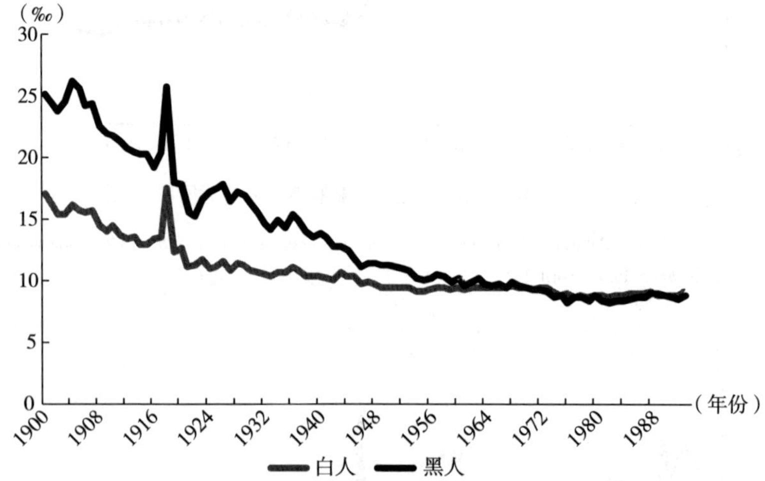

图 8.4　平均粗死亡率的变化：美国

资料来源：Palgrave Macmillan Ltd.，*International Historical Statistics*（Basingstoke：Palgrave Macmillan；April 2013）。

同样的情况也出现在南非，1935年以后，南非白人死亡率几乎维持在10‰以下，但黑人死亡率最初接近25‰，以后虽逐步下降，但仍然大大高于白人。这种差距一直延续到20世纪八九十年代才变得比较小（见图8.5）。如果南非白人的死亡率是“正常”死亡率的话，那么南非黑人长期大规模“非正常”死亡。

上述各国的例子说明，计算“合理”的平均死亡率不是一件容易的事。

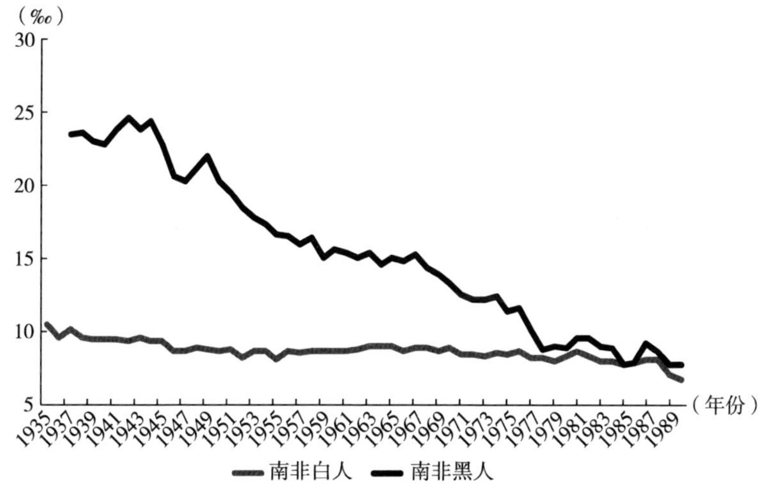

图 8.5　平均粗死亡率的变化：南非

资料来源：Palgrave Macmillan Ltd.，*International Historical Statistics*（Basingstoke：Palgrave Macmillan；April 2013）。

回到中国，官方统计数据显示，新中国成立后死亡率大幅度下降，从 1949 年的 20‰，猛降至 1957 年的 11‰，但在 1960 年又猛升至 25‰。“大饥荒”过后不久，死亡率就跌至 10‰以下了（见图 8.6）。短期内，变化如此剧烈，应该怎么计算“正常”的平均死亡率呢？这不是个简单的问题。

上面提到计算“正常”平均值的思路。从历史与比较的视角看，应与过去比，如与“大跃进”之前相比，这是大多数研究者的做法。但也可以和新中国成立前相比，因为事实上冯克无心但潜意识地暗示 1946 年的情况和“大饥荒”的情况差不多。从跨国比较的视角看，应与其他国家比较。跟哪些国家比较呢？印度恐怕是最可比的国家。中国也可以与其他最不发达的国家比，因为中

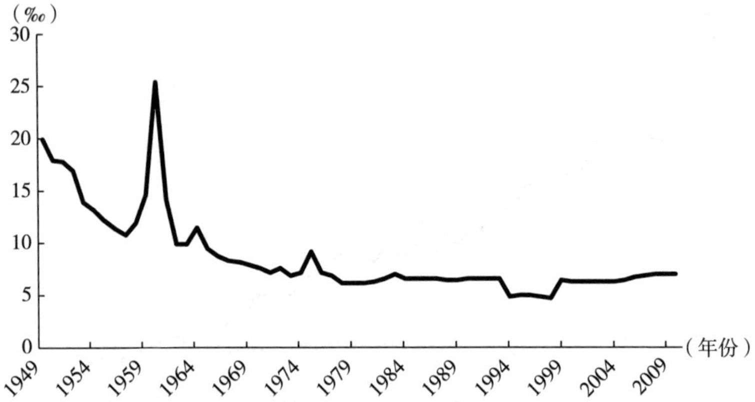

图 8.6　平均粗死亡率的变化：中国

资料来源：国家统计局，《中国统计年鉴》，历年。

国 1960 年前后的发展水平属于最不发达国家，比印度还差一些。

跟"大跃进"以前比较的话，必须记住阿玛蒂亚 · 森在《饥饿与公共行为》中的告诫，"然而，必须记住，中国的死亡率早在饥荒前就已显著下降，因此基于饥荒前死亡率的'额外死亡'估计，是与一个低于世界上大多数穷国的饥荒前死亡率相比而得到的"。[①] 这句话放在一个脚注里，而不是正文里。研究"大饥荒"的人都喜欢引用阿玛蒂亚 · 森，但似乎很少人注意这段话，然而是这段话警示我们，计算"额外"死亡率所需的"合理"平均死亡率不易确定。

中国的粗死亡率 1949 年是 20‰，1957 年降至 11‰，只用了

① 让 · 德雷，阿玛蒂亚 · 森. 饥饿与公共行为[M]. 北京：社会科学文献出版社，2006：218.

8 年时间。那么，一般而言，粗死亡率从 20‰降为 11‰需多少年呢？请看表 8.1。

表 8.1　各国家、地区或种族死亡率从 20‰降至 10‰所需时间

	死亡率 20‰	死亡率 11‰	从 20‰降至 10‰ 经过多少年		死亡率 20‰	死亡率 11‰	从 20‰降至 10‰ 经过多少年
毛里求斯	1947	1959	12	菲律宾	1912	1953	41
新加坡	1939	1952	13	印度	1946	1987	41
斯里兰卡	1940	1953	13	意大利	1906	1948	42
埃及	1963	1978	15	塞浦路斯	1901	1944	43
墨西哥	1944	1961	17	萨尔瓦多	1920	1963	43
马来西亚	1940	1959	19	乌拉圭	1882	1926	44
俄罗斯	1926	1946	20	德国	1901	1948	47
中国台湾	1932	1952	20	哥伦比亚	1915	1962	47
巴巴多斯	1936	1956	20	澳大利亚	1854	1905	51
圭亚那	1935	1958	23	委内瑞拉	1894	1952	58
智利	1941	1964	23	日本	1887	1950	63
罗马尼亚	1930	1955	25	法国	1901	1964	63
危地马拉	1953	1978	25	瑞士	1883	1948	65
西班牙	1922	1948	26	葡萄牙	1892	1962	70
牙买加	1928	1955	27	保加利亚	1881	1953	72
南非有色人	1950	1977	27	奥地利	1912	1989	77
阿尔巴尼亚	1929	1958	29	芬兰	1870	1950	80
阿根廷	1910	1940	30	希腊	1860	1946	86
波兰	1921	1953	32	比利时	1887	1987	100
哥斯达黎加	1922	1954	32	爱尔兰	1864	1975	111
匈牙利	1923	1955	32	挪威	1815	1930	115
捷克	1919	1952	33	瑞典	1824	1942	118
波多黎各	1913	1949	36	英格兰	1876	1995	119
前南斯拉夫	1921	1957	36	丹麦	1816	1937	121
美国黑人	1912	1953	41	苏格兰	1855	1999	144

资料来源：Palgrave Macmillan Ltd.，*International Historical Statistics*（Basingstoke：Palgrave Macmillan；April 2013）。

从表 8.1 中可以看出，在发达国家，粗死亡率从 20‰降为 11‰需要很长时间，最少 41 年，最长 144 年。这发生在 19 世纪与 20 世纪初，那时全球的医疗卫生水平都太低。越往后，需要的时间越短。毛里求斯用的时间最短，只用了 12 年。但并不是所有后发国家都是如此，如印度花了 41 年，菲律宾也花了 41 年。是中国“正常”，还是它们“正常”？所以，要讲什么是“正常”的平均数，不太容易。

实际上，最早研究分析“大饥荒”问题的美国学者朱迪丝·巴尼斯特（Judith Banister）也注意到这一点，她说“在降低死亡率方面，中国是个超级成功者”。① 留美人口学家王丰也在一篇文章中说，“在二十世纪后半叶全球人口转型的过程中，中国是一个超常成功者”。② 如果 1949 年以后，中国在死亡率下降方面一直都是“超常”的，我们应该拿什么作为“正常”平均死亡率呢？

前面说，中国 1960 年的死亡率是 25‰，那是官方的数据。也许有人会说，官方数据靠不住，但是大量非官方的数据当然更不靠谱。讲非官方数据，要看学术界比较认可的数据，如朱迪丝·

① Judith Banister and Samuel H. Preston, "Mortality in China," *Population and Development Review*, Vol. 7, No. 1 (March, 1981), p. 108.

② Wang Feng, "The Future of a Demographic Overachiever: Long-Term Implications of the Demographic Transition in China," *Population and Development Review*, Vol. 37 (2011), p. 173.

巴尼斯特、[1] 安斯利·科尔、[2] 杰拉德·卡洛（Gerard Calot）、[3] 巴兹尔·艾希顿（Basil Ashton）、[4] 蒋正华的测算。[5] 这些学者都认定 1960 年死亡率最高，但对死亡率到底有多高的估算不同，基本在 30‰～45‰之间（见图 8.7）。

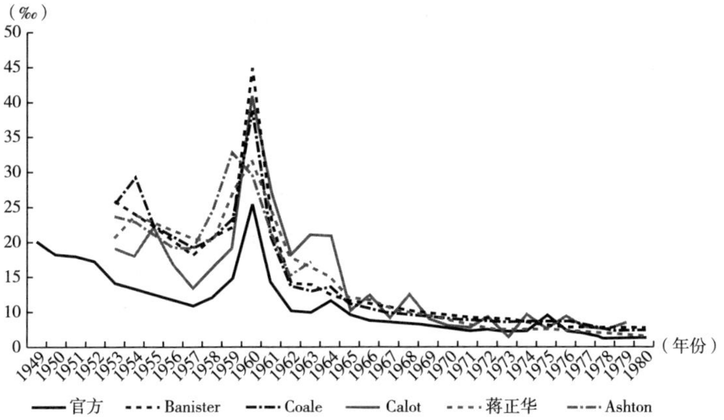

图 8.7　与“大跃进”前后相比：测算比较

假设“大饥荒”最糟糕时的死亡率在 25‰至 45‰，与新中国成立前相比可以得出什么结论呢？关于新中国成立前的死亡率

---

① Judith Banister, “An Analysis of Recent Data on the Population of China,” *Population and Development Review*, Vol. 10, No. 2 (June, 1984), pp. 241 – 271.

② Ansley Coale, *Rapid Population Change in China, 1952 – 1982* , (*Washington*: *National Academy Press*, 1984).

③ Gerard Calot, “Donnees Nouvelles Sur L'evolution Demographique Chinoise,” *Population*, No. 4 – 5 (July – October 1984): 807 – 834.

④ Basil Ashton, Kenneth Hill, Alan Piazza and Robin Zeitz, “Famine in China, 1958 – 61,” *Population and Development Review*, Vol. 10, No. 4 (Dec. , 1984), pp. 613 – 645.

⑤ 袁永熙．中国人口总论[M]．北京：中国财政经济出版社，1991：615—621.

有大量研究，可参见本书第二章的表 2.3，它列举了学界比较认可的估算。从表 2.3 看，学界对民国时期“正常”的死亡率估算处于 25‰到 45‰之间。当时的一些研究也列举了中国与印度以及其他国家同期的死亡率数据的比较。我们看到，民国时期的死亡率不仅高于印度，而且高于其他一切有数据的国家，是全世界死亡率最高的。需要指出的是，这里引用的估算排除了战争（包括抗日战争与解放战争）的影响，是对民国“正常”状况（尤其是“黄金十年”）的估算。也就是说，“大跃进”以后最糟糕的情况相当于新中国成立前的“正常”情况。如果没有新中国成立后的快速进步，1960 年的死亡率也许会被看作很“正常”。不应忘记，1960 年其实距新中国成立只有短短 11 年！

对什么是中国“正常”死亡率进行跨国比较，印度也许是最可比的案例，因为在 1960 年，两国都是穷国，但印度的人均 GDP（331 美元）仍大大高于中国（191.8 美元）。[①]

下面展示两组数据，图 8.8 是联合国的数据，图 8.9 是世界银行的数据。联合国的数据显示，1960 年，中国的死亡率比印度高 2‰，在之前比印度低 4‰，之后两者的差距更大。

世界银行没有 1960 年前的死亡率数据。在 1960 年，中国的死亡率比印度约高 3‰；但 1961 年及至 20 世纪 80 年代初，中国的死亡率比印度约低 10‰。对比中国与印度在 20 世纪 60 年代

---

① World Bank, “GDP Per Capita (Constant 2010 US $): 1960 - 2017,” https://data.worldbank.org/indicator/NY.GDP.PCAP.KD.

初的死亡率，到底什么是“正常”的死亡率呢？

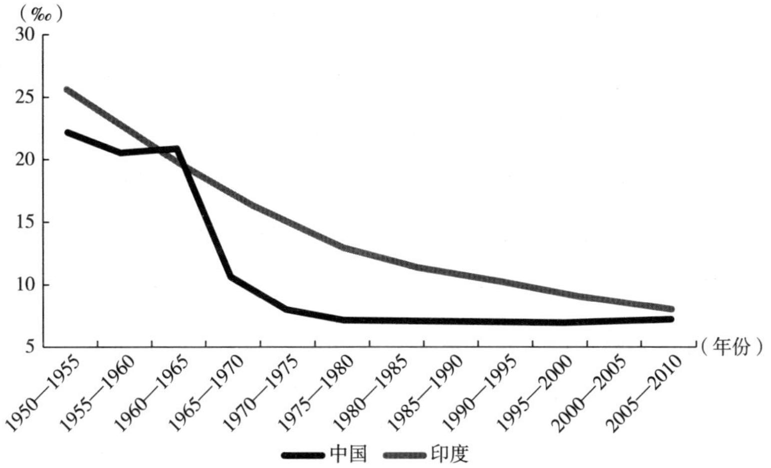

图 8.8　与印度比较：联合国数据

资料来源：United Nations Department of Economic and Social Affairs Population Division, “World Population Prospects: The 2012 Revision,” http://esa.un.org/unpd/wpp/index.htm。

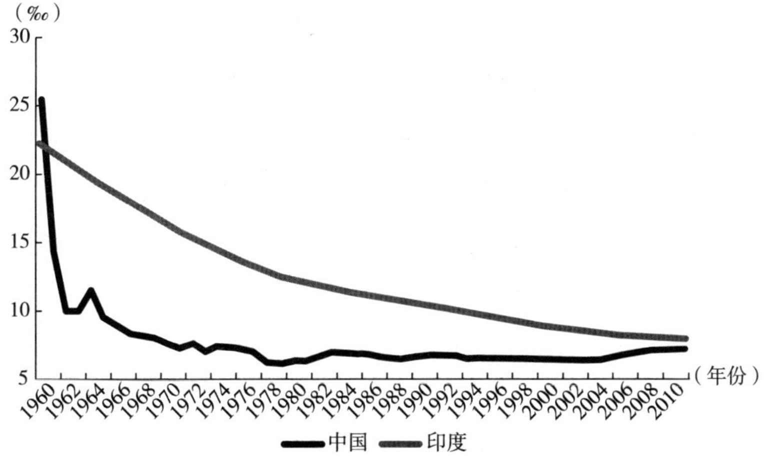

图 8.9　与印度比较：世界银行数据

资料来源：World Bank, http://data.worldbank.org/indicator/SP.DYN.CDRT.IN。

前面说过，研究中国“大饥荒”的人都喜欢引用阿玛蒂亚·森的话，但这些人有意无意忽略了他的另外几句话：“我们必须看到，尽管中国饥荒死亡人数很多，但印度正常时期经常性剥夺所造成的额外死亡人数却使前者相形见绌。对比中国7‰的死亡率，印度为12‰。将这一差别运用于印度1986年7.81亿的人数，我们可以估计得到印度每年390万的过多死亡人数。这表明，由于更高的经常死亡率，印度八年左右的死亡人数要比中国1958—1961年大饥荒中的死亡人数多。看起来，印度每八年都在努力往自己的衣橱中填塞多于中国在不光彩的年份所放置的骸骨。”[①] 这里，森与合作者承认使用了学界最高的中国“大饥荒”死亡估计（2 950万），如使用较低的死亡估计，那么印度额外死亡人数超过中国1958—1961年饥荒造成的额外死亡人数所需时间就不是8年，而是更短。此外，森与合作者假设中印在死亡率上的差别是5‰，但在20世纪六七十年代，两者之间的差距实际上是7‰—10‰。因此，相比中国，除1958—1962年间以外，印度每3年、每5年的额外死亡人数要比森与合作者估计的中国“大饥荒”的高得多。

除了印度，我们还可以拿中国1960年的情况和其他最不发达国家相比，因为中国当年就属于最不发达国家。图8.10中的横轴是当年的人均GDP，纵轴是粗死亡率，每一点代表一个国家，其中中国由小三角代表。表中使用的是中国官方数据25‰，其他收入水平与

---

① 让·德雷，阿玛蒂亚·森．饥饿与公共行为［M］．北京：社会科学文献出版社，2006：222.

中国相似的最不发达国家的死亡率在18‰—35‰摆动。如果用1962年的数据画一张同样的图，中国的三角形就降到了10‰左右，可以与当时的发达国家相比了。这就是说，按官方数据25‰算，中国最糟糕那一年的状况相当于最不发达国家的平均粗死亡率。

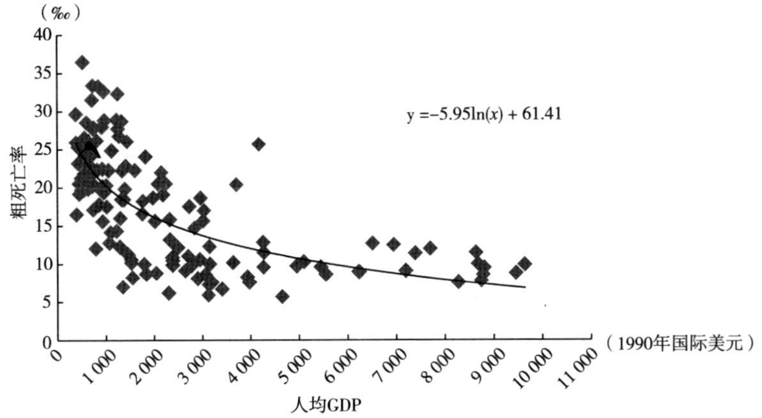

图8.10（a） 人均GDP与粗死亡率，1960年

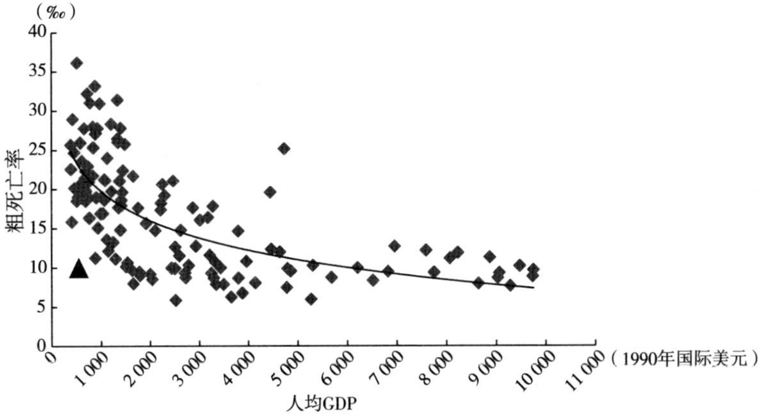

图8.10（b） 人均GDP与粗死亡率，1962年

资料来源：World Bank，http://data.worldbank.org/indicator/。

我们可以把上面的各种观察做个小结：

1958—1961 年死亡率的对比参照	观察
与“大跃进”前相比	死亡率急升，但此前曾快速下降
与新中国成立前相比	相当于新中国成立前的“正常”情形
与印度相比	最糟时比印度的“正常”情形略高
与其他最不发达国家相比	相当于这类国家的“正常”情形

最后，顺便讨论一个问题：与“大跃进”前后相比，“困难时期”什么样的人最容易折寿。

不少研究发现，婴儿与儿童期的营养不良可能导致后期死亡率较高。例如，对芬兰 1866—1869 年大饥荒的研究发现，这个时期出生的人，在 17 岁以前，死亡率比其他人高。[①] 另一项研究聚焦意大利那些在婴儿与儿童期经历过磨难的人群，它发现，直到 45 岁以前，这些人的死亡率都比别人高。[②] 顺着这个思路，我们有理由推测，新中国成立前，出生于 20 世纪三四十年代的人多是营养不良的，这也许是导致中国 1958—1961 年死亡率较高的原因之一。这个年代出生的人营养不良的间接证据是他们的平均身高（见图 8. 11）。

---

① Vaino Kannisto, Kaare Christensen, and James W. Vaupel, “No Increased Mortality in Later Life for Cohorts Born during Famine,” *American Journal of Epidemiology*, Vol. 145, No. 11 (1997), pp. 987 - 994.

② Graziella Caselli & Riccardo Capocaccia “Age, Period, Cohort and Early Mortality: An Analysis of Adult Mortality in Italy,” *Population Studies*, Vol. 43, No. 1 (1989), pp. 133 - 153.

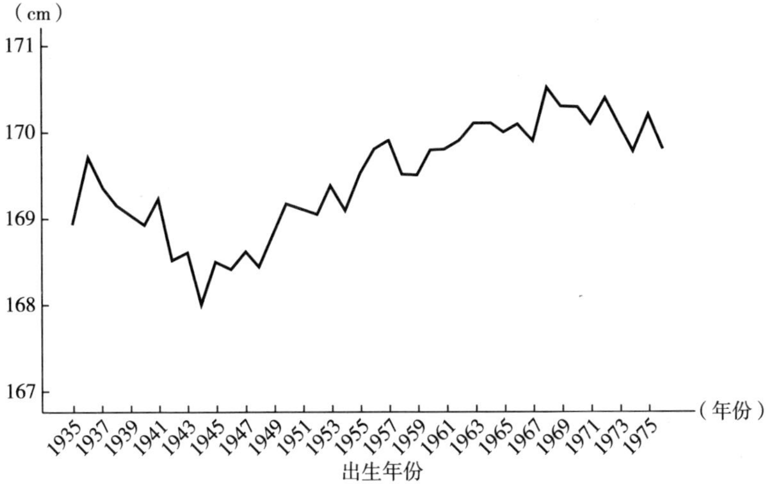

图 8.11（a） 身高与出生年份：1935—1975 年（中国男人）

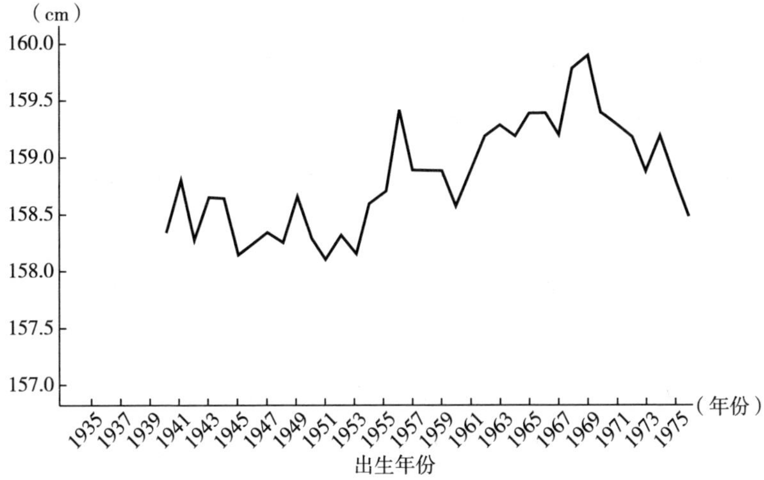

图 8.11（b） 身高与出生年份：1935—1975 年（中国女人）

资料来源：Stephen Lloyd Morgan，“Stature and Famine in China：The Welfare of the Survivors of the Great Leap Forward Famine，1959 – 61，”（February 2007）. Available at SSRN：http：//dx. doi. org/10. 2139/ssrn. 1083059。

大量历史与比较研究发现，在一国之内（假设基因相同），各年龄组（不是个别人）的平均身高与其胎儿期与婴儿期的健康和营养情况有关。一位澳大利亚学者研究了1935年到1975年出生的中国男人与女人的身高。他的数据统计表明，1935—1949年出生的男人平均身高在1.67—1.69米之间波动。1949年后，男人的平均身高开始持续上升，到1957年已接近1.7米。女人平均身高比男人低，但变化趋势也差不多。换句话说，1949年前出生的那些人在胎儿期与婴儿期的营养状况是比较糟糕的。“大跃进”后“困难时期”出生的人平均身高有所下降（约0.3厘米），也说明营养状况影响了他们的身高。但即使下降，这群人的平均身高仍比40年代末出生的人高1.5厘米。

1949年之前出生的人营养不好，他们在20世纪50年代末60年代初的年龄应是10岁以上。表8.2列举了贵州农村1958年和1960年死亡人口的年龄分布。一般而言，婴儿与儿童比较容易夭折。但对比1958年，我们发现1960年时，10岁以下各年龄组（新中国成立后出生的人）的死亡人数占全部死亡人数的比重不是上升的，而是下降了。反倒是10岁以上各年龄组（1949年之前出生的人）死亡人口占总死亡的比重是上升的。这似乎意味着，由于胎儿期与婴儿期营养相对更差一些，1949年之前出生的人到1958—1960年“困难时期”更容易死亡。与其他各省相比，贵州在1958—1962年之间粗死亡率全国第二高，仅次于四川。贵州的数据基本上支撑前面的假设，即1949年之前出生的人，由于幼年营养不良，遇到饥荒时死亡率较高。

表 8.2　1958 年和 1960 年贵州农村死亡人口的年龄分布　　单位：%

年龄（岁）	贵州农村		
	1958 年	1960 年	变化幅度
0	21.1	8.5	-0.60
1~4	29.0	10.6	-0.63
5~9	6.1	5.5	-0.10
10~14	2.7	3.8	0.41
15~19	1.9	3.4	0.79
20~24	1.8	4.1	1.28
25~29	2.1	4.5	1.14
30~34	2.0	5.6	1.80
35~39	2.2	5.3	1.41
40~44	2.9	5.9	1.03
45~49	3.1	6.3	1.03
50~54	3.4	7.1	1.09
55~59	4.6	6.8	1.48
60~64	4.7	6.7	0.43
65~69	4.1	5.8	0.41
70~74	3.6	4.2	0.17
75~79	2.6	3.1	0.19
80+	2.1	2.7	0.29

资料来源：李若建．困难时期人口死亡率的初步分解分析[J]．人口研究，2001，25（5）：47。

有意思的是，有人研究中国“大跃进”后“困难时期”出生的人后来死亡率会不会较高，却发现这个时期出生的人与此前、此后出生的人没有什么差别。① 这也许表明，“大跃进”后

① Shige Song, “Does Famine Have a Long-Term Effect on Cohort Mortality: Evidence from the 1959 - 1961 Great Leap Forward Famine in China,” *Journal of Biosocial Science*, Vol. 41, No. 4 (July 2009), pp. 469 - 491.

“困难时期”持续时间不长，那个时段出生的人营养很快就跟了上来，他们的死亡率不至于升高。这与新中国成立前人们持续的营养不良形成反差。

无论怎么评判“大饥荒”，有一点必须清楚：原本中国历史有多长，饥荒的历史就有多长，新中国成立前的中国，饥荒连绵不断，正是新中国终结了饥荒！这项历史功绩值得大书特书。